U0835692

Annual Report on International Arbitration of Intellectual Property Rights in China

中国国际知识产权仲裁年度报告（2024）

中国国际经济贸易仲裁委员会　主编

中国法治出版社
CHINA LEGAL PUBLISHING HOUSE

编辑委员会

李亚楠　高文律师事务所顾问

李静传　泰和泰（北京）律师事务所高级合伙人

杨　明　北京大学知识产权学院常务副院长、贸仲仲裁员

何　宇　广西万益律师事务所副主任

沙海涛　北京金诚同达（上海）律师事务所高级合伙人

金　笑　国浩律师（长沙）事务所高级合伙人

徐文韬　上海锦天城（重庆）律师事务所律师

曹文龙　泰和泰（北京）律师事务所合伙人

葛黄斌　新加坡律明律师事务所董事合伙人、贸仲仲裁员

谢冠斌　立方律师事务所合伙人

前 言

PREFACE

习近平总书记指出，“创新是引领发展的第一动力，保护知识产权就是保护创新”“知识产权保护工作关系国家治理体系和治理能力现代化，关系高质量发展，关系人民生活幸福，关系国家对外开放大局，关系国家安全”。[①] 党的十八大以来，在以习近平同志为核心的党中央坚强领导下，我国知识产权事业的发展取得了显著成效。其中，完善知识产权争议解决体系建设，推进知识产权多元争议解决机制发展，构建知识产权大保护格局，对推进知识产权强国建设具有重要意义。

作为中国最早设立的和最具代表性的国际性常设仲裁机构，近 70 年来，中国国际经济贸易仲裁委员会（以下简称贸仲）共处理了 7 万余件案件，当事人涉及近 170 个国家和地区，裁决在全世界范围内得到承认和执行。2021 年，贸仲被《2021 年国际仲裁调查报告》评为全球五大最受欢迎的国际仲裁机构之一，[②] 这也是中国内地仲裁机构首次跻身全球前五；在 2023 年发布的中国仲裁公信力评估报告[③]中，贸仲获评“全国十佳仲裁机构”和“涉外服务十佳仲裁机构”双第一，在当事人偏好选择的国内和境外仲裁机构排行榜上高居榜首、

---

① 《习近平主持中央政治局第二十五次集体学习并讲话》，载中国政府网，https：//www. gov. cn/xinwen/2020-12/01/content_ 5566183. htm，2025 年 3 月 22 日访问。

② 2021 International Arbitration Survey：Adapting arbitration to a changing world，载伦敦玛丽皇后大学官方网站，https：//www. qmul. ac. uk/arbitration/media/arbitration/docs/LON0320037-QMUL-International-Arbitration-Survey-2021_ 19_ WEB. pdf，2025 年 3 月 31 日访问。

③ 参见《第三届仲裁公信力评估报告发布》，载法治网，http：//www. legaldaily. com. cn/index/content/2024-01/02/content_ 8945973. html，2025 年 3 月 28 日访问。

远超第二。[①] 这些都体现了国际仲裁界和广大仲裁当事人对贸仲仲裁公信力的高度认可和肯定。

贸仲历来重视知识产权保护。近年来，在国家重要政策性文件的指引下，贸仲从案件审理、平台建设、宣传拓展、研究交流、队伍建设、机构合作、人才培养等方面协同发力，充分发挥经验优势、队伍优势和国际化优势，积极构建知识产权多元争议解决机制，坚持提供优质、高效、多元化的知识产权争议解决服务，大力推进知识产权强国建设。据不完全统计，贸仲有近15%的仲裁案件的争议与知识产权有涉。近5年来，贸仲受理知识产权仲裁案件500多件，所涉争议金额近300亿元人民币，其中涉外案件70余件，争议金额约212亿元，当事人涉及20多个国家和地区。2024年度，贸仲受理的知识产权仲裁案件162件，同比增长50%，所涉争议金额超50亿元，亿元以上的大标的案件显著增加。总体上看，贸仲受理的知识产权仲裁案件争议金额大、国际化程度高、法律关系复杂、争议领域有向复杂尖端技术、数字产业、高新产业等新技术、新产业发展的趋势。

为落实国家知识产权强国战略，促进知识产权法治建设，加强知识产权争议解决的理论研究和实践指引，贸仲充分发挥自身的经验优势和专家优势，组织业内专家开展专项课题研究，编写《中国国际知识产权仲裁年度报告》。首部年度报告已于2022年4月贸仲知识产权争议解决论坛上正式发布，作为目前国内唯一一部聚焦国际知识产权仲裁的研究成果，具有开创性的重要意义。为长期跟进境内外知识产权仲裁领域的发展动态，不断提升中国知识产权仲裁的国际影响力和公信力，贸仲连续编写并发布《中国国际知识产权仲裁年度报告（2023）》，并决定继续编写《中国国际知识产权仲裁年度报告（2024）》（以下简称《2024知识产权仲裁报告》）。

《2024知识产权仲裁报告》除前言与后记外，共有五章，分别为“境内外知识产权仲裁新发展”“知识产权纠纷的可仲裁性”“境内外知识产权仲裁案件

---

① 2025年，贸仲仲裁规则获评全球前五最受青睐的仲裁规则，成为中国内地唯一一家同时入选全球前五大最受欢迎的仲裁机构以及全球前五最受青睐仲裁规则的仲裁机构。

概览”“重点行业的知识产权仲裁案例分析”“数字产业的知识产权仲裁案例分析”，在编排与内容上具有四大亮点：

第一，全面梳理知识产权仲裁最新年度发展。本报告采用理论与实践相结合的研究方法，系统梳理了境内外知识产权仲裁最新理论研究成果、立法政策动态和行业实践并汇集了贸仲知识产权纠纷典型仲裁案件。在以往年度报告的基础上，及时更新境内外知识产权仲裁理论研究、法规政策、案件数据等方面的动态，凸显了年度报告的及时性和全面性，为持续跟踪知识产权仲裁动态、开展知识产权仲裁研究提供了全景式参考和多维度路径指引。

第二，持续聚焦知识产权纠纷的可仲裁性问题。本报告从知识产权权利性质出发，介绍知识产权仲裁的必要性、合理性以及其在解决知识产权纠纷中的独特优势，深入剖析知识产权纠纷可仲裁性问题的关键，并提出切实可行的解决措施，为推动知识产权仲裁运用提供理论支撑，为破解知识产权争议可仲裁性难题、促进知识产权争议中仲裁的运用提供参考借鉴。

第三，精选贸仲典型知识产权仲裁案例。本报告沿用一行业（产业）一分析的编排体例，深度聚焦重点行业和数字产业两个方面的七大领域。除继续深耕和追踪信息传输与通信业、制造业、软件行业、网游业四大领域外，依据近年争议频发情况，本次报告新增特许经营行业、影视业和电商业三大行业，通过典型案例示例，归纳行业/产业知识产权纠纷整体情况，进一步完善知识产权的实践总结，为相关行业/产业的从业者、投资者提示常见风险，提供实务指南。

第四，立足知识产权保护全球视野。本报告既聚焦于我国知识产权仲裁的发展现状，也介绍了境外知识产权仲裁的立法与理论研究经验，为系统保护企业全球知识产权、创新发展具有中国特色的知识产权仲裁制度、深度参与全球治理以及推动知识产权强国建设，具有重要意义。

本报告努力在专业性、学术性和指引性上达到高水平，希冀在推动我国知识产权仲裁事业的发展、知识产权多元争议解决机制的建设、营商环境改善以及打造知识产权纠纷解决优选地等方面发挥重要作用。

报告课题组组长由中华全国律师协会常务理事兼知识产权专业委员会主任、

高文律师事务所主任、贸仲仲裁员王正志和北京大学知识产权学院常务副院长、贸仲仲裁员杨明共同担任，课题组成员详见“编辑委员会”主笔者名单。本报告撰写章节具体分工如下：第一章由葛黄斌、马翔翔、杨明负责撰写，第二章由金笑、邢贺通负责撰写，第三章由李亚楠、王闻君、谢冠斌、李纯、何宇负责撰写，第四章由白莉、谢冠斌、李纯、沙海涛、兰鹏、苏志甫负责撰写，第五章由徐文韬、李静传、曹文龙、王文田负责撰写。由高文律师事务所律师马畅统稿，贸仲副主任兼秘书长王承杰、贸仲知识产权争议解决处处长杨帆（时任）、副处长卢雅函及处员曹芸芹对本报告进行了审稿。

特别致谢外交学院法学教授、最高人民法院知识产权审判庭原副庭长、一级高级法官、贸仲仲裁员金克胜，中国法学会知识产权法学研究会常务理事、中央财经大学教授、博士生导师杜颖，四川省高级人民法院原民三庭庭长杨丽作为评审专家，对本报告进行了评审，提出了极具指导性的意见，使本报告从体例、内容上均得以进一步完善。中国法治出版社的责任编辑程思等为本书的出版给予了大力支持。在此一并表示由衷感谢！

《中国国际知识产权仲裁年度报告（2024）》课题组

2025 年 4 月

目　录

CONTENTS

第三章　境内外知识产权仲裁案件概览

第四章　重点行业的知识产权仲裁案例分析

第一章

境内外知识产权仲裁新发展

第一节　境内外知识产权仲裁新发展概述

一、境内知识产权仲裁新发展

仲裁是国际通行的争议解决方式，是我国纠纷多元化解决机制的重要“一元”，在保护当事人的合法权益，保障社会主义市场经济健康运行，促进国际经济交往等方面发挥着重要作用。就知识产权仲裁机制而言，其具有广阔的发展前景。从国家战略角度，也多次强调其对于解决知识产权争议的作用，并要求建立和完善其在实践中的具体机制。

2024 年 7 月 15 日至 18 日，中国共产党第二十届中央委员会第三次全体会议在北京召开，会议审议通过了《中共中央关于进一步全面深化改革、推进中国式现代化的决定》（以下简称《决定》）。[①]《决定》提出：“高质量发展是全面建设社会主义现代化国家的首要任务。必须以新发展理念引领改革，立足新发展阶段，深化供给侧结构性改革，完善推动高质量发展激励约束机制，塑造发展新动能新优势。”“健全因地制宜发展新质生产力体制机制。推动技术革命性突破、生产要素创新性配置、产业深度转型升级，推动劳动者、劳动资料、劳动对象优化组合和更新跃升，催生新产业、新模式、新动能，发展以高技术、高效能、高质量为特征的生产力。”“健全相关规则和政策，加快形成同新质生产力更相适应的生产关系，促进各类先进生产要素向发展新质生产力集聚，大幅提升全要素生产率。”新质生产力的发展和保障，是新一轮科技革命的要求，也已经成为我国下阶段经济发展和制度建设的战略重点。在推动生产力的迭代和革新方面，知识产权制度一直发挥着关键作用，激励和促进创新也是知识产

① 参见《中共二十届三中全会在京举行　中央政治局主持全会　中央委员会总书记习近平作重要讲话》，载《人民日报》2024 年 7 月 19 日，第 01 版。

权制度最基础的功能和目标。[①] 知识产权仲裁作为知识产权制度的一个重要组成部分，理应在立法、实践和理论方面有所发展，以顺应新一轮科技革命的要求，为新质生产力的发展保驾护航。

近几年，作为我国知识产权制度重要一环的“知识产权仲裁”在立法、实践和理论研究方面均有一系列新发展。具体而言，中共中央、国务院于 2021 年 9 月 22 日印发的《知识产权强国建设纲要（2021—2035 年）》明确提出：“建立完善知识产权仲裁、调解、公证、鉴定和维权援助体系……提升知识产权仲裁国际化水平。”[②] 国务院于 2021 年 10 月 9 日印发的《“十四五”国家知识产权保护和运用规划》进一步提出，完善知识产权纠纷多元化解决机制。培育和发展知识产权调解组织、仲裁机构、公证机构。建立健全知识产权调解、仲裁、公证、社会监督等人才的选聘、培养、管理、激励制度。推动完善知识产权纠纷投诉受理处理、诉讼调解对接、调解仲裁对接、行政执法与调解仲裁对接等机制。[③] 同时，从现阶段立法和政策层面来看，中央和地方相关立法和政府机

---

① 参见刘晓春：《新质生产力的知识产权司法保障：理念、功能与机制》，载《中国应用法学》2024 年第 4 期。

② 《知识产权强国建设纲要（2021—2035 年）》第（十）条规定：“健全统一领导、衔接顺畅、快速高效的协同保护格局。坚持党中央集中统一领导，实现政府履职尽责、执法部门严格监管、司法机关公正司法、市场主体规范管理、行业组织自律自治、社会公众诚信守法的知识产权协同保护。实施知识产权保护体系建设工程。明晰行政机关与司法机关的职责权限和管辖范围，健全知识产权行政保护与司法保护衔接机制，形成保护合力。建立完善知识产权仲裁、调解、公证、鉴定和维权援助体系，加强相关制度建设。健全知识产权信用监管体系，加强知识产权信用监管机制和平台建设，依法依规对知识产权领域严重失信行为实施惩戒。完善著作权集体管理制度，加强对著作权集体管理组织的支持和监管。实施地理标志保护工程。建设知识产权保护中心网络和海外知识产权纠纷应对指导中心网络。建立健全海外知识产权预警和维权援助信息平台。”第（二十）条规定：“积极参与知识产权全球治理体系改革和建设。扩大知识产权领域对外开放，完善国际对话交流机制，推动完善知识产权及相关国际贸易、国际投资等国际规则和标准。积极推进与经贸相关的多双边知识产权对外谈判。建设知识产权涉外风险防控体系。加强与各国知识产权审查机构合作，推动审查信息共享。打造国际知识产权诉讼优选地。提升知识产权仲裁国际化水平。鼓励高水平外国机构来华开展知识产权服务。”

③ 《“十四五”国家知识产权保护和运用规划》第（七）条规定：“加强知识产权协同保护。完善知识产权纠纷多元化解决机制。培育和发展知识产权调解组织、仲裁机构、公证机构。鼓励行业协会、商会建立知识产权保护自律和信息沟通机制。建立健全知识产权调解、仲裁、公证、社会监督等人才的选聘、培养、管理、激励制度。推动完善知识产权纠纷投诉受理处理、诉讼调解对接、调解仲裁对接、行政执法与调解仲裁对接等机制。探索维权援助社会共治模式，鼓励高校、社会组织等开展维权援助工作。建立完善知识产权侵权纠纷检验鉴定工作体系，加强知识产权鉴定机构专业化、规范化建设，推动建立知识产权鉴定技术标准。建立国防领域知识产权纠纷多元化处理机制……”

构也已注意到相关发展趋势，并在国家战略的指引下制定了相关的配套法规和政策，接下来的工作重心是如何在操作层面予以落实。

如前文所述，近年来我国在国家战略层面明确了知识产权仲裁对于解决知识产权纠纷的重要作用，政策立法层面也根据该等国家战略进行了具体落实。各仲裁机构知识产权案件的数量保持稳定或有所增长，仲裁机构处理知识产权纠纷的经验不断丰富。立法和实践的发展进一步推动了知识产权仲裁的理论研究。目前，知识产权仲裁在实体法和程序法方面都有一些研究成果值得关注，但仍存在一些疑难问题有待未来继续探索。其中，在实体法方面，主要集中于对相关争议可仲裁性的研究，尤其是随着一些新型纠纷的出现［如标准必要专利（Standard Essential Patent，SEP）案件涉及的许可费争议等］，关于其是否可通过仲裁进行解决，以及仲裁在解决该类型争议方面的优势，从而避免在司法程序中可能带来的问题，在已有研究的基础上还需进一步深化。就程序性问题，尽管仲裁中的临时措施、专家证人制度等也是该领域的普遍问题，然而此类机制的有效运用对于当事人首选仲裁作为解决纠纷的方式具有决定性作用。在理论层面对程序性问题进行深入研究，有利于促进知识产权仲裁在实践中的适用。

随着知识经济特别是作为推动新质生产力发展“主引擎”的科技创新的蓬勃发展，近年来中国知识产权纠纷数量迅速攀升，人民法院知识产权案件的审判压力日益加剧，同时现有诉讼模式难以完全满足知识产权纠纷解决的特殊需求。根据知识产权纠纷自身特点完善诉讼外多元化纠纷解决机制，对提高纠纷解决质量和效率具有重要的现实意义。仲裁作为成熟完善的社会型纠纷解决机制，具有专业性强、保密性高、周期短、国际认可度高、跨境执行力强等优势，是解决知识产权纠纷的理想方式。仲裁若能被应用在知识产权纠纷解决领域，将极大地提升知识产权纠纷解决效率，为我国经济技术的创新发展提供坚实的法律保障。但是，由于存在知识产权效力纠纷可仲裁性不确定、仲裁临时措施的规定过于简单等问题，我国知识产权仲裁尚处于起步发展阶段，知识产权仲裁受案量长期低迷，并且存在小众化、非重点、过于传统、新兴产业渗透率低的问题。进一步发挥仲裁处理知识产权争议的优势，扩大仲裁可适用的知识产权纠纷范围，优化知识产权仲裁的程序和具体机制，都需要在立法层面有一系列纲领性制度及与之配套的具体制度予以指引。

法律价值目标的实现，离不开法律的社会实践活动，包括基于国家的立法、执法、司法、守法而形成的法治体系；同时，法律价值实现是价值目标和价值构成体系践行的过程和结果，从而将法律价值转化为法治进步的现实力量。[①]这个价值目标和价值构成体系的形成与建立极大程度上依赖于相关学科领域的理论研究。知识产权仲裁的建立和完善是我国法治体系建设的一个新兴领域，其立法和实践亦有赖于该领域理论研究的发展；而作为新兴领域，立法和实践反馈的新问题层出不穷，各类问题也引导着该领域理论研究的方向。随着知识产权仲裁的认可度和公信力在实践中日趋得到提升，此领域的理论研究也将进一步深化。

二、境外知识产权仲裁新发展

（一）世界知识产权组织及境外主要国际商事仲裁机构受理知识产权纠纷案件概况

在全球经济数字化和技术转型的背景下，2024年世界知识产权组织（World Intellectual Property Organization，WIPO）仲裁与调解中心[②]受理案件858起，较2023年增长25%，比2020年增加了371%。其中，欧洲当事人占比29%（2020年为53%），拉美当事人占比40%（2020年为5%），亚洲当事人占比16%（2020年为17%），北美当事人占比13%（2020年为21%），非洲和大洋洲当事人分别占比3%和1%（与2020年持平）。受理案件涵盖仲裁、调解及专家裁决等多种形式的解纷方式。WIPO仲裁与调解中心的案件类型分布中，著作权和数字内容纠纷占比最令人关注，这不仅仅因为2024年占比高达77%，[③]

---

① 参见吴汉东：《〈民法典〉知识产权制度的学理阐释与规范适用》，载《法律科学（西北政法大学学报）》2022年第1期。

② 编者注：当事人所在地理分布数据显示，各大洲占比合计为102%。笔者认为，此系各大洲占比数据取整所致。参见世界知识产权组织官方网站，https：//www. wipo. int/amc/en/center/caseload. html，2025年3月20日访问。

③ 参见世界知识产权组织官方网站，https：//www. wipo. int/amc/en/center/caseload. html，2025年3月20日访问。

而且，从 2016 年至 2023 年每年占比分别为 17%、17%、20%、23%、25%、27%、41%、50%来看，[①] 逐年递增，特别是在 2023 年、2024 年分别达到 50%、77%的绝对大占比数，这与近年来生成式人工智能技术快速发展引起数字内容争议上升明显相关。2024 年其他类别中，[②] 商标纠纷占比 20%，专利纠纷占比 12%，商事纠纷占比 8%，信息通信技术（Information and Communications Technology，ICT）纠纷占比 3%。

在全球前十名优选的国际仲裁机构中，[③] 有中国国际经济贸易仲裁委员会（以下简称贸仲）等四家机构公开了受理知识产权纠纷相关案件数量（见表 1-1）。

表 1-1 2020—2024 年部分国际仲裁机构受理知识产权纠纷案件统计

序号	机构名称	地理位置	2024 年	2023 年	2022 年	2021 年	2020 年	案件类型
1	中国国际经济贸易仲裁委员会（CIETAC）	亚洲	162[④]	104[⑤]	111[⑥]	97[⑦]	57[⑧]	知识产权纠纷

① 参见世界知识产权组织官方网站，https://www.wipo.int/amc/en/center/summary2023.html，2025 年 3 月 20 日访问。

② 参见世界知识产权组织官方网站，https://www.wipo.int/amc/en/center/caseload.html，2025 年 3 月 20 日访问。

③ 2021 年全球国际仲裁调查报告显示的前十名优选国际仲裁机构，依次是国际商会国际仲裁院（ICC Court）、新加坡国际仲裁中心（SIAC）、香港国际仲裁中心（HKIAC）、伦敦国际仲裁院（LCIA）、中国国际经济贸易仲裁委员会（CIETAC）、国际投资争端解决中心（ICSID）、斯德哥尔摩商会仲裁院（SCC）、国际争议解决中心（ICDR）、常设仲裁法院（PCA）、伦敦海事仲裁员协会（LMAA），参见伦敦玛丽女王大学官方网站，https://www.qmul.ac.uk/arbitration/media/arbitration/docs/LON0320037-QMUL-International-Arbitration-Survey-2021_19_WEB.pdf，2024 年 11 月 20 日访问。

④ 参见中国国际经济贸易仲裁委员会官方网站，https://www.cietac.org/articles/32213，2025 年 3 月 20 日访问。

⑤ 参见中国国际经济贸易仲裁委员会官方网站，https://www.cietac.org/articles/20066，2025 年 3 月 20 日访问。

⑥ 中国国际经济贸易仲裁委员会：《中国国际知识产权仲裁年度报告（2022）》，中国法制出版社，第 15 页。

⑦ 参见中国国际经济贸易仲裁委员会官方网站，https://www.cietac.org/articles/18233，参照 2022 年度报告窄口径统计方式为 97 件，2025 年 3 月 20 日访问。

⑧ 参见中国国际经济贸易仲裁委员会官方网站，https://www.cietac.org/articles/17429，参照 2022 年度报告窄口径统计方式为 57 件，2025 年 3 月 20 日访问。

续表

序号	机构名称	地理位置	2024 年	2023 年	2022 年	2021 年	2020 年	案件类型
2	香港国际仲裁中心（HKIAC）	亚洲	未公开	13	3	21	11	知识产权纠纷①
3	伦敦国际仲裁院（LCIA）	英国	未公开	3	6	5	20	知识产权合同②
4	斯德哥尔摩商会仲裁院（SCC）	欧盟	5	4	3	6	4	知识产权合同③

上述 2020 年至 2024 年国际知识产权争议仲裁数据显示，贸仲受理案件量持续显著领先。2024 年贸仲受理量攀升至 162 起，较 2023 年增幅达 56%。同期，世界知识产权组织仲裁与调解中心案件结构发生显著变化：涉及著作权及数字内容的纠纷占比从 2023 年的 50%猛增至 2024 年的 77%，这一增长节点与生成式人工智能技术的突破性发展形成时间维度的高度关联，反映了全球对新兴知识产权保护的新需求。

（二）特定行业知识产权纠纷仲裁的新规范

上述 2020 年至 2024 年数据显示，境外商事仲裁机构受理的纯粹知识产权案件占比较低，表明国际知识产权争议多嵌入具体行业背景中，通过专业仲裁机制解决。生命科学仲裁是近年来国际仲裁发展的新领域，在当前国际局势下，工业信息技术和农业种业已成为事关国家安全与科技自主的关键领域，其所涉标准必要专利许可、植物新品种权与转基因技术等知识产权争议仲裁，值得关注。

---

① 笔者根据每年知识产权案件百分比、受理新案件总数量计算得出，但该机构 2024 年度知识产权纠纷案件百分比未公开单列统计。参见香港国际仲裁中心官方网站，https：//www. hkiac. org/about-us/statistics，2025 年 3 月 20 日访问。

② 笔者根据每年知识产权案件百分比、受理新案件总数量计算得出，但该机构 2024 年度受案量报告未公布。参见伦敦国际仲裁院官方网站，https：//www. lcia. org/lcia/reports. aspx，2025 年 3 月 20 日访问。

③ 参见斯德哥尔摩仲裁院官方网站，https：//sccarbitrationinstitute. se/en/about-scc/scc-statistics，2025 年 3 月 20 日访问。

1. 生命科学领域争议仲裁

2023年，世界知识产权组织仲裁与调解中心受理的案件中，约15%涉及生命科学领域，① 覆盖了生物多样性、生物技术、知识产权许可、技术转让、专利权、商标等多个类别。生命科学领域的仲裁还涉及材料转移协议、并购、特许权使用费、研发协议、补充保护证书（Supplementary Protection Certificate，SPCs）、生物信息学软件协议、技术转让以及跨境知识产权估值等，反映出该领域在商业和技术上的复杂性及高商业价值。近年来的统计显示，生命科学领域的仲裁案件在全球各主要仲裁机构中呈增长趋势。例如，2022年国际商会（International Chamber of Commerce，ICC）受理的生命科学仲裁案件增长50%，2020年国际争议解决中心（International Centre for Dispute Resolution，ICDR）的相关案件增长34%。② 这些数据表明，全球范围内的生命科学领域的公司与研究机构正面临越来越多的知识产权相关纠纷，且仲裁成为解决此类纠纷的首选方式。

由于生命科学行业高度依赖专利许可协议，纠纷往往涉及复杂的技术和法律问题，因此，生命科学争议仲裁不仅成为近年来国际知识产权仲裁的新亮点，也是国际仲裁的新趋势之一。③ 为应对生命科学争议方面的合同谈判和争议解决需求，世界知识产权组织于2022年发布了《生命科学争议的标准产权组织ADR程序》（Standard WIPO ADR Procedures for Life Sciences Disputes）、《为生命科学定制的新的产权组织ADR程序》（New Tailored WIPO ADR Procedures for Life Sciences）。④ 这些程序根据生命科学领域的特殊需求，提供了灵活的审理范围设定、强化的保密措施以及灵活的救济与紧急临时措施，以保障仲裁的专业

---

① Isha Singh，Resolving Life Sciences Disputes Beyond the Courts，WIPO MAGAZINE，September 2023，参见世界知识产权组织官方网站，https：//www. wipo. int/wipo_magazine_digital/en/2023/article_0029. html，2024年11月20日访问。

② Tom Walsh，et al.，International arbitration in the life sciences sector，International Arbitration Top Trends 2023，Freshfields Bruckhaus Deringer LLP 2023，pp. 33-34.

③ 参见 Pamela McDonald，et al.，International arbitration：global developments and current trends，Pinsent Masons Out-Law Analysis，14 Mar 2024。

④ 《产权组织生命科学争议管理和解决的替代性争议解决选项》，参见世界知识产权组织官方网站，https：//www. wipo. int/edocs/pubdocs/zh/wipo-pub-rn2022-14-zh-wipo-adr-options-for-life-sciences-dispute-management-and-resolution. pdf，2024年11月20日访问。

性及对敏感信息的保护，同时有效控制时间和成本。

2. 工业与信息技术领域的知识产权 FRAND 仲裁

随着全球技术创新的快速发展，标准必要专利（Standard Essential Patent，SEP）的重要性日益凸显。SEP 涵盖电信、互联网、数据通信和计算机等核心技术领域，专利持有人通常依据公平、合理和非歧视性（Fair，Reasonable，and Non-Discriminatory，FRAND）原则向技术实施者提供许可。FRAND 许可条款（或单独协议）旨在确保 SEP 持有人在开放许可时遵循这些原则，防止专利持有人滥用垄断地位，同时保障行业内技术的无障碍流通。

世界知识产权组织为方便当事人在 FRAND 许可协议中并入其标准 ADR 条款，将全球争议在一个程序中解决，于 2021 年更新了《FRAND 替代性争议解决机制（ADR）指南》，[①] 为在 FRAND 许可条款框架下处理知识产权纠纷提供调解和仲裁指引。该指南有关仲裁事项包括以下要点：（1）仲裁协议的标准化：指南建议在协议中明确定义 FRAND 许可的适用范围，以确保双方对许可条件有清晰的理解。（2）灵活的仲裁程序设计：为提高仲裁效率，指南鼓励以非正式方式处理证据提交，仅在必要时申请强制提交文件。这种设计有助于简化证据交换流程，提高仲裁的效率。（3）临时救济和担保措施：为保障当事人权益，指南允许仲裁庭在必要时要求一方将资金存入托管账户作为担保。这一措施有助于确保仲裁期间各方权益的公平性。（4）证人和专家证词的详尽性要求：指南规定，事实证人和专家证人的证词需经过正式宣誓或类似方式，确保证词的真实性和准确性。这对于 SEP 中的技术细节和专利解释至关重要。

针对 FRAND 专利许可谈判与调解，世界知识产权组织特别提倡以促成交易为目标的调解模式（Deal Mediation）。[②] 自 2015 年至 2024 年，世界知识产权组

---

① 《世界知识产权组织 FRAND 替代性争议解决（ADR）指南》（2021），参见世界知识产权组织官方网站，https：//www. wipo. int/export/sites/www/amc/zh/docs/wipofrandadrguidance. pdf，2024 年 11 月 20 日访问。

② WIPO-SINGAPORE ASEAN MEDIATION PROGRAMME SHEET，参见新加坡知识产权局官方网站，https：//www. ipos. gov. sg/docs/default－source/default－document－library/amp－information－sheet. pdf? sfvrsn=3c0b4059_7，亦参见世界知识产权组织官方网站，https：//www. wipo. int/amc/en/center/specific－sectors/ict/frand/，2024 年 11 月 20 日访问。

织仲裁与调解中心已受理了70余起FRAND调解案件，其中包括多个司法管辖区内的许可谈判，以及中国知识产权法院移交的10起ICT专利侵权调解案。[①] 2024年伊始，在新加坡解决了3起涉及SEP专利权人与实施人的大型电信专利组合许可争议，为当事人在全球法院诉讼提供了替代性解决方案。[②] 2023年底，世界知识产权组织和新加坡政府推出了为期一年的WIPO-新加坡东盟调解计划（ASEAN Mediation Programme，AMP）。截至2024年10月，AMP计划已成功达成6起商标争议的和解。[③] 2025年该计划更名AMP+，实施期间为2025年1月23日至12月31日。[④]

由于SEP广泛应用于标准化技术，其复杂性和覆盖广泛的专利组合常涉及众多利益相关方。FRAND许可条款作为公平竞争和技术流通的保障机制，成为跨国性和技术性复杂争议解决的重要工具。世界知识产权组织的《FRAND替代性争议解决机制（ADR）指南》不仅适用于复杂的工业和信息技术领域，也为其他技术领域的FRAND许可条款争议提供了重要的仲裁框架。

3. 农业技术与种业知识产权纠纷仲裁

近年来，全球食品安全需求、农业技术创新和种子市场全球化推动了农业技术与种业知识产权仲裁的发展。尤其是随着基因育种技术的出现，专利保护范围和许可费率的合理性成为行业核心关注的问题。[⑤] 面对全球竞争和复杂的跨国争议，许多小型育种公司和农业企业由于资源有限，更倾向于选择灵活、经济的仲裁方式来解决纠纷。2023年欧盟农作物育种许可平台（the Agricultural

---

① WIPO Strategy on Standard Essential Patents 2024 - 2026，WIPO 2024，p. 6，参见世界知识产权组织官方网站，https：//www. wipo. int/edocs/pubdocs/en/wipo-pub-rn2024-12-en-wipo-strategy-on-standard-essential-patents-2024-2026. pdf.，2024年11月20日访问。

② 参见新加坡律师公会公报官方网站，https：//lawgazette. com. sg/practice/practice-support/how-to-use-wipo-deal-mediation-in-commercial-negotiations/，2024年11月20日访问。

③ Intellectual Property Office of Singapore Hearings & Mediation Department Mediation Cases，Last updated：16 October 2024，参见新加坡知识产权局官方网站，https：//www. ipos. gov. sg/docs/default-source/protecting-your-ideas/hearings-mediation/mediation-cases. pdf? sfvrsn=eae67859_66，2024年11月20日访问。

④ 参见世界知识产权组织官方网站，https：//www. wipo. int/web/office-singapore/w/news/2025/wipo-asean-mediation-programme-amp-，2025年3月25日访问。

⑤ 参见欧盟法律官方网站，https：//eur-lex. europa. eu/legal-content/EN/TXT/? uri=CELEX%3A52024AP0067，2025年3月25日访问。

Crop Licensing Platform，ACLP）、2024 年国际种子联盟（International Seed Federation，ISF）先后推出了有关专利许可费率规范、贸易和知识产权管理争议解决程序规则，成为全球知识产权保护的组成部分。

2023 年，欧盟农作物育种许可平台推出的“棒球仲裁”机制，即各方提交各自主张的许可费率，仲裁庭从中选择最接近“公平合理”标准的一项。这一简单明了的育种专利许可费率机制，能够确保 FRAND 原则的有效执行，避免冗长的许可费率协商，显著加速了许可谈判过程，并提高了透明度和可操作性。随着 2024 年 2 月欧盟议会通过新议案，为保护域内育种者的豁免权和农民使用权，新基因技术（New Genomic Technique，NGT）植物及其遗传材料的专利法律进入调整期。[①] 欧盟农作物育种许可平台设定的费率规范，可以有效减少费率争议中的主观性和不确定性，为应对新基因技术发展带来的知识产权保护需求提供支持。

2024 年 7 月 1 日，国际种子联盟发布了新版《种子贸易争端与知识产权管理相关争议解决程序规则》，为全球种子贸易和知识产权纠纷提供了新的规范，适用于植物育种领域的各种知识产权纠纷，涵盖私营主体、专业育种公司、研究机构等合同引发的知识产权许可相关争议。[②] 该规则包含调解、调停和仲裁等多种解纷方式，明确排除刑事和民事诉讼中涉及知识产权侵权的争议，以及植物品种权证书或生物技术发明专利的执行问题，[③] 新规为种业企业和育种者提供了更加明确的商事争议解决途径。

上述欧盟农作物育种许可平台和国际种子联盟两项新规则，为农业技术和种业国际知识产权仲裁的应用奠定了操作基础，提升了该领域仲裁的适用性和效率，成为全球知识产权保护的重要组成部分。通过合理的许可费率、标准化的仲裁机制和 FRAND 原则保障，农业技术和种业的知识产权纠纷可得到更为透明和高效的解决方式，为行业创新和可持续发展提供有力支撑。

---

① 参见欧盟法律官方网站，https：//eur-lex.europa.eu/legal-content/EN/TXT/？uri=CELEX%3A52024AP0067，2025 年 3 月 25 日访问。

② 参见国际种子联盟官方网站，https：//worldseed.org/wp-content/uploads/2015/10/ISF_Procedure_Rules_Dispute_Settlement_2015.pdf，2025 年 3 月 25 日访问。

③ 参见国际种子联盟官方网站，https：//worldseed.org/wp-content/uploads/2015/10/ISF_Procedure_Rules_Dispute_Settlement_2015.pdf，2025 年 3 月 25 日访问。

（三）涉人工智能因素知识产权纠纷仲裁

近年来，人工智能（Artificial Intelligence，AI）技术，尤其是生成式人工智能（Generative Artificial Intelligence，GenAI），在推动数字经济发展的同时，带来了诸多知识产权（Intellectual Property，IP）挑战。GenAI 依赖大量数据进行训练，企业和开发者在使用这些数据集训练 AI 模型生成新内容时，常涉及多方面的知识产权问题，例如涉及前述著作权和数字内容纠纷，会涉及生成内容的著作权归属、作者身份、AI 生成内容的专利或商标权的可执行性，以及从互联网上提取素材用于 AI 训练的合法性和数据合规性等具体事项。这些问题目前大多超出现行法律的覆盖范围，各国法律体系尚未全面适用于 AI 生成内容的知识产权保护。

2024 年《WIPO 经济学视角下的人工智能与知识产权报告》指出，[①] 尽管 AI 技术挑战了现有的知识产权激励机制，但不应仓促修改现行法规，而应为市场的自我调节留出空间，让相关方逐步适应 AI 带来的创新经济和新商业模式，以避免因不成熟的知识产权改革带来的政策不确定性，从而阻碍创新发展。企业可能会因此对 AI 技术的使用产生自我限制：一方面，一些公司在创新活动中可能会因担忧生成内容的知识产权效力而回避使用 AI；另一方面，考虑到高风险的著作权侵权带来的法律负担，开发者也可能放弃部分 AI 项目，尤其在生成内容包含受保护素材时，这种法律风险可能导致开发者在应用 GenAI 时更为保守，进而限制其潜在广泛应用。

未来，随着 GenAI 的技术进步，数字内容和知识产权之间的界限可能更加模糊，如何平衡技术创新与知识产权保护将成为法律学者和行业专家的关注焦点。在此背景下，仲裁因其私权属性在解决 GenAI 相关的知识产权纠纷中展现出独特优势。仲裁裁决效力仅限于争议双方，不直接影响第三方权利或知识产权登记机关的法律效力，因此可以在不扰乱现行法律体系的前提下，灵活有效地解决 AI 生成内容的知识产权纠纷。这一特点有助于在当前法律框架内实现创新的平稳过渡，避免对知识产权制度的过度冲击。国际社会也在逐步重视 AI 在仲裁过程中的透明度和责任问题。例如，2023 年硅谷仲裁与调解中心（Silicon

---

① Alexander Cuntz, et al., Artificial Intelligence and Intellectual Property: An Economic Perspective, Economic Research Working Paper No. 77/2024, WIPO 2024, p. 23.

Valley Arbitration and Mediation Center，SVAMC）发布的《AI 在仲裁中使用的指导方针》（草案）建议仲裁员在程序中公开其使用 AI 技术的范围和方式；[①] 2024 年欧盟《人工智能法案》也对通用 AI 系统提出了透明度要求，[②] 以确保高风险 AI 的应用合规性。

就此而言，仲裁在国际知识产权保护体系中扮演着平衡创新激励与法律保护的双重角色。仲裁为全球知识产权纠纷提供了新的解决思路，并在合法、可控的环境下推动技术创新的稳定发展。

（四）区块链在知识产权仲裁中的应用

在当前全球数字化转型的背景下，传统知识产权体系无法全面覆盖一些无形资产的保护，如植物新品种的专利保护、结构化的数字内容、非原创数据库、大数据集、算法、软件、传统知识及文化表达。这些无形资产成为区块链技术潜在应用的讨论领域。[③] 在知识产权和学术界等多个行业，企业和个人为实现安全的点对点（Peer to Peer Lending，P2P）支付，通过平台智能合约进行加密货币交易，并引入区块链仲裁工具进行去中心化的争议解决。在这一模式下，争议在平台上由众包决策机制处理，最终结果由智能合约自动执行相关数字资产的给付义务。[④]

区块链技术在知识产权领域应用广泛，包括自动执行智能合约、证明创作或所有权、版权管理、实时支付权利人、商品认证和假冒品检测。[⑤] 区块链在知识产权纠纷仲裁和其他多元解纷机制中，能够提升证据的安全性，确保信息的保密性。[⑥] Kleros 平台作为世界知识产权组织关注的区块链仲裁方案服务商之

---

① 参见硅谷仲裁与调解中心官方网站，https：//thearbitration. org/wp-content/uploads/2023/08/SVAMC-AI-Guidelines-CONSULTATION-DRAFT-31-August-2023-1. pdf，2024 年 11 月 20 日访问。

② 参见欧盟法官方网站，https：//eur-lex. europa. eu/eli/reg/2024/1689/oj，2024 年 11 月 20 日访问。

③ Blockchain technologies and IP ecosystems：A WIPO white paper，2022，pp. 29-30.

④ Kleros Long Paper v2. 0. 2，p. 54，亦参见 Kleros 官方网站，https：//kleros. io/static/yellowpaper_en-8ac96b06f39f19a6a28106cf624e3342. pdf，2024 年 11 月 20 日访问。

⑤ Thomas Legler，et al.，A look to the future of international IP arbitration，参见全球仲裁评论网站，https：//globalarbitrationreview. com/guide/the-guide-ip-arbitration/third-edition/article/look-the-future-of-international-ip-arbitration，2024 年 11 月 20 日访问。

⑥ Blockchain technologies and IP ecosystems：A WIPO white paper，2022，p. 46.

一，① 自2019年3月受理首例案件以来，累计受理1654例案件。② 其中一例特别约定采用链上链下相结合的仲裁条款，仲裁员在墨西哥作出裁决书，并于2021年5月被墨西哥法院裁定认可。这一裁决成为全球首例公开通过司法确认的区块链仲裁案例。③

（五）总结

2023年随着全球经济数字化进程的加速，国际知识产权仲裁呈现出多元化和专业化的发展趋势，生命科学、工业与信息技术领域、农业技术以及新兴的人工智能和区块链技术都展示出对国际知识产权仲裁的需求，各领域的专业仲裁规则和程序已经成形，如世界知识产权组织的《生命科学争议的标准产权组织ADR程序》和《FRAND替代性争议解决机制（ADR）指南》，这些指引为应对行业的复杂性、保密性和效率需求提供了明确框架。同时，在GenAI和区块链技术快速发展的背景下，知识产权仲裁逐渐成为填补传统法律制度空白的重要手段，通过灵活的仲裁机制实现知识产权保护和技术创新的平衡。这为知识产权保护体系的未来发展提供了新的路径，也预示着在更为复杂的全球化背景下，仲裁将继续在国际知识产权争议解决中发挥关键作用。

---

① Blockchain technologies and IP ecosystems：A WIPO white paper，2022，p. 47.

② 参见Kleros官方网站，https：//klerosboard. com/1/profile/0x4accc4d9ce68ae9168ba943fb4681bbfc5e2fd3f，2024年11月20日访问。

③ 该案的特殊之处在于，当事双方事先约定了裁决程序，由双方指定的仲裁员负责起草程序令，并将当事双方的陈述和证据整理后，发送至Kleros区块链仲裁平台以获得裁决。Kleros平台作出裁决后，再将结果返回给仲裁员，由仲裁员依据该结果撰写并签署书面裁决书，将其作为最终裁决执行。在该程序中，法院认可了独任仲裁员依据仲裁协议中的规则和程序作出的裁决，并未对Kleros平台仲裁实体内容进行审查。详见Mauricio Virues Carrera，ACCOMMODATING KLEROS AS A DECENTRALISED DISPUTE RESOLUTION TOOL FOR CIVIL JUSTICE SYSTEMS：THEORETICAL MODEL AND CASE OF APPLICATION，p. 18，参见Kleros公司官方网站，https：//ipfs. kleros. io/ipfs/QmfNrgSVE9bb17KzEVFoGf4KKA1Ekaht7ioLjYzheZ6prE/Accommodating%20Kleros%20as%20a%20Decentralized%20Dispute%20Resolution%20Tool%20for%20Civil%20Justice%20Systems%20-%20Theoretical%20Model%20and%20Case%20of%20Application%20-%20Mauricio%20Virues%20-%20Kleros%20Fellowship%20of%20Justice. pdf；亦参见Jennifer Huang and Brendan Harrington，From Code to Court and Beyond：Alternative Dispute Resolution On and Off the Blockchain，Dispute Resolution Journal November-December 2024，Vol. 78，No. 4，p. 325。

第二节　境内外知识产权仲裁的理论研究新动态

一、境内知识产权仲裁的理论研究新动态

关于知识产权仲裁的理论研究，尽管国内学者的关注时间相对较晚，但近几年在该领域就一些问题，特别是知识产权争议的可仲裁性问题，已形成一些值得关注的研究成果。根据笔者检索的文献，关于知识产权仲裁的理论研究目前主要涉及以下几个方面的内容：

（一）知识产权仲裁模式更好回应新质生产力和数字经济的发展

2024 年国务院《政府工作报告》将“大力推进现代化产业体系建设，加快发展新质生产力”列为该年度政府工作十大任务之首。新质生产力由技术革命性突破、生产要素创新性配置、产业深度转型升级而催生。数字经济推动新的科技创新范式形成，促进各类生产要素更好发挥作用，推进传统产业转型升级、新兴产业发展壮大，为加快形成新质生产力提供了重要支撑。①

在新的生产力发展形势之下，知识产权保护的主要任务就是要为新质生产力的发展提供优质的服务保障。作为新质生产力的重要内容，数字经济领域的竞争正演变为以数据和算法为核心的生态系统竞争，而基于数据和算法的法律风险亟待关注与防范。② 以数字化、网络化、智能化为特点的数字经济的发展，给知识产权保护带来了新问题，提出了新挑战。针对数字经济中相关知识产权争议呈现的新兴领域争议逐渐增多、法律关系日趋复杂并要求以更高效率解决争议等特点，仲裁被公认为是解决此类争议的理想选择。

---

① 罗培、关瑞玲、赵易凡：《数字经济与新质生产力》，参见清华大学互联网产业研究院官方网站，https：//www. iii. tsinghua. edu. cn/info/1165/4413. htm，2025 年 1 月 13 日访问。

② 参见徐俊：《新质生产力发展下的知识产权保护对策研究》，载《中国应用法学》2024 年第 4 期。

新质生产力、数字经济与知识产权有着密切的关联。随着新质生产力的形成以及数字经济的快速发展，知识产权保护的新客体不断涌现，产业边界不断扩张，权利链条增加，无形化趋势进一步显现。由于新技术、新业态、新模式层出不穷，风险隐患叠加，也给知识产权保护和相关争议的解决带来新挑战和新任务。同时，数字经济和新质生产力的发展与迭代缩短了创新和应用周期，对知识产权保护效率提出了更高要求。依托于新质生产力和数字经济背景下的纠纷往往更加复杂，对争议解决者的能力提出更高要求。特别是数字化环境下的侵权行为更加隐蔽、更为复杂，影响范围更为广泛，由此使得引发的争议可能存在涉及主体多、法律关系复杂、收集固定证据更加困难等特点，进而对纠纷解决机构和专业人士提出了更高要求。

知识产权纠纷解决具有许多特殊性要求，例如，由于知识产权权利本身存续有期限，而且权利价值随着时间推移会逐渐降低，因此当事人对这类纠纷快速、高效解决的诉求比其他类型案件更为迫切。此外，知识产权仲裁本身亦包括对仲裁员专业性的要求、对技术内容较高的保密性要求等，然而我国目前尚没有专门的知识产权仲裁规则，也没有仲裁机构针对知识产权仲裁的需求修改或者完善相关的仲裁规则。其中一个原因在于对一些知识产权争议涉及仲裁的基本理论问题的理解，就该等问题在学界或实务界尚未达成一致。

鉴于发展新质生产力是解放和发展生产力的客观要求，也是实现中国式现代化的必由之路，随着新质生产力和数字经济持续发展，还有赖于结合其特征，就相关知识产权仲裁理论问题进行有针对性的研究和考量，从而为该类争议通过仲裁形式予以解决提供强有力的理论支撑。

（二）知识产权争议的可仲裁性问题

争议事项的可仲裁性问题，在本质上是一个程序性问题而非实体性问题。① 知识产权具有地域性的限制，对知识产权的保护措施主要由国内法规定，并且知识产权制度和问题也与各国公共政策紧密联系。知识产权传统上被认为不能通过仲裁方式解决，但伴随着科学技术与国际经贸的发展，高科技领域知识产

---

① 参见寇丽：《现代国际商事仲裁法律适用问题研究》，知识产权出版社 2013 年版，第 83 页。

权的跨国争议越来越多。[①]《与贸易有关的知识产权协定》（以下简称《TRIPs协定》）要求全体成员承认知识产权为私权，并将仲裁作为世界贸易组织解决成员之间知识产权国际争议的方式之一。1993年9月，世界知识产权组织建立“世界知识产权组织仲裁与调解中心”，为国际私人之间有关知识产权的纠纷提供专门性非诉讼纠纷解决机制。

知识产权争议按照类型可以划分为财产性质的争议和人身性质的争议。参考《民事案件案由规定》，[②] 可进一步将知识产权民事纠纷划分为三类：知识产权合同关系纠纷、知识产权权属纠纷和知识产权侵权行为纠纷。鉴此，有学者以知识产权纠纷所涉及的不同具体问题为依据，将其分为合同纠纷、有效性或权属纠纷和侵权纠纷。[③] 其中，由于知识产权特别是商标、专利需要经过相关行政机关审查并授权，并存在行政机关介入宣布无效或驳回的情况下，就知识产权有效性或权属纠纷项下的授权、确权纠纷的可仲裁性问题，目前存在较大争议。

此外，在实践中，涉及人身性质的知识产权争议不可避免地关联着利益问题，单纯提出人身问题的纠纷并不多见。而基于知识产权许可使用、转让合同发生争议的可仲裁性已被我国认可并在实践中积累了大量案例，但关于知识产权授权、确权纠纷与知识产权侵权纠纷的可仲裁性仍存在争议。

1. 知识产权授权、确权纠纷的可仲裁性问题

知识产权授权、确权纠纷可仲裁性问题存在争议的主要原因在于公权力在授权、确权中所起到的作用。其中存在的观点包括：一项专利或者商标能否被授权仅属于国家公共机构考虑的范畴，只有国家有权授予这种垄断权。任何关于其授权或者无效的争议都在仲裁范畴之外。[④] 因此，专利或商标授权后，仲裁庭作为典型的非行政机构，无权就相关专利权或商标权宣告无效，而且还有

---

① 参见江伟、肖建国主编：《仲裁法（第四版）》，中国人民大学出版社2023年版，第150页。

② 详见《民事案件案由规定》（法〔2020〕347号）第五部分知识产权与竞争纠纷。

③ 参见程松亮：《中国知识产权纠纷仲裁解决机制及对策研究》，载《商事仲裁（第九集）》，法律出版社2012年版。

④ M Haster, Law and Practice of International Commercial Arbitration, London: Sweet and Maxwell, 2004: 139.

人主张，个人也不能享有通过私有程序处置国家行为的权利。[①]

一直以来，由于专利权和商标权的效力问题往往会涉及国家公权力，甚至会影响社会公众的利益，相关争议能否提交仲裁在学界一直存在较大争议。[②]综上观点，主张权利授权、确权争议不能通过仲裁解决的核心理由在于：知识产权与一国公共政策或者公共利益有着密切相关的特殊性，因而围绕这类财产发生的争议并不属于当事人享有完全自主处分权的类型，当事人的意思自治应当受到公共政策的限制和约束，故上述争议的可仲裁性存在问题。

在法律依据方面，从我国加入《承认及执行外国仲裁裁决公约》（以下简称《纽约公约》）时所作"商事保留"的声明来看，知识产权纠纷显然属于"依据中国法律属于商事法律关系所引起的争议"；而从国内立法来看，《中华人民共和国仲裁法》（以下简称《仲裁法》）没有明确排除知识产权纠纷的仲裁解决，《中华人民共和国著作权法》（以下简称《著作权法》）第六十条以及《计算机软件保护条例》第三十一条也已经部分承认了知识产权纠纷的可仲裁性；并且在实践中，贸仲和其他仲裁机构已受理了众多起知识产权纠纷仲裁案件，并得到法院的执行，表明知识产权纠纷的可仲裁性在我国得到了事实上的承认。

对于著作权归属的争议，由于其并不涉及国家公权力而纯属私权争议，因此其具有可仲裁性；但对于专利权与商标权归属的争议，由于其涉及在当事人的法律关系中谁才是真正的专利申请权人或者商标申请权人的问题，往往成为向国家机关申请取得权利或者撤销权利的基础，但其性质上仍然纯属私权争议，因此具备可仲裁性。[③]

2. 知识产权侵权纠纷的可仲裁性问题

传统意义上可适用仲裁制度的纠纷范围仅限于合同纠纷，侵权纠纷并不具

---

① K. H. Bockstiegel, Public Policy and Arbitrability, ICCA Congress Series, 1986.

② 参见周晨宇、张润：《专利权有效性争议可仲裁性的理论反思与制度构建研究》，载《商事仲裁与调解》2023 年第 1 期；宋连斌：《国际商事仲裁管辖权》，法律出版社 2013 年版，第 65 页。

③ 参见倪静：《知识产权争议多元化解决机制研究》，法律出版社 2015 年版，第 223 页。

有可仲裁性，除非双方当事人能够在事前订立合法有效的仲裁协议。[①] 该类型争议中，对于没有协议的侵权行为是否具有可仲裁性尚有争议，其逻辑基础在于仲裁是当事人意思表示合意的结果。对于有协议前提下发生的争议，原则上具有可仲裁性。但是针对没有合同基础的知识产权侵权纠纷，由于侵权人在事前的不确定性，再加之当事人对侵权行为的无法预见性，因而当事人几乎不可能在行为发生前就订立仲裁协议或仲裁条款；且一旦侵权的事实行为发生，当事人很可能处于利益对立的状态中，也不太可能在这时候形成仲裁解决纠纷的合意。[②]

将知识产权侵权纠纷纳入可仲裁的范畴，符合可仲裁性的一般理论标准，并且符合当前的国际趋势。[③] 我国《仲裁法》第二条和第三条虽然未明确表示知识产权纠纷能够仲裁，但也没有排除知识产权纠纷适用仲裁解决的可能性。特别是在 2020 年对一系列知识产权专门法进行修正时，例如通过《著作权法》第六十条确认了有关的著作权纠纷可以提交仲裁机构仲裁；该条未指明具体类型的著作权纠纷，而著作权侵权本身为该领域的主要争议，因此一般认为可以提交仲裁机构仲裁的纠纷包括著作权侵权争议。尽管关于专利权和商标权纠纷能否由仲裁机构仲裁的问题仍然有待于法律的进一步明确，但现行《著作权法》的规定表明了我国立法界对知识产权纠纷提交仲裁解决的尝试和支持，在一定程度上说明了立法和司法实践的方向和趋势。[④]

与此同时，就商标权侵权纠纷，值得注意的是，根据国家知识产权局于 2023 年 1 月 13 日在其官网发布的《中华人民共和国商标法修订草案（征求意见稿）》（以下简称《商标法修订草案》），[⑤] 其中第七十四条“商标侵权纠纷

---

① 参见顾艳钰：《知识产权侵权纠纷可仲裁性问题探析》，载《成都行政学院学报》2012 年第 4 期。

② 参见张曼：《我国知识产权仲裁法律问题研究》，知识产权出版社 2023 年版，第 73 页。

③ 参见张曼：《我国知识产权仲裁法律问题研究》，知识产权出版社 2023 年版，第 73—74 页。

④ 参见张曼：《我国知识产权仲裁法律问题研究》，知识产权出版社 2023 年版，第 76 页。

⑤ 参见知识产权局官方网站，https：//www. cnipa. gov. cn/module/download/downfile. jsp？classid = 0&showname = 1%EF%BC%8E%E4%B8%AD%E5%8D%8E%E4%BA%BA%E6%B0%91%E5%85%B1%E5%92%8C%E5%9B%BD%E5%95%86%E6%A0%87%E6%B3%95%E4%BF%AE%E8%AE%A2%E8%8D%89%E6%A1%88%EF%BC%88%E5%BE%81%E6%B1%82%E6%84%8F%E8%A7%81%E7%A8%BF%EF%BC%89. pdf&filename = 1654380226a64fe48661d74ce7f9c0f3. pdf，2025 年 4 月 7 日访问。

的处理”增加了如下内容：就侵犯注册商标专用权行为引起纠纷的，由当事人协商解决；也可以根据当事人达成的书面仲裁协议，向仲裁机构申请仲裁；不愿协商、协商不成或者没有书面仲裁协议的，商标注册人或者利害关系人可以向人民法院起诉，也可以请求负责商标执法的部门处理。① 明确仲裁是解决商标侵权纠纷可选择的路径之一，是知识产权多元化纠纷解决机制在商标法领域的具体体现。尽管目前通过的《商标法》删除了该条，但这也反映了通过仲裁解决商标侵权纠纷在立法层面的尝试。总而言之，鉴于知识产权侵权纠纷是平等主体之间的财产性纠纷，该类型纠纷符合《仲裁法》所规定的可以适用仲裁解决纠纷的基本要件。

3. 关于涉及人身性质的知识产权争议的可仲裁性

就著作权领域涉及人身性质的知识产权争议，《著作权法》以与大陆法系同样的方式规定了作者的人身权，而该类争议是否具有可仲裁性也存在很大的争议。尽管从其他大陆法系国家的司法实践来看，存在通过仲裁解决作者人身权的判例；然而，目前世界上大多数国家和地区对于涉及精神权利的知识产权争议是否可以仲裁没有明确的立法规则和可借鉴的司法判例。②

我国有观点认为，涉及人身性质的知识产权争议具有可仲裁性。③《仲裁法》第二条将仲裁范围限定在“合同纠纷和其他财产权益纠纷”，而著作人格权纠纷能否纳入其他财产权益纠纷要考虑两个方面的问题：一是著作人格权具有的财产属性。二是财产权益纠纷的范围所在，立法者认为其他财产权益纠纷主要是侵权纠纷，且在知识产权领域较为常见。而 1987 年我国加入《纽约公约》时，在商事保留的声明中明确了我国只对根据本国法律认定为属于契约性和非契约性商事法律关系所引起的争议适用该公约。④ 最高人民法院进一步明

---

① 参见国家知识产权局官方网站，https：//www.cnipa.gov.cn/art/2023/1/13/art_78_186543.html，2024 年 3 月 7 日访问。

② 参见倪静：《知识产权争议多元化解决机制研究》，法律出版社 2015 年版，第 226 页。

③ 参见冯硕：《论我国著作人格权纠纷的可仲裁性》，载《北京仲裁》2017 年第 2 辑，中国法制出版社 2017 年版。

④ 详见《全国人民代表大会常务委员会关于我国加入〈承认及执行外国仲裁裁决公约〉的决定》：“（二）中华人民共和国只对根据中华人民共和国法律认定为属于契约性和非契约性商事法律关系所引起的争议适用该公约。”

确“所谓‘契约性和非契约性商事法律关系’，具体的是指由于合同、侵权或者根据有关法律规定而产生的经济上的权利义务关系”。[①] 所以“财产权益纠纷”的内涵要小于《纽约公约》中的“非契约性争议”，而更强调在经济上的权利义务关系。著作人格权本质上涉及商业流通和财产归属，是直接影响经济上权利义务的，因此该类型的纠纷应纳入“非契约性争议”的范围。

（三）知识产权争议可仲裁性延伸问题——专利开放许可

为提高专利成果的转化率，我国在《中华人民共和国专利法》（以下简称《专利法》）第四次修改中确立了开放许可制度。[②] 专利许可成立的基础是许可合同，因此与之相关的纠纷主要是违约纠纷。但由于专利权的行使具有可分性，具体而言包括禁止他人实施生产、销售、许诺销售、使用、进口等行为，如果双方约定的许可范围只是其中一部分，被许可人超出约定范围行使权利，就会使得违约行为同时侵犯专利权人的其他权利，例如被许可人未按约定的地域、时间实施，或者超出约定的方式实施许可专利等。因此，许可合同在履行过程中也会发生违约责任和侵权责任竞合的情形。

在开放许可纠纷解决方面，《专利法》第五十二条规定了行政调解和向法院起诉两种途径，签订、履行开放许可合同过程中产生的纠纷均可通过这两种途径解决。就诉讼途径而言，由于诉讼周期一般较长，通过诉讼较难实现开放许可促进技术成果转化的目的，因此在《专利法》规定的途径之外，有必要探索其他纠纷解决方式。[③]

在实践中，如果争议事项是单纯的违约纠纷，则纠纷的可仲裁性无任何异议，如果合同一方主张对方在履行合同过程中的侵权责任，则法院在认定该侵权纠纷是否受仲裁条款约束时，通常会涉及对仲裁条款和主合同条款的解释，

---

① 详见《最高人民法院关于执行我国加入的〈承认及执行外国仲裁裁决公约〉的通知》［法（经）发〔1987〕5号］第二条：“根据我国加入该公约时所作的商事保留声明，我国仅对按照我国法律属于契约性和非契约性商事法律关系所引起的争议适用该公约。”

② 详见《专利法》第五十条至第五十二条，即指专利权人自愿通过声明方式，作出许可任何主体实施其专利的意思表示，该声明经国家知识产权局审查合格后予以公告，有意愿实施该专利的主体以书面方式通知专利权人，并按声明中要求的方式支付许可费后，即获得专利实施许可。

③ 参见于伟艳、邵伟：《专利开放许可及其纠纷解决体系的构建》，载《商事仲裁与调解》2023年第1期。

由此可能导致不同的审理结果：即在认定侵权纠纷是否属于仲裁条款所约定的“与本合同有关的争议”，进而判断该纠纷是否属于仲裁事项方面，不同法院的审理思路并不统一，由此会产生一些偏差，不利于纠纷的及时解决。[①]

尽管现阶段知识产权纠纷的可仲裁性在我国得到了事实上的承认，但就涉及专利侵权的知识产权争议在我国是否可仲裁在法律上尚不确定，《仲裁法》《专利法》等都未有明确规定。实践中，绝大多数仲裁机构受理的案件也集中于知识产权合同争议。鉴于法院拥有仲裁协议效力和管辖的司法审查权，为解决仲裁在专利纠纷案件中的适格性并进而发挥其解决该类争议的优越性，最高人民法院出台的司法审查标准，可以让仲裁庭在作出决定时有所参照，以增加仲裁庭审查结果的确定性，减少仲裁庭的决定被法院撤销的情形。

（四）知识产权争议可仲裁性延伸问题——反垄断案件

在知识产权学界，学者认为基于专有性即法定垄断性的特性，知识产权在形式上可视为一种合法的垄断权。但是，知识产权的“使用”如果构成滥用行为，就会受到反不正当竞争法的制裁。[②] 根据2022年修正的《中华人民共和国反垄断法》（以下简称《反垄断法》），经营者滥用知识产权，排除、限制竞争的行为，适用该法。[③] 鉴于实体法层面将知识产权滥用归于《反垄断法》规制的范围，目前学界对于反垄断争议可仲裁性的探讨，也纳入知识产权仲裁理论研究的范畴。

然而，《反垄断法》具有公共政策的属性，其与基于私权处分而产生的仲裁在适用上存在逻辑矛盾，这是反垄断争议可仲裁性一度不被认可的根本原因。[④] 但随着公共执法和私人纠纷解决之间的界限日益模糊，私人反垄断争议的可仲裁性成为一个备受争议的话题。基于比较法的视野，1985年美国法院通

---

① 参见北京市高级人民法院（2019）京民辖终100号民事裁定书。本书引用案例，除另行说明外，均来源中国裁判文书网，最后访问日期：2025年3月31日。

② 参见吴汉东：《知识产权基本问题研究》，中国人民大学出版社2019年版，第184页。

③ 《反垄断法》第六十八条规定：“经营者依照有关知识产权的法律、行政法规规定行使知识产权的行为，不适用本法；但是，经营者滥用知识产权，排除、限制竞争的行为，适用本法。”

④ 参见邓志松：《反垄断争议的可仲裁性实务研究：欧盟与英国》，载《商事仲裁与调解》2020年第4期。

过三菱汽车公司案[①]承认了反垄断争议可以通过国际商事仲裁解决；1999 年欧洲法院在“Eco Swiss”案[②]作出初步裁决（Preliminary Ruling），明确法院可基于公共政策审查仲裁机构在欧盟竞争法下作出的仲裁裁决，该案被视为欧盟正式开始认可反垄断纠纷的可仲裁性。从美国和欧盟的法律发展来看，其对于反垄断问题的可仲裁性均有一个从否定到肯定的接受过程，而其当下的实践趋势也表明，某一特定部门法的所谓公共性已不再被视为影响反垄断纠纷可仲裁性的决定性因素。

然而从我国现阶段的立法和实务来看，在立法层面，自 2022 年 8 月 1 日起施行的修正后的《反垄断法》未明确反垄断争议能否仲裁的问题。

在司法实践层面，最高人民法院于 2024 年 6 月 24 日发布了《最高人民法院关于审理垄断民事纠纷案件适用法律若干问题的解释》（以下简称《垄断纠纷司法解释》），其中第三条明确规定，一方当事人向人民法院提起垄断民事诉讼，另一方当事人以双方之间存在合同关系且有仲裁协议为由，主张人民法院不应受理的，人民法院不予支持。此前，各级法院对反垄断纠纷的可仲裁性问题亦存在一定分歧。例如在 2022 年 8 月 19 日发布的一起纵向垄断协议纠纷的民事裁定书[③]中，最高人民法院撤销了北京知识产权法院作出的认可垄断民事纠纷可仲裁的一审裁定，认为：反垄断法具有明显的公法性质。在垄断行为的认定与处理完全超出了合同相对人之间的权利义务关系的情况下，本案当事人在协议中约定的仲裁条款不能成为排除人民法院管辖垄断协议纠纷的当然和绝对依据。《垄断纠纷司法解释》有关仲裁的规定，从司法解释的层面明确了裁定仲裁条款不能成为排除人民法院管辖的依据，进而在学界形成了“我国整体上对于反垄断纠纷的可仲裁性持否定态度”的观点。[④] 当然，鉴于国际商事

---

① Mitsubishi Motors Corp. v SolerChrysler-Plymouth, Inc, 473 U. S. 614 [1985]，参见美国 Justia 法律资源网，https://supreme. justia. com/cases/federal/us/473/614/，2024 年 7 月 18 日访问。

② Eco Swiss China Time Ltd. v. Benetton International NV, [1999] ECR I-3055，参见欧盟 EUR-Lex 法律数据库，https://eur-lex. europa. eu/legal-content/EN/TXT/? uri = CELEX% 3A61997CJ0126&qid = 1721317038911，2024 年 7 月 18 日访问。

③ 参见最高人民法院（2022）最高法知民终 1276 号民事裁定书。

④ 参见张晓冉：《论反垄断争议的可仲裁性》，载《北京仲裁》2023 年第 3 辑，中国法制出版社 2024 年版。

仲裁制度已成为国际经贸活动中主流的争议解决方式，随着我国仲裁制度与国际商事仲裁体系的进一步接轨，未来反垄断纠纷也可能存在通过更为高效便捷的仲裁途径解决的空间。

（五）知识产权争议可仲裁性延伸问题——SEP 许可使用费纠纷

SEP 是技术标准包含的必不可少和不可替代的专利，亦是企业为生产技术标准化产品而不得不使用和不可规避的专利。为了避免技术标准被专利权人挟持，很多标准组织要求参与标准制定过程的专利权人事先声明保证将来按照 FRAND 许可承诺向标准实施者发放专利许可。[①] FRAND 许可承诺是作为标准组织成员的标准必要专利权利人应普遍遵循的一项义务，该承诺可以被解释为：（1）标准必要专利权人不得拒绝许可；（2）标准必要专利权人执行的许可费率不得高于该专利被纳入标准之前有替代技术与之相竞争时的许可费率；（3）对没有竞争关系的产品，可以适用不同的许可费率，但应受到（2）的限制。[②] 其将标准必要专利的许可费限制在专利本身的价值范围，以解决因专利挟持和许可费叠加引起的利益失衡。

在实施者不愿意接受专利权人许可提议的情况下，受到专利权地域性的限制，标准必要专利的持有者只能在不同法域行使其合法权利，分别针对未经许可使用其专利的行为提起诉讼。该类平行诉讼不仅费用高、耗时长，而且不同国家或地区的法院可能会对近似问题采取不同观点甚至作出有冲突的判决。虽然理想状态是由某一独立的国际法庭来裁定全球 FRAND 许可条件，以避免上述潜在冲突，但目前行业内并没有公认的国际法庭来处理此类争议。[③]

与之相比，替代性争议解决机制，特别是仲裁，能够更高效灵活地解决 FRAND 争议，在解决该类争议方面有极大的优势。FRAND 诉讼一般需要耗费数年时间。例如，某确认 FRAND 许可费案件，自起诉日至二审判决作出共用时近两年，而后续再审流程又横跨数年。此外，由于争议的复杂性，O 公司诉 X

---

① 参见崔国斌：《标准必要专利诉讼中禁诉令的适用》，载《知识产权》2023 年第 2 期。

② 参见罗娇：《论标准必要专利诉讼的“公平、合理、无歧视”许可——内涵、费率与适用》，载《法学家》2015 年第 3 期。

③ 参见《探析标准必要专利 FRAND 纠纷的仲裁解决路径》，载百家号“知产财经”2022 年 3 月 1 日，https：//baijiahao. baidu. com/s？id=1726067878760677443&wfr=spider&for=pc，2025 年 3 月 28 日访问。

公司一案仅处理管辖权争议问题就花费了 17 个月。同样地，外国的平行诉讼也需要数年才能得到解决。与之相比，根据世界知识产权组织的研究总结，预估其 FRAND 仲裁程序的最终裁决一般可以在 14—16 个月内作出，并且其 FRAND 简易仲裁程序的最终裁决一般可以在 6—8 个月内作出。[①] 鉴于上述原因，在解决 FRAND 争议方面，仲裁比诉讼更高效、快捷。而产业界也普遍认为仲裁是解决全球 FRAND 纠纷和相关管辖权问题的更好方案。[②] 特别是鉴于 FRAND 目前集中于高速更新迭代的产业，如通信行业和智能汽车领域，通过仲裁解决 FRAND 争议也能更好地促进该类新兴产业的发展。

目前理论研究方面已存在一些有关 FRAND 和 SEP 许可费的相关研究，就其可仲裁性以及在实际仲裁中的具体制度，例如 FRAND 仲裁裁决的域外执行、反垄断执法机构对 FRAND 仲裁的认可，都还有待进一步探究。电信行业现行的手机通信标准是在全球范围内适用，要求标准必要专利许可在全球范围内授予，随之引发全球范围内的多起 SEP 纠纷；而随着汽车产业与通信行业的不断融合，通信行业的 SEP 纠纷逐渐向汽车产业扩展。为了适应行业发展趋势，并且在具体争议中避免不同司法辖区的冲突，更深入研究 FRAND 案件的可仲裁性和所适用的具体裁判制度，都具有极强的现实意义。

（六）知识产权仲裁的临时措施

仲裁临时措施（Interim Measures），也称临时性保全措施（Interim Measures of Protection, Conservatory or Provisional Remedies）、临时性救济（Interim Measures of Relief, Interim Relief）。《中华人民共和国民事诉讼法》（以下简称《民事诉讼法》）和《仲裁法》就该等措施采用狭义概念，即指为保证将来仲裁裁决的执行或避免一方当事人合法权益受到严重损害的保全措施，不包括中间裁决、

---

① 参见世界知识产权组织：《世界知识产权组织 FRAND 替代性争议解决机制（ADR）指南》，https：//www.wipo.int/publications/en/details.jsp？id=4232，2024 年 1 月 14 日访问。

② 参见《基于 FRAND 原则的标准必要专利许可推进良性生态系统发展——对话诺基亚全球许可副总裁 Patrik Hammaren》，载微信公众号“IPRDaily”2023 年 8 月 16 日，https：//mp.weixin.qq.com/s?src=11&timestamp=1743492753&ver=5903&signature=2WrrUTpPlpvmLtGWwiMw02igu7PW7m6tSTH5vh7Cx8QJEoxpsZSvpDBWvqJ-pQG4YVjz8H8M4cd57jVTWdO1rexdF-DafszXQhBMC1f2sae5tRrgKeeNe6U63FPBoXH3&new=1，2025 年 3 月 10 日访问。

仲裁程序令等广义上的临时措施。①

知识产权作为无形财产权，可在同一时间被多个主体在不同地域使用，并且从利用角度不具有排他性，因而权利也易遭到侵害，并且该等侵权损害在短时间内一般难以恢复。鉴于此，知识产权权利人有迫切的需求，要求能够尽可能迅速地禁止侵权产品的制造和销售。而临时禁令措施可及时制止知识产权侵权，有效避免侵权后果扩大化。同时，在知识产权侵权诉讼中，由于其证据具有隐蔽性、易毁性等特点，较之普通民事诉讼证据更难以取得和容易灭失，证据保全也尤为重要。

诚然《中国国际经济贸易仲裁委员会仲裁规则（2024 版）》第二十三条“保全措施及临时措施”总体规定了仲裁中运用保全和临时措施的规则，与此同时《最高人民法院关于审查知识产权纠纷行为保全案件适用法律若干问题的规定》第七条也就人民法院审查行为保全申请时需要考量的因素进行了列举，但就知识产权仲裁临时措施的规定目前还未反映在相应法律规定中。

知识产权仲裁机构的程序性规范，既应遵循一般性的程序规范，也应针对知识产权纠纷设计契合其特性的规则。目前在我国知识产权仲裁中，还未普遍使用类似知识产权诉讼的“禁令”制度，但由于知识产权争议的特殊性，当事人的合法权益能否得到维护，仲裁裁决能否得到实际有效的履行很大程度上依赖于仲裁临时措施的保障。因此，仲裁临时措施的构建与维护当事人的合法权益以及仲裁裁决的有效性和权威性密切相关。② 鉴此，当事人是否考虑选择仲裁来解决知识产权争议，在一定程度上，取决于是否能获得与司法途径相似的救济措施。

《TRIPs 协定》考虑到知识产权的易被侵害性、受侵害后不易恢复性以及保护有期限性等特征，将司法保护中的临时措施规定在协定的第三节第五十条中，主要包括诉前禁令与证据保全等类型。随着当今国际贸易纠纷的日益复杂化，在国际商事仲裁实践中要求发布临时措施的需求也越来越多。然而，目前《纽

① 参见江伟、肖建国主编：《仲裁法（第四版）》，中国人民大学出版社 2023 年版，第 249 页。

② 参见倪静：《知识产权仲裁机制研究》，厦门大学出版社 2013 年版，第 173 页。

约公约》对临时措施制度没有作出明确规定，《联合国国际贸易法委员会国际商事仲裁示范法》（UNCITRAL Model Law on International Commercial Arbitration，以下简称《贸法会示范法》）的条文过于简约，难以指导实践，各国仲裁立法与国际仲裁机构仲裁规则对这一问题的规定也存在一定差异。

目前就知识产权临时措施的讨论，集中在如下几个方面：赋予仲裁机构临时措施决定权，临时措施种类的扩大，申请临时措施的具体标准，以及法院对仲裁临时措施的承认和执行等。而在实践中，虽然我国法律没有直接规定禁诉令的签发，但是已有法院在实践中签发禁诉令。[①] 然而，目前我国法院还没有签发涉及仲裁的禁诉令。《中华人民共和国仲裁法（修订）（征求意见稿）》（以下简称《仲裁法修订意见稿》）第三十四条赋予了仲裁庭签发临时禁诉令的权利。[②] 如《仲裁法修订意见稿》通过，我国仲裁程序的当事人可考虑选择向仲裁庭申请禁令。

（七）基于知识产权仲裁责任探讨专家证人制度

就知识产权仲裁的责任问题研究，目前集中在对仲裁机构和仲裁员的责任认定两个方面。现阶段，各国对仲裁机构的责任认定尚未作出明确的立法规定，在实践中也很少发生对仲裁机构进行问责的情况。[③] 有学者结合相关国家的仲裁制度，对知识产权仲裁机构和仲裁员的责任总结了责任豁免论、责任承担论和责任有限豁免论三种类型。[④] 目前，我国对仲裁机构和仲裁员责任尚无相应规定，在一定程度上影响了当事人选择通过仲裁方式解决知识产权争议的意愿。

从实务角度，知识产权争议往往具有高度技术性和专门性，如果纠纷的裁决者能够具备相应的专业或者技术背景，熟悉相关的行业规则及商业实践，这在很大程度上有利于争议的高效、公正解决。与诉讼不同，仲裁允许当事人自

---

① 参见翟颖：《仲裁禁诉令的合理性、可操作性及其在我国的应用前景》，载《商事仲裁与调解》2021年第5期。

② 参见《司法部关于〈中华人民共和国仲裁法（修订）（征求意见稿）〉公开征求意见的通知》，载司法部官方网站，https：//www.moj.gov.cn/pub/sfbgw/lfyjzj/lflfyjzj/202107/t20210730_432967.html，2025年3月11日访问。

③ 参见张曼：《我国知识产权仲裁法律问题研究》，知识产权出版社2023年版，第135页。

④ 参见江伟、肖建国主编：《仲裁法（第四版）》，中国人民大学出版社2023年版，第136—151页。

主选择在某一领域具有较长从业时间、相对精通某方面专业知识的人士作为裁判者，这也成为仲裁解决知识产权争议最大的优势之一。然而，我国当前对于仲裁员的资质要求仍主要根据《仲裁法》第十三条中的一般规定。此外，在仲裁的实践中，由于各种主、客观原因的限制，当事人并未聘请或成功聘请到对口的专业人士来裁判案件。比如，部分仲裁机构有专门的仲裁员名册，规定当事人只能从中选择仲裁员，而这些仲裁员不一定能够满足所有案件专业性的要求，或者一些专家虽然在其自身领域属于权威人士，但对仲裁程序缺乏基本了解，难以适当履行仲裁员的职责等。

针对上述问题，为促进争议当事人选择仲裁作为解决知识产权纠纷的方式，在该类仲裁中适用专家证人机制可作为一个解决方案，并正处于理论探讨中。事实上，仲裁员可以根据专家证人的证词，结合自己的专业知识并依据其他证据对案件作出正确的裁决。由于仲裁员通常具备相关领域的专业知识和背景，因此专家可以更直接、便利地就相关技术问题与仲裁员沟通。仲裁员会以严肃的态度对待专家证言，并将其作为重要的证据对待。

我国司法实践中存在专家证人。当事人向法院申请具有专门知识的人员出庭就案件的专门性问题进行说明，一般是在有关专门性的问题已经法定鉴定部门或者根据情况由法院指定鉴定人作出鉴定的情况下，让具有专门知识的人员出庭以便在法庭上明确某些专业技术问题。但在仲裁实践中，涉及技术或专业问题的处理更常见的是鉴定制度。① 然而，专家证人与鉴定有着实质差异，二者的地位和资格要求均不同，并且鉴定人一般由司法机关聘请和指派，而专家证人可以由当事人自由选任，也可以由裁判机关选任。虽然鉴定、专家证人二者之间存在极大差异，但彼此并不矛盾，我国仲裁可考虑多从实务角度参考借鉴诉讼的专家证人制度，以更有利于案件的裁判以及仲裁制度本身公信力的建立和增强。

---

① 《仲裁法》第四十四条规定："仲裁庭对专门性问题认为需要鉴定的，可以交由当事人约定的鉴定部门鉴定，也可以由仲裁庭指定的鉴定部门鉴定。根据当事人的请求或者仲裁庭的要求，鉴定部门应当派鉴定人参加开庭。当事人经仲裁庭许可，可以向鉴定人提问。"

二、境外知识产权仲裁的理论研究新动态

当事人意思自治是选择仲裁或其他争议解决方式的核心原则，也是确定适用法律的基本依据。私人主体（包括平台）在国际知识产权交易中制定的争议解决规则，或许是跨境知识产权纠纷的最佳实践。正如第一节所述，仲裁因其私权属性，裁决仅对当事双方有效，不影响第三方或公权力机构，也不干扰各国现行法律体系。在数字经济和跨境科技合作中，仲裁以其灵活性有效应对GenAI等复杂知识产权纠纷，适用于高度专业化且涉及敏感信息的国际交易争议，同时实现创新激励与法律保护的平衡。但是，当事人意思自治的权利范围及其行使程度，归根结底取决于跨境知识产权交易中，当事人对仲裁效率的期待与相关国家对属地主权原则的坚持之间能否实现有效的张力平衡与协调。[①] 由于这一张力本身难以预判，当事人在事前往往难以准确预测其法律选择可能带来的后果，尤其是在具体知识产权争议是否具备可仲裁性、仲裁临时措施是否有效以及最终裁决是否存在被拒绝执行或被撤销的风险等方面。这些不确定性正是近年来该领域理论研究的热点问题。

（一）跨国或地区知识产权争议的可仲裁性问题

1. 知识产权争议可仲裁性的普遍看法

近十年来，大多数司法管辖区仅在必要时对争议可仲裁性设定少量限制，不可仲裁事项被视为例外，且适用范围极窄。大多数国家或地区的政策倾向于支持仲裁。对于知识产权争议标的能否通过国际仲裁解决的普遍看法是：在包括新加坡、英国、加拿大、澳大利亚、美国等普通法系国家，以及瑞士、比利时、法国、意大利、葡萄牙等大陆法系国家内，若知识产权争议涉及可自由处分的经济利益，且不触及第三方或公共利益，通常被视为具有可仲裁性。另外，在某些大陆法系国家（如法国、德国、瑞士、葡萄牙），法律特别保护作者的道德权利，明确规定涉及人身精神或道德权利的争议不可仲裁。例如，文学、

---

① Maxence Rivoire, Party autonomy and the applicable law to the merits in intellectual property arbitration, Arbitration International, 2025, XX, 1-43, p22.

艺术或科学作品的所有权或真实性等涉及不可转让的道德权利的争议，因其与人身权紧密相关，被视为不可仲裁。[①]

知识产权争议未必涉及可仲裁性问题。在大多数国家和地区，与登记权利人或受让人因跨境转让、合同履行、侵权或违规行为引发的争议通常可仲裁。只有当争议直接影响注册知识产权的所有权或有效性时，才涉及可仲裁性问题。若争议不涉及注册知识产权的所有权或有效性，不影响专利登记机关职权或第三方利益，且仲裁裁决仅对当事人双方有约束力而不具普遍效力，则无可仲裁性障碍，与一般国际商事合同争议仲裁并无不同。

如果争议涉及注册知识产权的所有权和有效性，则需根据不同国家和地区关于知识产权争议仲裁的具体规定，考虑可仲裁性或不可仲裁性的不同限制程度和范围：（1）严格限制：一些国家和地区对仲裁适用范围规定严格。例如，南非《专利法》明确禁止专利争议仲裁；[②] 在印度，尽管专利许可引发的争议可以仲裁，但涉及专利有效性的争议则被视为不可仲裁。[③]（2）完全开放：部分国家和地区允许完全开放的知识产权仲裁。例如，比利时和瑞士均允许对专利有效性争议进行仲裁，且仲裁裁决具有普遍效力。[④]（3）有限开放：某些国家或地区则介于两者之间。例如，中国香港特区和新加坡明确允许对知识产权的有效性和所有权争议进行仲裁，但裁决效力仅限于当事人双方之间，[⑤] 不具有普遍效力。美国则允许对专利有效性进行仲裁，意大利、葡萄牙和西班牙等

---

① Gabriel M. Lentner，The Rumors of Arbitrability's Death have been Greatly Exaggerated：Revisiting Arbitrability of IP Disputes from a Transatlantic Perspective，Stanford-Vienna TTLF Working Paper No. 71，p. 17.

② Gabriel M. Lentner，The Rumors of Arbitrability's Death have been Greatly Exaggerated：Revisiting Arbitrability of IP Disputes from a Transatlantic Perspective，Stanford-Vienna TTLF Working Paper No. 71，p. 14；South African Patent Act 1978 [Updated to 1 May 2011]，s 18（1），参见南非政府法律信息院官方网站，https：//www. saflii. org/za/legis/consol_act/pa1978109/，2024 年 11 月 20 日访问。

③ Kshama A. Loya & Gowree Gokhale，Arbitrability of Intellectual Property Disputes：A Perspective from India，14 J. Intell. Prop. L. & Prac. 634（2019）；Finnuala Meaden-Torbitt，The Arbitrability of IP Disputes：A Concern of the Past?，参见威科仲裁官方网站，https：//arbitrationblog. kluwerarbitration. com/2024/08/30/the-arbitrability-of-ip-disputes-a-concern-of-the-past/，2024 年 11 月 20 日访问。

④ Gabriel M. Lentner，The Rumors of Arbitrability's Death have been Greatly Exaggerated：Revisiting Arbitrability of IP Disputes from a Transatlantic Perspective，Stanford-Vienna TTLF Working Paper No. 71，p. 16.

⑤ Singapore International Arbitration Act 1994，s 26A（4）；《2017 年仲裁（修订）条例》第 103C（a）条款。

国同样允许对专利有效性和所有权争议进行仲裁，但裁决效力也仅限于双方之间。[①] 此外，法国允许对专利有效性争议进行仲裁，裁决同样仅对当事人双方有效。[②]

综上，各国和地区在知识产权争议仲裁的适用范围和裁决效力上存在差异，需依据具体国家和地区法律判断。通常，仲裁裁决仅对当事人具有约束力，因此，以保护公共利益或第三方利益为由限制当事人对可处分知识产权争议的仲裁并无必要。[③] 尽管争议标的的可仲裁性是跨国知识产权仲裁的重要因素，但实践中，申请人发起仲裁的主要目的是解决合同履行问题，而非知识产权有效性。相反，被申请人常以可仲裁性为答辩意见，以确认合同条件是否成立。在多数国家和地区支持知识产权争议仲裁的政策下，可仲裁性问题更多是仲裁发展的历史性顾虑，随着实践成熟，这一问题或将逐渐淡化。[④]

2. 知识产权争议可仲裁性对仲裁程序的影响

值得注意，争议标的的可仲裁性与仲裁协议本身的有效性是两个独立问题。仲裁协议的有效性取决于当事人选择的适用法律；若无明示约定，通常以仲裁地法律为准据法，适用一般合同订立和有效性原则。跨境知识产权合同中的仲裁条款往往范围宽泛，即使涵盖将来可能涉及的不可仲裁事项，也不影响整个条款的有效性。当事人若依据成文法主张某些具体争议不可仲裁，这并不导致仲裁协议整体失效。仲裁条款在可仲裁事项上仍然对双方具有约束力，双方仍须履行仲裁义务。因此，无论是当事人还是仲裁庭，都不应将知识产权争议的

---

① 35 U.S.C. § 294（c），并参见 Gabriel M. Lentner，The Rumors of Arbitrability's Death have been Greatly Exaggerated：Revisiting Arbitrability of IP Disputes from a Transatlantic Perspective，Stanford-Vienna TTLF Working Paper No. 71，p. 16。

② Dário Moura Vicente，Arbitrability of Intellectual Property Disputes：a Comparative Survey，Arbitration International，2015，31，p. 155.

③ Antje Baumann，Chapter 1：Arbitrability of IPRs disputes，Research Handbook on Intellectual Property Rights and Arbitration Edited by Simon Klopschinski and Mary-Rose McGuire，21 May 2024，p. 16，参见埃尔加在线官方网站，https：//www.elgaronline.com/edcollchap/book/9781800378360/book-part-9781800378360-10.xml，2024 年 11 月 20 日访问。

④ Finnuala Meaden-Torbitt，The Arbitrability of IP Disputes：A Concern of the Past?，参见威科仲裁官方网站，https：//arbitrationblog.kluwerarbitration.com/2024/08/30/the-arbitrability-of-ip-disputes-a-concern-of-the-past/，2024 年 11 月 20 日访问。

不可仲裁性与仲裁协议的有效性混为一谈。

在多数国家和地区允许知识产权争议通过仲裁解决的趋势下，若一方以争议标的不具可仲裁性为由提出管辖权异议或实体答辩，仲裁庭应依据仲裁地法律适当行使管辖权：

（1）知识产权争议可仲裁性方面。若仲裁地明确特定知识产权争议可仲裁或不可仲裁事项，仲裁庭应拒绝对法律规定的不可仲裁事项行使管辖权，并继续审理可仲裁事项。若法律允许，仲裁庭可同时审理可仲裁与不可仲裁事项，并作出对双方有约束力的终局裁决，同时明确不可仲裁事项的裁决效力仅限于双方之间。

（2）仲裁与行政程序的协调。如当事人同时对管辖权提出异议，并向知识产权机关提起登记有效性程序，那么：①若行政机关能在短期内作出决定，且当事人证据不足，仲裁庭可中止程序，待行政裁定后再恢复；②若认定当事人拖延或阻碍程序，且诉争知识产权极可能无效，而行政机关需较长时间决定，则仲裁庭可对有效性问题作出裁决，并明确裁决效力仅限于双方之间，以高效满足纠纷解决需求。

（3）司法审查的最终性问题。如当事人向有司法审查管辖权的法院申请确认仲裁管辖权或对初步决定提出异议，法院在裁定管辖权时将涵盖可仲裁性问题，其裁定结果具有最终效力。

3. 知识产权争议可仲裁性在裁决后阶段问题

一般认为，保留给法院专属管辖的争议事项不可仲裁。[①] 如前所述，中国香港特区和新加坡的成文法明确规定知识产权争议可仲裁，因此，以两地之一作为仲裁地的案件，在裁决作出后，当事人不得以知识产权争议不可仲裁为理由，请求仲裁地法院撤销裁决或拒绝执行裁决。当事人寻求司法救济的途径，与一般国际商事仲裁无异。

然而，其他国家或地区尚未对知识产权争议仲裁进行专门立法。在适用《贸法会示范法》的司法辖区，除了胜诉方可依据《纽约公约》在时效期内申

---

① Bernard Hanotiau, The Law Applicable to Arbitrability, 26 Sing. Acad. L. J. 874 (2014).

请执行外，不服裁决的当事人也可在时效期内以知识产权不可仲裁为由，选择不同国家或地区法院寻求司法救济。① 因此，当事人可利用知识产权国际多边或双边条约、《纽约公约》及执行地国家和地区的国内法之间的关系，通过多种途径解决裁决承认与执行问题，争取最有利的执行结果。

例如，在仲裁地法院已撤销或中止执行裁决的情况下，尽管《纽约公约》第五条第一款（戊）项允许执行地法院拒绝承认和执行，但根据执行地国家和地区的国内法或其他条约，法院仍可承认和执行该裁决。《纽约公约》第七条第一款的“更优权利”条款正是允许某些缔约方法院一贯执行已被撤销或暂停的裁决的依据。②

跨国或地区知识产权争议的可仲裁性因缺乏统一性和确定性，往往在裁决执行阶段成为当事人面临的主要挑战。例如，假设两位非新加坡属地的当事人明确约定某知识产权相关争议适用新加坡国际仲裁中心规则在新加坡进行仲裁，并约定商务条款和法律条款适用印度法。如果仲裁庭裁定印度专利无效，根据新加坡法律，该裁决在专利纠纷的仲裁当事人之间具有约束力。然而，在印度执行该裁决时，可能因印度法律规定专利有效性不可仲裁，而导致执行面临困难。对于特定争议事项的可仲裁性，各国和地区法院在对跨国或地区仲裁裁决进行司法审查时，通常依据两种标准：一是参考适用仲裁协议的法律，二是参照本国法律，③ 这种二选一的做法通常适用于仲裁裁决作出后的承认和执行阶段，具体标准因地而异，增加了跨国知识产权仲裁的复杂性。

在仲裁裁决作出前的待审阶段，也可能出现类似冲突。在 2023 年新加坡最

---

① 详见《贸法会示范法》第 34（2）（b）（i）条，“34 条．申请撤销，作为不服仲裁裁决的唯一追诉……（2）有下列情形之一的，仲裁裁决才可以被第 6 条规定的法院撤销：……（b）法院认定有下列任何情形：（i）根据本国的法律，争议事项不能通过仲裁解决”；《纽约公约》第五条第二款第（甲）项规定，执行地法院“依该国法律，争议事项系不能以公断解决者”，得拒绝承认及执行，以及第五条第一款第（戊）项规定，裁决“业经裁决地所在国或裁决所依据法律之国家之主管机关撤销或停止执行者”，应依当事人请求“拒予承认及执行”。

② 参见《联合国贸易法委员会秘书处关于〈承认及执行外国仲裁裁决公约〉（1958 年，纽约）的指南》，联合国 2016 年版，第 302 页，https：//uncitral. un. org/sites/uncitral. un. org/files/media－documents/uncitral/zh/v1604038－1. pdf，2025 年 3 月 11 日访问。

③ 参见《联合国贸易法委员会秘书处关于〈承认及执行外国仲裁裁决公约〉（1958 年，纽约）的指南》，联合国 2016 年版，第 49 页，https：//uncitral. un. org/sites/uncitral. un. org/files/media-documents/uncitral/zh/v1604038－1. pdf，2025 年 3 月 11 日访问。

高法院上诉庭阿努帕姆·米塔尔诉西桥创投第二投资控股公司案（Anupam Mittal v. Westbridge Ventures II Investment Holdings［2023］SGCA）[①] 中，法院在审理争议标的可仲裁性时指出：如果当事人未明示或默示约定仲裁协议适用法律，则需综合考虑仲裁地法律与仲裁协议准据法。只有在这两项法律下争议均被认定为可仲裁，方可确认争议标的具有可仲裁性。这一原则与仲裁裁决作出后阶段采取的二选一做法明显不同。

4. 小结

目前，大多数国家或地区倾向于支持知识产权争议的仲裁政策。尽管可仲裁性在跨境知识产权交易中可能引发法律的不确定性，但只有在涉及登记机关所登记的知识产权有效性或所有权争议时，才会出现可仲裁性问题。在交易双方同意仲裁的情况下，即使仲裁事项包含不可仲裁的内容，仲裁裁决对双方仍具有终局性约束力，体现了当事人意思自治的选择。这种裁决效力仅限于当事双方，不影响第三方或公权力机关。因此，仲裁是一种有效的手段，能够激励创新、促进跨境知识产权交易，并平衡各方利益。

随着更多国家支持知识产权争议仲裁政策的实施，仲裁实践越发成熟，可仲裁性问题的影响可能逐渐减弱。未来，应进一步从《纽约公约》的裁决执行司法审查维度以及知识产权争议仲裁法律适用的审理维度深入研究。

（二）跨国或地区知识产权争议仲裁的临时措施问题

仲裁临时救济通常需迅速提供，否则可能导致争议解决失去意义。《贸易法委员会国际商事仲裁示范法（1985 年附 2006 年通过的修正案）》（以下简称 2006 年版《贸法会示范法》）明确了仲裁庭实施临时救济的法律地位。然而，组庭过程和程序审理可能造成延误，为此当事人常通过法院诉前保全获取临时救济。在此类救济的裁定上，各国和地区法院存在不一致，同一国家的不同法域也可能存在观点分歧。例如，在美国，大多数联邦巡回法院依据初步禁令标准裁定临时救济，但部分法院要求当事人明确约定在仲裁期间维持现状，方可

---

① 参见新加坡最高法院电子诉讼官方网站，https：//www.elitigation.sg/gd/gd/2023_SGCA_1/pdf，2024 年 11 月 20 日访问。

签发临时禁令，而另一些则以保全有必要性为准，无须明示约定，即可裁定临时救济。[①]

鉴于知识产权争议的特殊性，如证据保全需求与防止侵权物证销毁，临时措施申请及禁令执行在跨国或地区知识产权仲裁中尤为关键。为此，2021年世界知识产权组织在仲裁规则中引入紧急仲裁员程序，而美国仲裁协会、新加坡国际仲裁中心、贸仲、国际商会、香港国际仲裁中心、伦敦国际仲裁院及斯德哥尔摩商会仲裁院等商事仲裁机构早已采用类似程序，允许当事人在仲裁庭组建前申请紧急仲裁员裁定临时措施，如财产及证据保全，无须法院介入。[②]

从《纽约公约》角度看，即使当事人获得仲裁庭或紧急仲裁员签发的临时救济令，其执行仍可能遇到异议。《纽约公约》未明确定义"仲裁裁决"，各国和地区法院通常以裁决的终局性和约束力为判断标准，即"仲裁裁决"通常指仲裁庭作出的具有终局性和约束力的决定。[③] 然而，对于域外仲裁庭临时措施或禁令的承认与执行，《纽约公约》尚存立法空白。

在全球实践中，目前全球93个国家和地区的126个法域已将《贸法会示范法》作为仲裁法蓝本，其中50个法域采纳了2006年版《贸法会示范法》。新加坡则基于2001年版对1985年版《贸法会示范法》进行了修改，明确赋予仲裁庭签发临时措施的权力。[④] 因此全球至少有51个法域通过立法明确其仲裁地域内法院可执行仲裁庭签发的临时措施或禁令，[⑤] 为选择这些仲裁地的当事人提供了法律保障，增强了对仲裁地的信心。各国或地区对仲裁庭签发临时措施权

---

① Kate Brown, The Availability of Court-Ordered Interim and Conservatory Measures in Aid of International Arbitration in the United States of America and France: A Comparative Essay, 8 Int' l Trade & Bus. L. 135, 141-42 (2003).

② 参见葛黄斌：《紧急仲裁员机制的现实性与挑战性——以新加坡为视角》，载《2012航运金融法律评论》，上海浦江教育出版社2012年版，第103页。

③ 参见《联合国贸易法委员会秘书处关于〈承认及执行外国仲裁裁决公约〉(1958年，纽约）的指南》，联合国2016年版，第11—14页，https://uncitral.un.org/sites/uncitral.un.org/files/media-documents/uncitral/zh/v1604038-1.pdf，2025年3月11日访问。

④ 新加坡《国际仲裁法》(第二部分"国际商事仲裁"）第12条第（1）款规定，在不损害该法其附则示范法明文规定的仲裁庭权力情形下，该条款明确规定仲裁庭行使（a）至（j）共十大项权力，其中第（i）项为仲裁庭作出临时禁令或其他任何临时措施命令的权力。

⑤ 具体国家或51个法域名称，参见联合国国际贸易法委员会官方网站，https://uncitral.un.org/en/texts/arbitration/modellaw/commercial_arbitration/status，2024年11月20日访问。

力的立法，为跨国或地区知识产权纠纷仲裁提供了便利。例如，在 CE 国际资源控股有限责任公司诉 S. A. 矿业有限合伙公司案（CE International Resources Holdings LLC v. S. A. Minerals Ltd. Partnership）① 中，合同约定适用纽约法，由美国仲裁协会适用《国际争议解决程序》（International Dispute Resolution Procedures，IDRP）裁决。原告申请法院执行仲裁员签发的临时措施令，要求被告提供 1000 万美元担保金，或在未提供担保金时冻结其全球资产（上限 1000 万美元）。被告请求撤销该措施令，称仲裁员行为违反纽约法律，不允许为金钱判决提供担保金。法院审理后认为，双方同意适用 IDRP，而其第二十一条赋予仲裁员采取必要临时措施的权力。法院裁定，执行该仲裁命令既不违反纽约法律，也不违背公共政策，最终支持仲裁员的临时措施令，驳回被告请求。

早在 10 年前，为提升本国或法域在国际仲裁中的竞争力，新加坡和中国香港特区，这两个 2021 年国际仲裁排前二的仲裁地，② 便通过修订仲裁法律制度采取积极措施，包括将"仲裁庭"的定义扩展至"紧急仲裁员"，③ 以及立法明确"强制执行紧急仲裁员的紧急救济裁决"。④ 2022 年 10 月，新加坡法院在 CVG 诉 CVH 案（CVG v. CVH [2022] SGHC 249）⑤ 中首次确认外国紧急仲裁员临时救济裁决在新加坡具有可执行性，这是一起因特许经营协议引发的专属标识纠纷。2022 年 6 月 15 日，原告获得紧急仲裁员在美国宾夕法尼亚州作出的紧急救济裁决，随后于 6 月 29 日向新加坡法院申请执行并获得执行令，而被告于 7 月 22 日申请撤销执行令。新加坡高等法院经审理认为，新加坡《国际仲裁法》项下外国裁决定义范围，包括《纽约公约》项下的仲裁裁决，⑥ 以及，该

① 参见 Jus Mundi 国际法和仲裁数据库官方网站，https：//jusmundi. com/en/document/decision/en-ce-international-resources-holdings-llc-v-s-aminerals-ltd-partnership-tantalum-technology-inc-and-yeap-soon-sit-decision-and-order-granting-petitioners-application-for-confirmation-and-enforcement-of-the-interim-arbitral-award-of-the-united-states-district-court-for-the-southern-district-of-new-york-monday-10th-december-2012，2024 年 4 月 3 日访问。

② 伦敦与新加坡并列第一，中国香港特区位列第二。

③ 详见新加坡《国际仲裁法》（第二部分"国际商事仲裁"）第 2 条第（1）款，2012 年修订。

④ 详见中国香港特区《仲裁条例》第 22B 条，2013 年增补。

⑤ 参见新加坡电子诉讼服务官方网站，https：//www. elitigation. sg/gd/s/2022_SGHC_249，2024 年 11 月 20 日访问。

⑥ 详见新加坡《国际仲裁法》（第三部分"外国裁决"）第 27 条第（1）款项下的"书面协议""仲裁裁决""仲裁协议""公约""公约国家""法院""外国裁决"释义。

法国际商事仲裁项下的仲裁庭（含紧急仲裁员[①]）命令或裁定，[②] 将新加坡法律下的外国仲裁裁决定义扩展至包括紧急仲裁员裁决，并确认新加坡《国际仲裁法》第二十九条关于外国裁决承认与执行的规定适用于紧急仲裁员裁决。[③] 这一里程碑式判决明确了新加坡对外国紧急仲裁员裁决的执行规则，为跨国或地区知识产权仲裁临时救济的法律实践及国际知识产权仲裁研究提供了重要参考。

综上所述，跨国或地区知识产权争议仲裁的临时措施已成为国际仲裁的重要领域。各国或地区通过立法明确仲裁庭及紧急仲裁员的救济权力，使临时措施的适用与执行逐步规范化，为当事人提供了有效保障。部分仲裁地的法律创新，推动了临时救济裁决的国际承认与执行，增强了仲裁地吸引力，并为跨国知识产权保护与争议解决提供了重要参考。

---

① 新加坡《国际仲裁法》（第二部分“国际商事仲裁”）第 2 条第（1）款“仲裁庭”定义范围包括“紧急仲裁员”。

② 详见新加坡《国际仲裁法》（第二部分“国际商事仲裁”）第 12 条第（1）款第（c）至（j）项“仲裁庭”权力项下的有关命令或裁定，其中第（i）项为仲裁庭作出临时禁令或其他任何临时措施命令的权力。

③ 新加坡《国际仲裁法》（第三部分“外国裁决”）第 29 条第（1）款规定，在不违反该法“外国裁决”章节部分的规定情形下，可通过诉讼，或按照该法第 19 条执行新加坡裁决的相同方式，在法院强制执行外国裁决；第（2）款规定，前款第（1）项下可执行的外国裁决，无论出于任何目的必须承认裁决对其中当事人的约束力，而裁决项下的任何当事人，可以此等裁决作为新加坡任何法律程序下的答辩、抵销或其他抗辩依据。

第三节　境内外知识产权仲裁的立法新动态

一、境内知识产权仲裁的立法新动态

自我国 1995 年实施《仲裁法》以来，以仲裁作为解决民商事纠纷主要路径的尝试在每次修订中均有体现，特别是 2024 年《仲裁法修订草案》更体现了仲裁对于解决新型经济业态相关争议的回应，而其中知识产权纠纷为一类主要争议。与此同时，2024 年，从国家到地方在公共政策层面继续积极推动通过仲裁解决知识产权争议。其中，多个地方出台的“知识产权保护和促进条例”均明确鼓励采用仲裁方式解决该类型争议。

（一）现行法规政策梳理

1. 各层级之立法

首先，我国于 1995 年 9 月 1 日开始施行《仲裁法》，此后《仲裁法》分别于 2009 年和 2017 年对个别条款进行了修正。自 2019 年起，司法部开始组织研究起草了《仲裁法修订意见稿》及其说明（以下简称《仲裁法修订说明》），并于 2021 年 7 月 30 日向社会公开征求意见。2024 年 11 月 4 日，《中华人民共和国仲裁法（修订草案）》（以下简称 2024 年《仲裁法修订草案》）提请第十四届全国人民代表大会常务委员会第十二次会议首次审议，随后继续向社会公开征求意见。

现行《仲裁法》第二条①的规定为知识产权仲裁发展奠定了法律基础。根据《仲裁法修订说明》，法律规定可以仲裁的范围较窄，很多伴随新经济新业

① 《仲裁法》第二条规定：“平等主体的公民、法人和其他组织之间发生的合同纠纷和其他财产权益纠纷，可以仲裁。”

态涌现的新类型纠纷无法纳入仲裁范围，影响仲裁作用的发挥。而《知识产权强国建设纲要（2021—2035 年）》的提出和施行旨在回应新技术、新经济、新形势对知识产权制度变革提出的挑战。[①] 新经济中大量业态，都是基于自 20 世纪下半叶以来的微电子技术、生物工程技术、新材料技术、网络技术和基因技术而发展起来。鉴此，2021 年《仲裁法修订意见稿》重申了仲裁法有关可以仲裁事项的原则，[②] 结合上述《仲裁法修订说明》，通过仲裁解决知识产权争议从仲裁法立法和进一步修订的角度，均奠定了理论基础。

其次，在知识产权具体法律规则的项下，《著作权法》明确规定“著作权纠纷”可仲裁。[③] 根据目前已生效实施的法律法规，虽然现行《中华人民共和国商标法》（以下简称《商标法》）、《专利法》并未有类似《著作权法》的规定，确定地将仲裁作为解决纠纷方式，但这两部法律也未对仲裁采取否定态度，并均规定了纠纷可以由“当事人协商解决”。

同时，就商标权侵权纠纷，根据国家知识产权局于 2023 年 1 月 13 日在其官网发布的《商标法修订草案》第七十四条明确规定，侵犯注册商标专用权行为之一，引起纠纷的，由当事人协商解决；也可以根据当事人达成的书面仲裁协议，向仲裁机构申请仲裁；不愿协商、协商不成或者没有书面仲裁协议的，

---

① 《知识产权强国建设纲要（2021—2035 年）》第一部分“战略背景”规定：“党的十八大以来，在以习近平同志为核心的党中央坚强领导下，我国知识产权事业发展取得显著成效，知识产权法规制度体系逐步完善，核心专利、知名品牌、精品版权、优良植物新品种、优质地理标志、高水平集成电路布图设计等高价值知识产权拥有量大幅增加，商业秘密保护不断加强，遗传资源、传统知识和民间文艺的利用水平稳步提升，知识产权保护效果、运用效益和国际影响力显著提升，全社会知识产权意识大幅提高，涌现出一批知识产权竞争力较强的市场主体，走出了一条中国特色知识产权发展之路，有力保障创新型国家建设和全面建成小康社会目标的实现。进入新发展阶段，推动高质量发展是保持经济持续健康发展的必然要求，创新是引领发展的第一动力，知识产权作为国家发展战略性资源和国际竞争力核心要素的作用更加凸显。实施知识产权强国战略，回应新技术、新经济、新形势对知识产权制度变革提出的挑战，加快推进知识产权改革发展，协调好政府与市场、国内与国际，以及知识产权数量与质量、需求与供给的联动关系，全面提升我国知识产权综合实力，大力激发全社会创新活力，建设中国特色、世界水平的知识产权强国，对于提升国家核心竞争力，扩大高水平对外开放，实现更高质量、更有效率、更加公平、更可持续、更为安全的发展，满足人民日益增长的美好生活需要，具有重要意义。”

② 《仲裁法修订意见稿》第二条规定：“自然人、法人和其他组织之间发生的合同纠纷和其他财产权益纠纷，可以仲裁。”

③ 《著作权法》第六十条第一款规定：“著作权纠纷可以调解，也可以根据当事人达成的书面仲裁协议或者著作权合同中的仲裁条款，向仲裁机构申请仲裁。”

商标注册人或者利害关系人可以向人民法院起诉，也可以请求负责商标执法的部门处理。①《商标法修订草案》的该等规定，是我国首次在《商标法》层面明确仲裁可以用于解决商标的某一类争议，体现了健全商标纠纷多元化解机制的立法意图。尽管目前通过的《商标法》删除了该条，但这也反映了通过仲裁解决商标侵权纠纷在立法层面的尝试。

此外，就专利领域的争议，如前文所述，我国在《专利法》第四次修改中已确立了开放许可制度。② 专利许可成立的基础是许可合同，因此与之相关的纠纷主要是违约纠纷；然而该等许可合同在履行过程中也会发生违约责任和侵权责任竞合的情形。就该等竞合情形可能带来的仲裁可适性问题，在未来立法和实践中亦会成为持续关注讨论的问题。如未来能有类似《商标法修订草案》的规定，即使仅涉及专利开放许可内容，也会对实践产生积极的指导作用。

2. 公共政策层面

自 2018 年以来，中共中央、国务院印发多个关于知识产权内容的政策性文件，其中《“十四五”国家知识产权保护和运用规划》明确提出“完善知识产权纠纷多元化解决机制。培育和发展知识产权调解组织、仲裁机构……”，发展知识产权仲裁事业实际已上升到国家战略层面的高度。

2024 年 4 月，国家知识产权局、司法部联合发布《关于深化协同保护加强知识产权法治保障的意见》，协同推进知识产权全链条保护。其中该意见第二部分“工作内容”中明确提出“推动知识产权纠纷化解社会共治”，具体措施包括：（1）联合印发实施加强知识产权仲裁工作的政策文件；（2）鼓励、支持仲裁机构开展知识产权业务，推进知识产权仲裁专家库建设；（3）推动知识产权纠纷调解与复议、诉讼、仲裁等工作衔接。

此外，多个国家层面政策性文件以及地方性法规、政策均明确仲裁是知识产权纠纷解决机制的组成部分并鼓励其发展，具体见表 1-2。

---

① 参见国家知识产权局官方网站，https：//www. cnipa. gov. cn/art/2023/1/13/art_78_186543. html，2024 年 3 月 7 日访问。

② 详见《专利法》第五十条至第五十二条，即指专利权人自愿通过声明方式，作出许可任何主体实施其专利的意思表示，该声明经国家知识产权局审查合格后予以公告，有意愿实施该专利的主体以书面方式通知专利权人，并按声明中要求的方式支付许可费后，即获得专利实施许可。

表 1-2　关于明确仲裁作为知识产权纠纷解决机制的组成部分并鼓励其发展的规定

类别	数量	具体名称	政策导向
国家层面政策性文件	9 部	国家知识产权局印发《关于开展知识产权纠纷仲裁调解试点工作的通知》（2017 年 3 月 9 日施行）	鼓励发挥知识产权仲裁优势。贯彻实施《国务院关于新形势下加快知识产权强国建设的若干意见》，以促进产业发展、改善创新环境为出发点，遴选需求强、基础好的地方、机构、社会组织或者协会作为试点单位，探索将知识产权纠纷仲裁和调解工作共同纳入试点范畴。发挥知识产权仲裁高效便捷、专业性强、保密性好、无地域管辖限制等优势，服务国家共建“一带一路”建设和企业“走出去”。发挥知识产权调解快速、灵活、有效的特点，为相关行业、产业集聚区自贸区及专业市场等提供知识产权纠纷快速解决渠道，不断完善知识产权纠纷多元化解决机制。
		国家知识产权局印发《关于开展知识产权仲裁调解机构能力建设工作的通知》（2018 年 3 月 15 日施行）	肯定了知识产权仲裁的价值，并指出了目前面临的问题。当前，越来越多的仲裁调解机构面向市场开展知识产权仲裁调解业务，国内外创新主体对通过仲裁调解方式解决知识产权纠纷的需求日趋旺盛，但知识产权仲裁调解服务还存在工作运行机制不够高效顺畅，相关机构业务重点不够突出、能力有待提升等问题。为此，有必要通过遴选一批机构，重点支持其加强能力建设和提高化解知识产权纠纷的水平，进而提升仲裁调解工作的社会认知度和认可度，强化知识产权保护体系建设。

续表

类别	数量	具体名称	政策导向
国家层面政策性文件	9部	中共中央办公厅、国务院办公厅印发《关于强化知识产权保护的意见》（2019年11月24日施行）	建立健全知识产权仲裁、调解、公证、社会监督等人才的选聘、管理、激励制度。加强知识产权保护专业人才岗位锻炼，充分发挥各类人才在维权实践中的作用。
		中共中央、国务院印发《知识产权强国建设纲要（2021—2035年）》（2021年9月22日施行）	完善知识产权纠纷多元化解决机制培育和发展知识产权调解组织、仲裁机构、公证机构。鼓励行业协会、商会建立知识产权保护自律和信息沟通机制。
		国家知识产权局、司法部关于印发《关于加强知识产权纠纷调解工作的意见》（2021年10月22日施行）	加强知识产权纠纷调解组织与行政执法部门、司法机关、仲裁机构等衔接联动，建立健全知识产权纠纷投诉与调解对接、诉调对接、仲调对接等工作机制。
		《最高人民检察院关于全面加强新时代知识产权检察工作的意见》（2022年2月28日施行）	明确了加强司法保护与行政确权、行政执法、调解、仲裁、公证存证等环节的信息沟通和共享，促进行政执法标准和司法裁判标准统一，形成有机衔接、优势互补的运行机制。
		《中共中央、国务院关于构建数据基础制度更好发挥数据要素作用的意见》（2022年12月2日施行）	第五部分“建立安全可控、弹性包容的数据要素治理制度”明确了“充分发挥社会力量多方参与的协同治理作用”，畅通举报投诉和争议仲裁渠道，维护数据要素市场良好秩序；并且在“建立合规高效、场内外结合的数据要素流通和交易制度”方面，有序培育数据集成、数据经纪、合规认证、安全审计、数据公证、数据保险、数据托管、资产评估、争议仲裁、风险评估、人才培训等第三方专业服务机构，提升数据流通和交易全流程服务能力。

续表

类别	数量	具体名称	政策导向
国家层面政策性文件	9部	《推动知识产权高质量发展年度工作指引（2023）》（2023年3月23日施行）	提出“聚焦重点任务，完善知识产权高质量发展政策体系”，具体要求包括：健全知识产权保护政策。深入实施《关于强化知识产权保护的意见》推进计划，加强部门协同联动，促进行政、司法、仲裁、调解工作衔接。
		《国家知识产权局、司法部关于深化协同保护加强知识产权法治保障的意见》（2024年4月25日施行）	第二部分“工作内容”中明确提出“推动知识产权纠纷化解社会共治”，具体包括：积极推动设立知识产权纠纷人民调解组织。联合印发实施加强知识产权仲裁工作的政策文件。鼓励、支持仲裁机构开展知识产权业务，推进知识产权仲裁专家库建设。推动知识产权纠纷调解与复议、诉讼、仲裁等工作衔接。
地方性法规、政策	10部	广东省知识产权局、广东省自贸办关于印发《加强中国（广东）自由贸易试验区知识产权工作的指导意见》（2015年8月18日施行）	完善知识产权纠纷调解和维权援助机制，建立知识产权纠纷仲裁、调解等多元化争端解决机制，引入国际仲裁机制，推进国内外知识产权仲裁机构开展合作。设立广东自贸试验区知识产权综合调解中心，引入第三方调解机制，鼓励行业协会、专业服务机构参与知识产权调解工作，进一步推动知识产权纠纷解决，构建包含行政调解、社会组织调解在内的多元化知识产权争端解决与维权援助机制。

续表

类别	数量	具体名称	政策导向
地方性法规、政策	10部	《天津市知识产权保护条例》（2019年11月1日施行）	第三十四条①倡导通过仲裁解决知识产权纠纷。
		《辽宁省知识产权保护条例》（2021年10月1日施行）	第三十四条②鼓励仲裁机构开展知识产权仲裁业务，加强知识产权仲裁专业化建设。
		《江苏省知识产权促进和保护条例》（2022年4月26日施行）	第三十七条③推动负有知识产权管理职责的部门、行业组织加强与仲裁机构合作，引导当事人在合同中约定知识产权仲裁条款，运用仲裁方式高效化解纠纷。
		《北京市知识产权保护条例》（2022年7月1日施行）	第十条④鼓励境外知识产权仲裁机构开展业务。 第五十三条⑤倡导通过仲裁解决知识产权纠纷。
		《河北省知识产权保护和促进条例》（2023年11月1日施行）	第三十八条第二款⑥鼓励和支持仲裁机构开展知识产权仲裁业务。

① 《天津市知识产权保护条例》第三十四条规定："本市建立和完善知识产权纠纷多元解决机制，促进知识产权行政裁决、调解、仲裁、诉讼等纠纷解决途径的有效衔接，保护当事人合法权益，维护公平竞争的市场秩序。"

② 《辽宁省知识产权保护条例》第三十四条规定："鼓励人民调解组织、行业协会以及其他社会组织建立知识产权纠纷调解机制。鼓励仲裁机构开展知识产权仲裁业务，加强知识产权仲裁专业化建设。"

③ 《江苏省知识产权促进和保护条例》第三十七条规定："完善知识产权纠纷多元化解决机制，引导当事人通过仲裁、调解等方式化解纠纷。支持仲裁机构建设专业化知识产权仲裁平台和仲裁员队伍，提升知识产权纠纷仲裁能力。推动负有知识产权管理职责的部门、行业组织加强与仲裁机构合作，引导当事人在合同中约定知识产权仲裁条款，运用仲裁方式高效化解纠纷。当事人可以通过人民调解、行政调解、司法调解、行业调解等方式化解知识产权纠纷。知识产权纠纷经过依法设立的调解组织调解达成具有民事合同性质协议的，当事人可以依法向人民法院申请确认其效力。"

④ 《北京市知识产权保护条例》第十条规定："本市扩大知识产权领域开放合作，支持境外知识产权服务机构、仲裁机构等依法在本市设立机构、开展业务，推动建立国际知识产权交易、运营平台。"

⑤ 《北京市知识产权保护条例》第五十三条规定："支持仲裁机构加强知识产权纠纷仲裁服务能力建设，为当事人提供专业、优质、高效的仲裁服务。政府有关部门应当为仲裁机构开展涉外知识产权仲裁业务提供相关人员工作居留及出入境、跨境收支等方面的便利。"

⑥ 《河北省知识产权保护和促进条例》第三十八条规定："县级以上人民政府知识产权主管部门、管理部门应当优化和完善知识产权纠纷调解程序。省、设区的市知识产权主管部门应当依法受理专利侵权纠纷行政裁决申请。行政裁决前可以遵循当事人自愿原则先行调解，调解不成的及时作出行政裁决。鼓励和支持仲裁机构开展知识产权仲裁业务。"

续表

类别	数量	具体名称	政策导向
地方性法规、政策	10部		第五十条①明确发生知识产权纠纷时，当事人可以自行协商和解。协商和解不成的，可以依法申请调解、仲裁、行政裁决等。
		《陕西省知识产权保护和促进条例》（2024年4月26日施行）	第三十五条第一款明确知识产权合同纠纷及其他财产权益纠纷，当事人可以依法申请仲裁。第三十五条第二款②要求完善知识产权多元化纠纷解决机制，引导当事人通过仲裁、调解等方式化解纠纷。加强仲裁机构知识产权纠纷仲裁服务能力建设……鼓励当事人在合同中约定知识产权仲裁条款，运用仲裁方式化解纠纷。
		《合肥市知识产权保护与促进条例》（2024年7月1日施行）	第七条③要求市、县（市）区人民政府应当建立行政监管、司法保护、仲裁调解、行业自律、社会监督、公共服务、纠纷多元调处、公民诚信等协同一体的知识产权保护工作机制……

① 《河北省知识产权保护和促进条例》第五十条规定："本省建立健全知识产权纠纷多元化解机制。发生知识产权纠纷时，当事人可以自行协商和解。协商和解不成的，可以依法申请调解、仲裁、行政裁决，或者向人民法院提起诉讼。鼓励和支持行业组织依法成立知识产权纠纷调解组织，引导当事人通过调解解决纠纷。"

② 《陕西省知识产权保护和促进条例》第三十五条第一款、第二款规定："完善知识产权多元化纠纷解决机制，引导当事人通过仲裁、调解等方式化解纠纷。加强仲裁机构知识产权纠纷仲裁服务能力建设，为当事人提供专业、优质、高效的仲裁服务。鼓励当事人在合同中约定知识产权仲裁条款，运用仲裁方式化解纠纷。"

③ 《合肥市知识产权保护与促进条例》第七条规定："市、县（市）区人民政府应当建立行政监管、司法保护、仲裁调解、行业自律、社会监督、公共服务、纠纷多元调处、公民诚信等协同一体的知识产权保护工作机制，加强知识产权保护工作协调、考核评价、分析评议、金融创新、区域协同、应急管理等制度建设。"

续表

类别	数量	具体名称	政策导向
地方性法规、政策	10部		第十四条①要求建立行政机关、司法机关、仲裁机构、调解组织和公证机构等共同参与的知识产权协同保护机制。 第十六条②进一步要求市、县（市）区人民政府应当支持仲裁机构依法开展知识产权纠纷仲裁，鼓励仲裁机构加强知识产权仲裁专业化建设……
		《吉林省知识产权保护和促进条例》 （2024年9月1日施行）	第四十六条③强调建立健全知识产权纠纷多元化解决机制，推动调解、行政裁决、仲裁、诉讼等纠纷解决途径有效衔接…… 第四十八条④鼓励和支持仲裁机构加强知识产权纠纷仲裁服务能力建设……
		《湖北省知识产权促进和保护条例》 （2025年1月1日施行）	第三十八条第二款⑤鼓励和支持设立国际化、专业化知识产权仲裁中心、仲裁院等仲裁平台，建设专门的知识产权仲裁员队伍……

① 《合肥市知识产权保护与促进条例》第十四条规定：“市人民政府应当加强知识产权快速协同保护，开展快速审查、快速确权、快速维权一站式服务，建立行政机关、司法机关、仲裁机构、调解组织和公证机构等共同参与的知识产权协同保护机制。”

② 《合肥市知识产权保护与促进条例》第十六条规定：“市、县（市）区人民政府应当支持仲裁机构依法开展知识产权纠纷仲裁，鼓励仲裁机构加强知识产权仲裁专业化建设，广泛吸纳知识产权专业人才参与仲裁工作。”

③ 《吉林省知识产权保护和促进条例》第四十六条规定：“建立健全知识产权纠纷多元化解决机制，推动调解、行政裁决、仲裁、诉讼等纠纷解决途径有效衔接，依法及时化解知识产权纠纷。”

④ 《吉林省知识产权保护和促进条例》第四十八条规定：“鼓励和支持仲裁机构加强知识产权纠纷仲裁服务能力建设，为当事人提供专业、优质、高效的仲裁服务。”

⑤ 《湖北省知识产权促进和保护条例》第三十八条第二款规定：“鼓励和支持设立国际化、专业化知识产权仲裁中心、仲裁院等仲裁平台，建设专门的知识产权仲裁员队伍，提升知识产权纠纷仲裁能力。”

3. 特定知识产权争议仲裁制度

现有立法中已有通过仲裁解决展会知识产权纠纷的相关内容。展会作为招商引资的有效手段，是主办方参与行业生存竞争的强力器，是参展商塑造形象、推广品牌、拓展市场的营销平台，也是观展人员了解行业动态信息的有效途径。然而，展会知识产权侵权法律纠纷又具有侵权行为的高度集中性，侵权认定的紧迫性，侵权解决的复杂性等特点，[①] 因此规范展会知识产权保护，并明确仲裁作为纠纷解决方式，是知识产权保护落地非常重要的举措，也是立法层面解决特定知识产权争议的成就之一。

截至目前，通过仲裁方式解决展会知识产权纠纷在《深圳经济特区知识产权保护条例》《上海知识产权保护条例》《山西省知识产权保护工作条例》以及《吉林省知识产权保护和促进条例》中均有体现，具体见表 1-3。

表 1-3　地方性法规对展会知识产权纠纷可仲裁的规定

类别	数量	具体名称	规定可仲裁争议类型
地方性法规	4 部	《深圳经济特区知识产权保护条例》 （2020 年 7 月 3 日施行）	第五十七条②规定展会知识产权纠纷可仲裁，纠纷类型是知识产权侵权纠纷。
		《上海市知识产权保护条例》 （2021 年 3 月 1 日施行）	第三十九条第一款③明确展会知识产权纠纷可仲裁，纠纷类型是知识产权侵权纠纷。

---

① 参见刘莹、赵孝贤：《展会知识产权法律保护的完善》，载《法制与社会》2019 年第 16 期。

② 《深圳经济特区知识产权保护条例》第五十七条规定："参展方在同一展会主办单位举办或者承办单位承办的展会活动上再次侵犯他人知识产权，或者在展会期间两次以上侵犯他人知识产权的，展会主办单位或者承办单位应当在两年内禁止该参展方参加其举办或者承办的展会活动。"

③ 《上海市知识产权保护条例》第三十九条规定："本市举办大型展示、展览、推广、交易等会展活动，会展举办单位应当要求参展方提交未侵犯他人知识产权的合规性书面承诺或者知识产权相关证明文件。未按照要求提交的，会展举办单位不得允许其参加会展相关活动。会展举办单位可以根据会展规模、期限等情况，自行或者与仲裁机构、行业协会、知识产权服务机构等设立会展知识产权纠纷处理机构。市知识产权部门应当会同市商务等部门制定会展知识产权保护规则，推动知识产权保护条款纳入会展活动相关合同示范文本。"

续表

类别	数量	具体名称	规定可仲裁争议类型
地方性法规	4部	《山西省知识产权保护工作条例》 （2021年7月1日施行）	第三十一条①明确展会知识产权纠纷可仲裁，纠纷类型是知识产权侵权纠纷。
		《吉林省知识产权保护和促进条例》 （2024年9月1日施行）	第四十四条第一款②要求展会主办方、承办方可以根据展会具体情况，自行或者与仲裁机构等合作设立展会知识产权投诉机构。

（二）境内知识产权仲裁立法探索

基于上述立法经验，境内知识产权仲裁领域的相关法规和政策，试图结合知识产权争议的特点，从如下方面解决长期存在于知识产权仲裁领域的难点问题，进一步消除实务中运用仲裁解决知识产权争议的法律障碍。

1. 进一步探索知识产权争议的可仲裁性

探讨知识产权争议可仲裁性的核心，就是明确仲裁庭是否可对如专利、商标等知识产权权利的效力作出认定。如前所述，产生这一探讨的基础在于商标、专利等知识产权权利的授权、确权与国家行政机关有着密切的关系，而仲裁庭作为“民间组织”是否可以就上述属于公权力机关认定范畴内的事项进行评判存在疑问。

从立法层面来看，我国目前将专利无效等行政争议排除于仲裁范围之外。法律依据有：《仲裁法》第三条规定应当由行政机关处理的行政争议不属于可仲裁事项范围，《专利法》第四十五条、第四十六条规定了专利有效性争议的

---

① 《山西省知识产权保护工作条例》第三十一条规定：“展会主办单位或者承办单位应当在展会举办期间依法保护知识产权。参展产品、作品、技术或者宣传材料上标注知识产权信息的，参展方应当提供合法有效的知识产权权属证明；未提供的，展会主办单位或者承办单位应当取消其参展资格。展会举办时间三天以上的，展会主办单位或者承办单位应当自行或者与仲裁机构、行业组织、知识产权服务机构等设立展会知识产权纠纷处理机构，并在展会显著位置以及有关宣传资料上公布纠纷处理机构的联系方式、纠纷处理规则等信息。”

② 《吉林省知识产权保护和促进条例》第四十四条第一款规定：“展会主办方、承办方可以根据展会规模、期限等情况，自行或者与仲裁机构、行业组织、知识产权服务机构等合作设立展会知识产权投诉机构。展会设立知识产权投诉机构的，展会举办地知识产权管理部门应当派员进驻。”

处理权限专属于国务院专利行政部门，国务院专利行政部门有权宣告专利权无效或者作出维持专利权的决定。

如果排除该类争议的可仲裁性，实践中就会产生一个问题：在大多数知识产权侵权案中，侵权人往往对权利人主张的权利基础提出挑战，以专利为例，在侵权纠纷中，被控侵权人在得知自己被控侵权后一般会针对权利基础专利提出无效宣告请求。如果仲裁庭没有对专利效力审查的管辖权，仲裁程序就可能面临中止的局面，通常行政审查时限较长，再加之后续的司法救济程序，就会使整个效力审查时间十分漫长，这样一来仲裁的高效性也就荡然无存。但如果承认仲裁庭可对如专利效力进行认定，又会出现与现行法律规定冲突的局面。

实践中确已存在知识产权仲裁的案件类型为侵权纠纷，但目前对于权利有效性，如专利、商标权利有效性争议基于前文所述的理论争议，实践中尚无大量案例，但本质上该类知识产权核心问题无法回避，有待为仲裁解决该等争议做准备。

2. 建立健全知识产权多元化纠纷解决机制

前文所述多项法律、法规和政策均明确要建立多元化纠纷解决机制，仲裁是其中重要的组成部分，其中《“十四五”国家知识产权保护和运用规划》明确载明完善知识产权纠纷多元化解决机制，培育和发展知识产权调解组织、仲裁机构、公证机构，鼓励行业协会、商会建立知识产权保护自律和信息沟通机制。此外，国家知识产权局、司法部发布的《关于加强知识产权纠纷调解工作的意见》中亦明确建立健全知识产权纠纷调解衔接联动机制。采取联合调解、协助调解、委托移交调解等方式，建立知识产权纠纷人民调解、行政调解、行业性专业性调解、司法调解衔接联动工作机制。加强知识产权纠纷调解组织与行政执法部门、司法机关、仲裁机构等衔接联动，建立健全知识产权纠纷投诉与调解对接、诉调对接、仲调对接等工作机制。

现阶段，建立健全上述机制仍存在诸多困难。国家知识产权局办公室印发的《关于开展知识产权仲裁调解机构能力建设工作的通知》明确：当前越来越多的仲裁调解机构面向市场开展知识产权仲裁调解业务，国内外创新主体对通过仲裁调解方式解决知识产权纠纷的需求日趋旺盛，但知识产权仲裁调解服务还存在工作运行机制不够高效顺畅，相关机构业务重点不够突出、能力有待提升等问题。

但实践中已有相关成功经验，2017 年 4 月最高人民法院与世界知识产权组织签署了谅解备忘录，建立合作框架，其中包括最高人民法院将与世界知识产权组织仲裁与调解中心在调解领域进行合作，以促进在中国的涉外知识产权和技术争议的解决。自 2020 年以来，在这一合作下共有 37 起国际知识产权案件移送至世界知识产权组织调解，结案 13 起，涉及发明专利、商标、著作权、不正当竞争、技术服务合同等领域。2024 年，世界知识产权组织仲裁与调解上海中心对其受理的首例知识产权争议仲裁案件作出裁决并经当事人自动履行完毕，所涉案件为一起涉外知识产权纠纷，申请人是外国企业，被申请人是中国企业。两家企业在纠纷发生后，约定在世界知识产权组织仲裁与调解上海中心进行快速仲裁，仲裁地选择中国上海，仲裁语言为中文并适用中国法律。

综上可知，如何在现有立法基础上不断改进、提高、完善，建立健全知识产权纠纷仲裁、调解等多元化纠纷解决方式的衔接制度具有重要意义。

3. 明确人身性质的知识产权争议的可仲裁性

如前文所述，基于知识产权兼具财产性和人身性的特点，知识产权纠纷类型中包含很重要的一类，即涉及人身性质的知识产权争议。该类知识产权争议的可仲裁性问题在立法层面并未明确，因此在实践中存在些许误解。

我国《著作权法》第六十条第一款规定，著作权纠纷可以根据当事人达成的书面仲裁协议或者著作权合同中的仲裁条款，向仲裁机构申请仲裁。著作权纠纷属于上位概念，其中常见的纠纷类型包含权属、侵权以及许可争议等。因作者享有的人身性权利是著作权保护范畴的组成部分，因此人身性质的著作权纠纷也应属于可仲裁的纠纷类型。《仲裁法》第三条对不可仲裁的事项进行了规定，即婚姻、收养、监护、扶养、继承纠纷和依法应当由行政机关处理的行政争议，所以人们误以为与人身性质相关联的知识产权争议不属于可仲裁的事项。

在实践中，人身性质的知识产权争议往往与知识产权权属争议存在交叉，而认为著作权权属纠纷不具有可仲裁性，或多或少受到了专利和商标的影响。

根据我国《专利法》和《商标法》的相关规定，对于专利与商标的侵权争议，行政机关与法院才是有权处理的主体，现行法律并未明确将仲裁作为争议解决渠道之一；而对于专利与商标的有效性争议，往往认为行政机关的处理是第一位的，法院诉讼是第二位的，进而限制了仲裁可介入的范围。该等认识也影响了对于人身性质知识产权争议可仲裁的理解和适用。鉴于上述在实践中可能存在的误解，考虑到人身性权利的特殊性，建议对该类争议的可仲裁性在法规层面予以明确。

4. 完善职务发明权利归属争议可仲裁的适用范围

职务发明的权利归属一直是知识产权领域的热点问题。特别是在学术理论界，也对于立法上将职务发明创造统归单位存在争议，而在实践中，由于法条规定不甚明确、司法实践标准存在分歧等原因，职务发明界定以及奖励报酬支付常常会引发争议。明确该类争议，特别是涉及权利归属争议的可仲裁性，对于高效解决当事人纠纷、优化司法资源都具有重要作用。

关于职务发明涉及的权利归属问题，现行法律法规尚未明确规定其是否属于可仲裁的事项。目前与该事项最具关联的已有法律规定是 2011 年《南京市知识产权促进和保护条例》，该条例第五十条规定："违反本条例规定，单位未履行法定或者约定义务，致使职务发明创造发明人、设计人以及知识产权完成人未能享有相关权益，经协商不成的，可以向知识产权行政管理部门申请调解、依法申请仲裁或者向人民法院提起诉讼。"从以上规定看来，该规定也并非直接针对职务发明权属纠纷，但从法规层面为该类争议以仲裁作为解决机制创设了一定空间。

基于实务中层出不穷的职务发明权属争议，以及现行法律法规对于职务发明的规定存在不明确和争议之处，完善权利归属争议可仲裁的适用范围应是立法探索的内容之一。

5. 完善知识产权仲裁裁决执行制度

我国于 1986 年 12 月 2 日加入《纽约公约》，该公约于 1987 年 4 月 22 日对我国生效，为知识产权仲裁裁决的跨境执行提供了制度保障。但《仲裁法》第三条规定应当由行政机关处理的行政争议不属于仲裁范围；《专利法》第四十五条、第四十六条规定了专利有效性争议的处理权限专属于国务院专利行政部门，国务院专利行政部门有权宣告专利权无效或者作出维持专利权的决定；同时《民事诉讼法》第二百九十一条规定涉外仲裁机构对于无权仲裁的事项作出的裁决，法院有权裁定不予执行。此外，人民法院认定执行裁决违背社会公共利益的，裁定不予执行。

在实践中，国际诉讼和仲裁是知识产权权利人，特别是专利权人常用的维权手段。在对专利侵权纠纷进行仲裁时，如同专利诉讼，往往伴随着对专利效力的请求。各国和地区对专利效力可仲裁性的规定也存在差异，例如美国允许对任何关于专利的争端进行仲裁，即使争端涉及专利的效力问题，也可以进行仲裁；在英国涉及专利效力的请求也通常会被仲裁庭接受。[①] 而基于上述我国的法律规定，涉外仲裁裁决特别是有关专利效力的裁决在我国可能面临无法执行的困境。

知识产权仲裁的国际化是发展趋势，而涉外仲裁裁决的可执行性使其成为有吸引力的解决国际知识产权纠纷的渠道之一。如面临裁决无法执行的局面，会导致我国知识产权仲裁无法与国际争议解决潮流接轨，发展空间将受到限制。

二、境外知识产权仲裁的立法新动态

如前所述，仲裁能为跨境知识产权争议提供高效灵活的解决方案。尽管多数国家和地区尚无专门的知识产权仲裁立法，部分法域通过宽泛的法律或司法解释为仲裁提供支持，并通过限定裁决效力仅限当事人之间，平衡了私权仲裁与国家专属管辖权之间的关系。近年来，司法态度日益开放，更多法域认可并执行涉及知识产权所有权、有效性和侵权的仲裁裁决。普通法系与大陆法系在知识产权仲裁的立场上逐渐趋同，认为仲裁为高效解决国际知识产权争议提供了重要路径和启示。

（一）普通法系主要法域

许多普通法系国家为《纽约公约》缔约方，而部分大陆法系国家的区际法

---

① 参见陈健：《专利仲裁制度研究》，载《北京仲裁》2021 年第 1 辑，中国法制出版社 2021 年版。

域中也包含了普通法系地区。由于知识产权的地域性，各国和地区在知识产权注册及有效性问题上的法律制度存在显著差异。因此，尽管知识产权仲裁在普通法系国家或地区较为普遍，但关于知识产权及其争议的可仲裁性，各法域通常依赖具体判例法进行裁定。

普通法系高度重视判例，通过司法实践确认特定知识产权类型的可仲裁性，而非专门立法。作为例外，中国香港特区和新加坡通过立法明确了知识产权争议的可仲裁性，以提升各自在国际知识产权仲裁中的地位。这些立法为国际知识产权争议的仲裁化提供了明确指引，也成为其他国家和地区发展国际知识产权仲裁的参考示范。

1. 中华人民共和国香港特别行政区（以下简称香港特区）

为明确知识产权仲裁在香港特区的法律地位，吸引各方（包括国际当事人）在港通过仲裁解决知识产权争议，并便利仲裁裁决的强制执行，香港特区政府于 2017 年颁布《仲裁（修订）条例》，①该条例明确，知识产权纠纷可予仲裁，且执行相关裁决不违反香港特区的公共政策。②

2017 年香港特区《仲裁（修订）条例》第一百零三 B（1）条将“知识产权权利”定义为专利、商标、地理标志、外观设计、版权或有关权利、域名、集成电路的布图设计（拓扑图）、植物品种权利、对机密资料、商业秘密或工业知识享有的权利，以及通过针对假冒或不公平竞争行为提起诉讼以保护商誉的权利，或其他任何性质的知识产权。该法第一百零三 C 条进一步将“知识产权争议”定义为：(1) 关于知识产权的可执行性、侵权、存在性、有效性、所有权、范围、期限或其他方面的争议；(2) 与知识产权交易相关的争议；(3) 就知识产权支付补偿的争议。同时，2017 年《仲裁（修订）条例》第一百零三

---

① 2017 年《仲裁（修订）条例》（“《修订条例》”），参见中华人民共和国香港特别行政区政府律政司官方网站，https://www.doj.gov.hk/tc/legal_dispute/pdf/arbitration_briefNote_c.pdf，2024 年 10 月 24 日访问。

② 2017 年《仲裁（修订）条例》（“《修订条例》”），参见中华人民共和国香港特别行政区政府律政司官方网站，https://www.doj.gov.hk/tc/legal_dispute/pdf/arbitration_briefNote_c.pdf，2024 年 10 月 24 日访问；又见 Philipp Hanusch, New Arbitration Provisions Confirm that IP Disputes are Arbitrable in HongKong, 12 January 2018。

条明确规定，香港特区《专利条例》[①] 第一百零一（2）条并不妨碍任何一方在仲裁程序中对专利有效性提出质疑。

该条例通过第一百零三D条明确规定知识产权争议可通过仲裁解决，[②]确立了此类争议可在当事人之间通过仲裁解决的法律基础。第一百零三D（4）条进一步说明，即使香港或其他地区的法律授权其他机构裁定某些知识产权争议，但未明确禁止仲裁，该争议仍可适用本条例进行仲裁。[③] 香港特区标准专利可自第3年起每年续期，有效期最长20年；短期专利则自申请提交日起4年后可续期，有效期最长8年。[④] 根据《专利条例》第一百二十九（1）条，短期专利权人只有在符合法定条件时，方可向法院提起强制执行程序。[⑤] 根据香港特区《仲裁条例》第一百零三J条规定，无论是否符合《专利条例》第一百二十九（1）条的要求，短期专利权均可通过仲裁解决，除非专利权人在非正审程序中申请禁令。同时，根据《专利条例》第一百二十九（2）条，短期专利权人在仲裁中需承担举证责任，证明专利的有效性。已授予专利的事实本身并不能直

---

① Cap. 514 Patents Ordinance，参见中华人民共和国香港特别行政区政府律政司电子版香港法例官方网站，https://www.elegislation.gov.hk/hk/cap514，2024年11月20日访问。

② 该条明文规定：(1) 知识产权争议能藉仲裁，在争议的各方之间解决。(2) 在确定各方之间是否有第19 (1) 条［《贸法会示范法》第7 (1) 条的备选案文一是藉该第19 (1) 条而具有效力］所指的仲裁协议时，各方如达成协议，将某项知识产权争议交付仲裁，该项协议即视为各方达成内容如下的协议：将各方之间一项确定的法律关系中已经发生或可能发生的争议，交付仲裁。(3) 不论有关知识产权争议在有关仲裁中，属主要争论点或附带争论点，第 (1) 款均适用。(4) 为施行第 (1) 款，某项知识产权争议不会仅因有以下情况，而不能藉仲裁解决——(a) 香港法律或其他地方的法律，给予某指明实体管辖权，裁定该项争议；及 (b) 该等法律并无述明该项争议有可能藉仲裁解决。(5) 在第 (4) (a) 款中——指明实体（specified entity）指香港法律或其他地方的法律下的任何以下实体——(a) 法院；(b) 审裁处；(c) 出任政务或行政职位的人；(d) 任何其他实体。(6) 根据第70条给予仲裁庭的、在裁定某项知识产权争议时判给补救或济助的权力，受该项争议的各方之间的协议所规限。

③ 2017年《仲裁（修订）条例》（"《修订条例》"），参见中国香港特区律政司官方网站，https://www.doj.gov.hk/tc/legal_dispute/pdf/arbitration_briefNote_c.pdf，2024年11月20日访问。

④ 参见中华人民共和国香港特别行政区政府知识产权署官方网站，https://www.ipd.gov.hk/sc/intellectual_property/patents/how_to_apply.htm，2024年11月20日访问。

⑤ 该条规定：只有在以下情况下，短期专利的所有人方可为强制执行根据本条例就该项专利而赋予的权利，在法院展开法律程序（强制执行程序）——(a) 已有实质审查证明书就该项专利发出；(b) 已有人根据第127B条提出请求，请求对该项专利进行实质审查，而法院未有根据第101A (4) (b) 条，命令终止该项审查；或 (c) 已有由法院根据第84 (1) 条批给的证明书，核证法院以下裁断——(i) 该项专利属全部有效；或 (ii)（如该强制执行程序关乎该项专利的某一有关方面）该项专利在该方面属有效。

接证明其有效性，仍需通过仲裁论证加以确认。

2022 年香港特区《仲裁条例》增补第十 B 部，引入了与仲裁结果挂钩的收费架构，包括按条件收费协议、按损害赔偿收费协议及混合式收费协议。尽管该立法并未专门针对知识产权仲裁，但鉴于当事人对财务资助安排的需求很大，[①]此项规定无疑将吸引更多有类似需求的当事人选择香港特区作为仲裁地，进一步便利知识产权仲裁及其他类型仲裁案件在香港特区的进行。

2. 新加坡

早在 2019 年，新加坡就认识到创新经济需要知识产权制度支撑，而争议解决机制是其中的关键，为增强知识产权权利人的信心，巩固新加坡作为国际知识产权仲裁中心的地位，[②] 于当年 11 月正式施行了《知识产权（争议解决）法》，与之相关的新加坡《仲裁法》和《国际仲裁法》修订条款同步生效。这些法律明确了知识产权争议可仲裁的具体适用情形，为知识产权仲裁提供了坚实的法律框架。

2019 年新加坡《知识产权（争议解决）法》[③]《仲裁法》修订后的第五十二 B 条和《国际仲裁法》修订后的第二十六 B 条，均以相同的内容明确规定“知识产权争议可以仲裁”。[④] 为确保法律概念的一致性，这三部法律对“知识产权权利”采用统一释义，包括专利、商标、地理标志、注册外观设计、著作权、集成电路布图设计权、植物品种保护权、商业秘密、专有技术，以及为保护商誉对假冒或不正当竞争行为提起诉讼的权利，或任何其他性质的知识产权

---

① 香港法律改革委员会报告书《与仲裁结果有关的收费架构》（2021 年 12 月），参见香港法律改革委员会官方网站，https：// www. hkreform. gov. hk/ chs/ docs/ rorfsa_c. pdf，2024 年 11 月 20 日访问。

② 参见新加坡律政部官方网站，https：// www. mlaw. gov. sg/ news/ parliamentary-speeches/ second-reading-speech-by-senior-minister-of-state-for-law-mr-edwin-tong-on-intellectual-property-dispute-resolution-bill，2024 年 11 月 20 日访问。

③ 详见新加坡《知识产权（争议解决）法》第 2（52B）条有关修订《仲裁法》知识产权仲裁、第 8（26B）条有关修订《国际仲裁法》知识产权仲裁。

④ 此三部法律均规定：（1）知识产权争议标的，能够通过仲裁方式，在纠纷当事人之间解决。（2）仲裁中的知识产权争议，无论是主要争点还是附带问题，第（1）款均适用。（3）知识产权争议，不会仅因为新加坡或其他法域的下列法律而不能通过仲裁解决：（a）赋予指定主体行使知识产权争议裁定管辖权；以及（b）未述及知识产权争议可能通过仲裁方式解决。（4）在第（3）款中，“指定主体”指新加坡或其他法域法律规定的下列任何一项主体：（a）法院；（b）仲裁庭；（c）担任行政职位或执行职务的人；（d）任何其他主体。

权利。同时，三部法律对“知识产权争议”也作出统一、宽泛的定义，涵盖：（1）关于知识产权的可执行性、侵权、存在性、有效性、所有权、范围、期限或其他方面的争议；（2）知识产权交易纠纷；（3）与知识产权相关的赔偿争议。此立法明确了知识产权争议具有可仲裁性以及知识产权仲裁的适用范围，为新加坡知识产权争议仲裁提供了完整的法律框架。

上述条款还明确，仲裁适用于知识产权争议当事人之间，“仲裁裁决仅对仲裁程序中的当事人具有约束力”，[①]这意味着，当事人可以通过仲裁解决知识产权争议，但仲裁裁决的效力仅限于仲裁双方，对第三方或知识产权登记机构不产生影响。例如，无论专利由哪个国家颁发，若仲裁庭裁定该专利无效，该裁定仅对仲裁双方有效，专利在原登记国的效力不受影响，仍然有效。

新加坡《仲裁法》第五十二C（3）条和《国际仲裁法》第二十六C（3）条对知识产权仲裁裁决的效力作出相同规定：即使第三方为相关专利的担保权益人或被许可人，该事实本身并不赋予第三方依据裁决向任何仲裁当事人主张权利。此外，裁决不影响第三方与仲裁当事人之间因其他合同或法律关系产生的权利或责任。可见，新加坡仲裁裁决的效力（包括关于知识产权有效性的裁决）仅限于仲裁双方，因其不具有普遍适用性，同一知识产权的有效性问题可能因当事人不同出现多个类似仲裁案件，且因案情差异可能导致裁决结果相互矛盾。

2019年《知识产权（争议解决）法》是进一步推动新加坡成为国际仲裁中心的重要里程碑。该法实施后，新加坡从2019年国际优选仲裁地排名第三跃升至2021年与伦敦并列第一，彰显知识产权仲裁立法的显著成效。新加坡知识产权局启动的2030年知识产权战略（Singapore IP Strategy，SIPS），[②] 重点发展国际知识产权争议解决机制，壮大国际争议解决机构，并持续完善立法框架，确保法律与时俱进，满足国际商业需求。

---

① Hansard Singapore Parliamentary Debates, Vol. 94, Sitting No 107, 5 August 2019.

② 参见新加坡知识产权局官方网站，https://www.ipos.gov.sg/docs/default-source/default-documentlibrary/singapore-ip-strategy-report-2030-18may2021.pdf，2024年11月20日访问。

3. 英国

与中国香港特区和新加坡不同，英国尚无明确的知识产权仲裁成文法。英国《仲裁法》未以成文法形式确认知识产权争议的可仲裁性，①然而，《仲裁法》确立了英国仲裁的一般原则：在遵守公共利益必要保障的前提下，当事人有权自由约定争议解决方式。②

对于专利纠纷，1977 年英国《专利法》规定，仅在极为严格的条件下才允许进行专利仲裁。③ 例如，在权利人反对强制性专利许可申请程序时，若申请程序或其中的事实争点满足以下任一情形，可通过仲裁解决：（1）双方同意仲裁；（2）涉及复杂文件审查、科学调查或需进行现场调查，而专利审查员认为无法便利完成。此时，专利审查员可命令双方提交仲裁，并要求仲裁员提交认定结论报告。④

另外，英国法院已广泛承认知识产权争议的可仲裁性，⑤明确商标侵权和著作权侵权均可仲裁。⑥ 与新加坡知识产权仲裁立法类似，根据英国法律作出的专利有效性仲裁裁决仅对仲裁当事人具有约束力，⑦不影响第三方。

针对英国 SEP/FRAND 争议解决中的替代性争议解决机制（Alternative Dispute Resolution，ADR），利益相关方普遍认为现有 ADR 机制已基本足够，但建议通过专门指导、制度优化及设立新机制进一步完善仲裁在知识产权争议中的作用。特别是在 FRAND 许可和 SEP 仲裁中，提升透明度、效率与公平性，同

---

① Final Report on Intellectual Property Disputes and Arbitration, 9 ICC International Court of Arbitration Bulletin 42-43 (1998).

② UK Arbitration Act 1996, Section 1 (b).

③ Kenneth R Adamo, Overview of International Arbitration in the Intellectual Property Context, (2011) 2 Global Bus. L. Rev. 7, p. 18.

④ UK Patents Act 1977, Section 52 (5).

⑤ Matthew R Reed, et al., Arbitrability of IP Disputes, Global Arbitration Review, 24 May 2024.

⑥ Kenneth R Adamo, Overview of International Arbitration in the Intellectual Property Context, (2011) 2 Global Bus. L. Rev. 7, pp. 18-19.

⑦ Kenneth R Adamo, Overview of International Arbitration in the Intellectual Property Context, (2011) 2 Global Bus. L. Rev. 7, p. 18.

时鼓励更广泛使用 ADR 机制。①

4. 美国

类似英国，美国尚未制定全面性的知识产权仲裁成文法，但专利、版权和商标领域已通过成文法和判例法确立了仲裁的法律基础。

根据《美国法典》第三十五篇第二百九十四条（35 U. S. C. 294），专利有效性和侵权争议可通过仲裁解决，允许被指侵权方提出专利无效或不可执行的抗辩。② 有关专利有效性的裁决效力仅限仲裁当事人之间，而且，如果美国法院随后裁定专利无效或不可执行，那么根据仲裁当事人协议，仍然可以通过法院修改该项具有约束力的专利裁决。③ 鉴于有此等兜底立法规定，如果诉争专利所适用的合同中没有限制仲裁的字词，那么所有与美国专利有关的问题，都适合在美国进行有约束力的仲裁。④ 例如，在 A 公司诉 B 公司案⑤中，美国加利福尼亚州法院支持有关专利侵权索赔强制仲裁令的动议。

美国没有专门的版权仲裁立法，但是，美国法院判例广泛支持版权争议仲裁。在周六晚邮报公司诉朗布席特出版社公司案（Saturday Evening Post

---

① Standard Essential Patents and Innovation: Summary of Responses to the Call for Views Updated 5 July 2023，参见英国知识产权局官方网站，https://www.gov.uk/government/consultations/standard-essential-patents-and-innovation-call-for-views/outcome/standard-essential-patents-and-innovation-summary-of-responses-to-the-call-for-views#licensing-of-seps，2024 年 11 月 20 日访问。

② 《美国法典》第三十五篇第二百九十四（a）条规定：凡涉及专利或专利项下任何权利的合同，对于合同项下与专利有效性，或与专利侵权有关的任何争议，合同可以包含有关此等争议须仲裁的规定。合同无此项规定的，当事人发生专利有效性争议，或专利侵权争议的，可以书面协议约定仲裁解决纠纷。此等合同规定或协议都是有效的、不可撤销的，而且，都是可执行的，除非存在法律或衡平法撤销合同的任何理由。并参见 Matthew R Reed, et al., Arbitrability of IP Disputes, Global Arbitration Review, 24 May 2024。

③ 《美国法典》第二百九十四（c）条规定：仲裁员裁决应当为终局裁决，在仲裁各方当事人之间具有约束力，但对任何其他人并无任何效力。对于仲裁裁决标的是专利的情形，仲裁当事人各方还可以约定，事后如果对此项专利有管辖权的法院，最终裁定专利无效或不可执行，且当事人不能上诉或上诉不能的，任何一方仲裁当事人均可向任何有管辖权法院申请修改裁决。自法院修改裁决之日起，仲裁当事人之间的权利义务适用法院修改后规定。

④ Kenneth R Adamo, Overview of International Arbitration in the Intellectual Property Context, (2011) 2 Global Bus. L. Rev. 7, p. 15.

⑤ 参见纽约公约 1958 官方网站，https://newyorkconvention1958.org/index.php?lvl=notice_display&id=4082&opac_view=6，2025 年 3 月 25 日访问。

Co. v. Rumbleseat Press, Inc)[①] 中，第七巡回法院认定合同关系引发的版权有效性或侵权争议可仲裁。类似地，帕克蒂尔股份有限公司诉瓦伦西亚系统股份有限公司案（Packeteer, Inc. v. Valencia Systems, Inc.）[②] 中，第九巡回法院假定版权有效性可仲裁，而博斯环球有限责任公司诉克拉比尔案（Boss Worldwide LLC v. Crabill）[③] 中，纽约法院确认《数字千年版权法》(Digital Millennium Copyright Act, DMCA) 争议可纳入仲裁。可见，美国与英国一样，在有关版权纠纷的可仲裁性问题没有立法的情况下，由法院判例作出澄清。

类似地，商标仲裁缺乏明确立法，但司法实践逐步认可其适用性，尽管有一些保守观点仍然持不同意见，[④] 在大荣公司诉美国鞋业公司案（Daiei, Inc. v. US Shoe Corp.）[⑤] 中，法院裁定商标许可合同争议应依据仲裁协议进入仲裁，法院回避对诉争事项可仲裁性发表意见。

随着 1982 年《美国法典》第二百九十四条的颁布和施行，美国有关知识产权权利纠纷主要通过国内法院审理的传统有所改变。2019 年前后，该类案件开始大量转向仲裁。[⑥]

5. 加拿大

与英美两国类似，加拿大尚未制定全面的知识产权仲裁成文法。然而，加拿大法院对知识产权仲裁的司法态度相较英美更加严格，尤其在专利仲裁方面表现出明显限制。

对于专利仲裁，加拿大并未通过成文法授权专利纠纷进入仲裁，也未明确

---

① 参见汤森路透案文官方网站，https://casetext.com/case/saturday-evening-post-co-v-rumbleseat-press，2025 年 3 月 25 日访问。

② 参见美国政府出版局官方网站，https://www.govinfo.gov/content/pkg/USCOURTS-cand-5_06-cv-07342/pdf/USCOURTS-cand-5_06-cv-07342-0.pdf，2025 年 3 月 25 日访问。

③ 参见汤森路透案文官方网站，https://casetext.com/case/boss-worldwide-llc-v-crabill?q=Boss%20Worldwide%20LLC%20v.%20Crabill%20（2020%20WL%201243805,%20S.%20D.%20N.%20Y%202020）&sort=relevance&p=1&type=case&resultsNav=false，2025 年 3 月 25 日访问。

④ Kenneth R Adamo, Overview of International Arbitration in the Intellectual Property Context, (2011) 2 Global Bus. L. Rev. 7, p. 15.

⑤ 参见汤森路透案文官方网站，https://casetext.com/case/daiei-inc-v-us-shoe-corp?q=Daiei,%20Inc.%20v.%20US%20Shoe%20Corp.,%20755%20F.%20Supp.%20299%20（D.%20Haw.%201991）&sort=relevance&p=1&type=case&resultsNav=false，2025 年 3 月 25 日访问。

⑥ Kluwer Arbitration Blog, IP Arbitration on the Rise, 16 July 2019.

承认专利仲裁的法律地位。根据现行法律，专利注册效力相关裁定、因专利注册影响第三方权利的裁定以及专利无效或无侵权的裁定权，均属加拿大联邦法院的专属管辖权。① 因此，尽管有关专利有效性仲裁裁决在纠纷当事人之间发生效力，② 但加拿大专利局不承认仲裁庭作出的专利无效裁决，③部分观点甚至认为，专利有效性在加拿大不可仲裁。④

关于版权纠纷的可仲裁性，加拿大司法体系展现了更为开放的态度。加拿大最高法院在德斯皮托诉舒埃特出版社案（Desputeaux v. Éditions Chouette）⑤ 中明确指出，仲裁协议下当事人有权自主界定仲裁争议标的。法院认为，版权法主要规范经济权益，并不禁止通过仲裁解决版权交易纠纷，包括艺术家利用其精神权利获取收入的争议。针对《职业艺术家与推广人之间代理合同法令》，⑥ 加拿大最高法院进一步解释，除非明确放弃仲裁，否则涉及职业艺术家与推广人之间合同的每项争议均应提交仲裁。这一裁定确立了版权交易纠纷仲裁的合法性。

在缺乏整体性知识产权仲裁立法的情况下，加拿大法院和知识产权主管机构在知识产权纠纷解决中占据主导地位，对知识产权争议的可仲裁性持严格限制态度。尽管当事人可自主选择仲裁，但裁决效力仅限于仲裁当事人之间，且不涉及第三方或影响知识产权登记。

（二）大陆法系主要法域

总的来看，瑞士、德国等大陆法系国家和地区在专利纠纷解决方面的立法并非专门针对“知识产权仲裁”，而是通过民事诉讼法或冲突法框架下的解释

---

① The Canadian Patent Act 1985, Section 60 (1); Adam Haller, IP rights enforcement in Canada, 15 May 2020.

② M. A. Smith et al., Arbitration of Patent Infringement and Validity Issues Worldwide, Harvard Journal of Law & Technology, Vol. 19, No. 2, Spring 2006, at 330.

③ Matthew R Reed, et al., Arbitrability of IP Disputes, Global Arbitration Review, 24 May 2024.

④ Kenneth R Adamo, Overview of International Arbitration in the Intellectual Property Context, (2011) 2 Global Bus. L. Rev. 7, p. 17.

⑤ 参见加拿大最高法院官方网站，https://decisions.scc-csc.ca/scc-csc/scc-csc/en/2048/1/document.do，2025年3月25日访问。

⑥ Act respecting the professional status of artists in the visual arts, arts and crafts and literature, and their contracts with promoters (R. S. C., 1988, c. S-32.01).

适用，未明确禁止知识产权仲裁。

与普通法系国家和地区类似，大陆法系国家和地区普遍认可私人主体之间的知识产权纠纷，特别是涉及合同履行与索赔的纠纷，可以通过仲裁解决。然而，对于涉及专利有效性等知识产权本质性的问题，大多数国家和地区仍将其视为不可仲裁，由法院专属管辖。这主要基于专利作为国家授予权利的特殊属性，其效力严格限定于特定标的、地域和时间范围内。① 至于无须登记即享有的知识产权权利，如著作权、未注册商标、未注册设计权、商业秘密和技术诀窍，由于不涉及专属管辖问题，通常被视为可仲裁。然而，在法国、德国、瑞士和葡萄牙等国家和地区，作者精神权利受到特别保护，涉及文学、艺术或科学作品著作权的所有权或真实性的争议则不可仲裁。②

1. 瑞士

在大陆法系司法管辖区中，瑞士是对知识产权仲裁持最为开放和支持态度的国家之一。③ 瑞士联邦最高法院早在 1945 年即裁定，瑞士《专利法》第七十六条关于管辖权保留给州法院的规定并非排他性条款。1975 年，瑞士联邦知识产权局进一步确认，仲裁庭可裁决包括专利、商标和设计有效性在内的所有知识产权争议。④ 长期以来，瑞士司法实践普遍认可知识产权纠纷在该国法律下的可仲裁性，不受成文法限制。⑤

尽管瑞士没有专门的知识产权仲裁立法，但根据 1987 年瑞士《国际私法》第一百七十七（1）条的宽泛定义，知识产权纠纷是可仲裁的。该条款规定，任

① Erik Schäfer, Part IV: Selected Areas and Issues of Arbitration in Germany, Arbitration of Intellectual Property Related Disputes in Germany, in Patricia Nacimiento, Stefan Kroll et al (eds), Arbitration in Germany: The Model Law in Practice, 2nd edition, Kluwer Law International, 2015, p. 910.

② Erik Schäfer, Part IV: Selected Areas and Issues of Arbitration in Germany, Arbitration of Intellectual Property Related Disputes in Germany, in Patricia Nacimiento, Stefan Kroll et al (eds), Arbitration in Germany: The Model Law in Practice, 2nd edition, Kluwer Law International, 2015, p. 17.

③ David Rosenthal, Chapter 5: IP & IT Arbitration in Switzerland, in Manuel Arroyo (ed), Arbitration in Switzerland: The Practitioners Guide, 2nd edition, Kluwer Law International 2018, pp. 957-958.

④ Kenneth R Adamo, Overview of International Arbitration in the Intellectual Property Context, (2011) 2 Global Bus. L. Rev. 7, p. 18.

⑤ World Intellectual Property Organization, Worldwide Forum on the Arbitration of Intellectual Property Disputes, 3-4 March 1994, at 2. 2.

何涉及经济利益的权利争议均可提交仲裁。[①] 此外，瑞士《民法典》第三百五十四条规定，凡当事人可自由处分的权利均可通过国内仲裁解决。[②] 然而，对于涉及创作者精神权利的争议（如文学、艺术或科学作品的所有权或真实性），则被视为不可仲裁。[③]

瑞士联邦最高法院在芬坎蒂耶里意大利造船股份公司及奥托·梅拉拉股份公司诉 ATF 案（Fincantieri Cantieri Navali Italiani SpA et OTO Melara SpA v. ATF）中认为，该案的可仲裁性不以索赔权利的实际存在为前提。因此，仅依据强制性规则或公共政策规定，以权利无效或不可执行为由直接否定其可仲裁性是不妥当的。只有在符合瑞士法律下公共政策要求，并明确保留外国权力机关对相关权利主张行使专属管辖权的情况下，方可否定该权利主张的可仲裁性。[④]

瑞士联邦最高法院进一步明确指出，立法者在制定可仲裁性实质规则时，并未排除其他国家或地区可能不承认瑞士仲裁裁决的情形，因此需由当事人自行评估裁决可能无法执行的风险。若考虑限制瑞士《国际私法》第一百七十七条的适用，则需基于特定案件中援引某外国法的强制性公共政策，且该外国法明确规定不可仲裁性的一般规则，同时存在两种情况下，方可作为限制适用第一百七十七条的依据。[⑤]

在瑞士，涉及专利侵权和有效性争议的仲裁裁决可在瑞士执行。[⑥] 专利有效性的仲裁裁决经瑞士法院宣告可执行后，可由专利登记机关完成必要登记，瑞士联邦知识产权局随后予以承认并执行。经此程序确认的仲裁裁决具有普遍

---

① 参见瑞士联邦法律发布平台官方网站，https：/ / www. fedlex. admin. ch/ eli/ cc/1988/1776_1776_1776/ en，2024 年 10 月 20 日访问。

② T. Legler，Arbitration of Intellectual Property Disputes，ASA Bulletin，2009，pp. 289-304（293-294）.

③ Gabriel M. Lentner，The Rumors of Arbitrability's Death have been Greatly Exaggerated：Revisiting Arbitrability of IP Disputes from a Transatlantic Perspective，Stanford-Vienna TTLF Working Paper No. 71，p. 17.

④ World Intellectual Property Organization，Worldwide Forum on the Arbitration of Intellectual Property Disputes，3-4 March 1994，at 2. 4.

⑤ World Intellectual Property Organization，Worldwide Forum on the Arbitration of Intellectual Property Disputes，3-4 March 1994，at2. 4. 3，2. 4. 4.

⑥ R Robert L Baechtold，The Intellectual Property Review，5th Edition，Law Business Research Ltd，Chapter 25.

约束力,[①]并可作为修改或撤销专利的依据，就这点而言，这表明瑞士并不将知识产权权利的授予视为“主权行为”。[②]

实践中，只要仲裁庭专利裁决获得瑞士法院的可执行证明，该裁决即可普遍适用，并约束所有与该项专利权利有关的当事人。虽然2012年瑞士设立联邦专利法院，对专利有效性、专利侵权民事案件享有专属管辖权，但业界普遍认为，瑞士是允许专利仲裁的。[③]

通过1987年瑞士《国际私法》成文法律编纂、[④] 1992年瑞士联邦最高法院案例司法指引，瑞士在国际私法层面上解决了知识产权争议是否可仲裁的问题。这不仅使瑞士成为推动知识产权仲裁的先锋，还通过对瑞士《国际私法》第一百七十七条的宽泛解释，在国际仲裁领域凸显了瑞士专利仲裁裁决普遍效力的独特性。

2. 法国

相比瑞士对知识产权仲裁的开放态度，法国一度采取相对保守的限制性立场,[⑤] 1989年巴黎上诉法院曾以仲裁私人性与专利公共性冲突为由，不允许当事人将专利有效性争议提交仲裁,[⑥] 但随着近些年国际商事仲裁在法国的不断发展而有所改善，2008年巴黎上诉法院接受专利有效性争议可仲裁之后,[⑦] 2011年5月17日法国修订《知识产权法典》并明确承认了专利法争议的可仲裁性。[⑧]

根据2024年2月17日更新汇总的法国《知识产权法典》,[⑨] 尽管法院和知

---

① Matthew R Reed, et al., Arbitrability of IP Disputes, Global Arbitration Review, 24 May 2024.

② Gabriel M. Lentner, The Rumors of Arbitrability's Death have been Greatly Exaggerated: Revisiting Arbitrability of IP Disputes from a Transatlantic Perspective, Stanford-Vienna TTLF Working Paper No. 71, pp. 16-17.

③ David Rosenthal, Chapter 5: IP & IT Arbitration in Switzerland, in Manuel Arroyo (ed), Arbitration in Switzerland: The Practitioner's Guide, 2nd edition, Kluwer Law International 2018, p. 959.

④ Kadner Graziano, Journal of Private International Law, 2015, vol. 11, no. 3, p. 585.

⑤ Matthew R Reed, et al., Arbitrability of IP Disputes, Global Arbitration Review, 24 May 2024.

⑥ Siqi Li, Intellectual Property Law and International Arbitration (2024), 参见西东大学官方网站, https://scholarship.shu.edu/student_scholarship/1414, 2024年11月20日访问。

⑦ Dário Moura Vicente, Arbitrability of Intellectual Property Disputes: a Comparative Survey, Arbitration International, 2015, 31, pp. 154-155.

⑧ John V H Pierce and Pierre-Yves Gunter, The Guide to IP Arbitration (2nd Ed), Law Business Reacrch 2022, p. 47.

⑨ Intellectual Property Code, France consolidated version as of February 17, 2024, 参见世界知识产权组织官方网站, https://www.wipo.int/wipolex/en/legislation/details/22588, 2024年11月20日访问。

识产权机关对知识产权享有专属管辖权，但同时明确如下特定争议具有可仲裁性：文学和艺术财产争议（第 L611-7 条）、外观设计和模型争议（第 L521-3-1 条）、专利争议（第 L615-17 条）、植物新品种争议（第 L623-31 条）、商标争议（第 L716-6 条，并第 L716-4 条和第 L716-5 条）、地理标志争议（第 L722-8 条），包括上述条款项下争议涉及不正当竞争的问题。

值得注意的是，有关文学艺术或科学作品的所有权或真实性的精神权利，如涉及创作者无处分权部分争议的，不可仲裁，但是，在案件适用法律允许转让或者放弃作品人格权的情形下，一旦合同项下有关作品人格权发生转移，该项权利原则上就变成商业交易事项，应当视为可仲裁事由，那么，在继受权利范畴内的复制权、发行权争议，在法国通常也是可仲裁的。①

上述仲裁仅对当事人之间具有约束力，不会影响知识产权的公共登记或对第三方的效力。法国知识产权法律体系的设计体现了对仲裁机制的开放性，同时也对涉及公共秩序或专属管辖事项的争议进行了限制。这种协调机制有助于平衡私人自治与公共利益之间的关系。

3. 德国

与法国类似，德国传统上也认为知识产权纠纷不可仲裁，这一观点可能源于德国独特的“分离审理”制度，即将专利有效性与专利侵权索赔分离处理，两类诉因分别由不同法院管辖，然而，关于专利有效性争议是否可仲裁，德国法律并未作出明确规定。②

一般认为，德国关于可仲裁性的基本法律原则，是在《瑞士国际私法》第 177（1）条模式上修改的，③ 这就是德国《民事诉讼法》（1998 年修订版）第一千零三十条。④ 该条第一款规定，任何涉及财产权利的索赔（vermögensrechtlicher Anspruch）均可成为仲裁协议标的。有关索赔仲裁协议不涉及财产权仅就当事人

① Gabriel M. Lentner, The Rumors of Arbitrability's Death have been Greatly Exaggerated: Revisiting Arbitrability of IP Disputes from a Transatlantic Perspective, Stanford-Vienna TTLF Working Paper No. 71, pp. 17-18.

② Matthew R Reed, et al., Arbitrability of IP Disputes, Global Arbitration Review, 24 May 2024.

③ Matthew R Reed, et al., Arbitrability of IP Disputes, Global Arbitration Review, 24 May 2024.

④ 参见德国联邦司法部官方网站，https://www.gesetze-im-internet.de/englisch_zpo/englisch_zpo.html#p3554，2024 年 10 月 20 日访问。

有权处分了结争议标的部分的，具有法律效力。可见，涉及财产权或经济利益的索赔争议均可纳入仲裁协议范围，如果认为专利作为专利权人享有的专属利用权，与权利人相关的经济纠纷显然属于财产或经济利益的范畴，如此，凡涉及财产权益的专利争议，在德国应被视为可仲裁。

而德国《民事诉讼法》第一千零三十条第一款明确规定，仅当争议涉及当事人可自由处分的权利时，方可提交仲裁。与此相对，德国《专利法》第六十五条和第八十一条赋予联邦专利法院对专利无效宣告、商标登记效力、权利无效或失效等事项的专属管辖权，此类争议被视为不可仲裁。[①] 此外，与强制许可专利相关的无效或撤销争议也被排除在仲裁范围之外。[②]有观点进一步指出，根据德国《民事诉讼法》第一千零三十条第三款，某些争议因其他法规的限制而不可仲裁，包括劳动法、刑法、家庭法及专利法中的特定事项，[③] 同时，涉及文学、艺术或科学作品所有权或真实性的精神权利，若其涉及创作者无法自由处分的部分，[④] 也被排除在可仲裁范围之外。

德国最近一项判决对专利争议的可仲裁性持支持态度。[⑤] 法院基于德国《民事诉讼法》第一千零三十条的规定，明确指出，任何涉及财产权的索赔原则上均可仲裁。具体而言，诉争专利申请所涉及的发明人财产权属于可仲裁范

---

① Gabriel M. Lentner, The Rumors of Arbitrability's Death have been Greatly Exaggerated: Revisiting Arbitrability of IP Disputes from a Transatlantic Perspective, Stanford-Vienna TTLF Working Paper No. 71, p. 16; Kenneth R Adamo, Overview of International Arbitration in the Intellectual Property Context (2011) 2 Global Bus. L. Rev. 7, pp. 18-19.

② Kenneth R Adamo, Overview of International Arbitration in the Intellectual Property Context, (2011) 2 Global Bus. L. Rev. 7, p. 16.

③ Boris Kasolowsky and Carsten Wendler, Commercial Arbitration: Germany, Freshfields Bruckhaus Deringer, 11 April 2024, 参见全球仲裁评论官方网站，https: / / globalarbitrationreview. com/ insight/ know-how/commercial-arbitration/ report/ germany, 2024 年 11 月 20 日访问。

④ Gabriel M. Lentner, The Rumors of Arbitrability's Death have been Greatly Exaggerated: Revisiting Arbitrability of IP Disputes from a Transatlantic Perspective, Stanford-Vienna TTLF Working Paper No. 71, p. 17.

⑤ Dr Gerrit Niehoff, District Court of Munich confirms arbitrability of patent validity disputes, Global Arbitration News, 27 June 2022, 参见全球仲裁评论官方网站，https: //www. globalarbitrationnews. com/2022/06/27/district-court-of-munich-confirms-arbitrability-of-patent-validity-disputes/, 2024 年 11 月 20 日访问；亦参见 Antje Baumann, Chapter 1: Arbitrability of IPRs disputes, Research Handbook on Intellectual Property Rights and Arbitration Edited by Simon Klopschinski and Mary-Rose McGuire, 21 May 2024, pp. 15-16, 参见埃尔加在线官方网站，https: //www. elgaronline. com/edcollchap/book/9781800378360/book-part-9781800378360-10. xml, 2024 年 11 月 20 日访问。

畴。根据《欧洲专利公约》（European Patent Convention，EPC），专利及其申请被视为可自由转让的财产权，因此专利申请的转让争议符合仲裁条件。法院进一步指出，当事人可以自由放弃专利权或就专利申请的转让达成协议，只要仲裁裁决仅在当事人之间产生效力（无普遍约束力），仲裁庭即可命令一方申请专利撤销。这种解读既尊重了当事人的意思自治，又避免了对公共利益或第三方利益的不必要干涉。

尽管这一判决彰显了在当事人意思自治与公共利益保护之间的平衡，但在德国缺乏专门知识产权仲裁立法的背景下，涉及登记知识产权纠纷的可仲裁性仍不明确，未来可能继续引发争议。

（三）小结

尽管知识产权仲裁在全球范围内取得显著进展，可仲裁性问题在专利有效性和公共登记效力等领域仍存在争议。国家专属管辖权与仲裁庭裁决效力的潜在冲突，尤其在跨国或地区执行中法律适用标准不一，为知识产权仲裁的国际化发展带来挑战。

近年来，新加坡、中国香港特区通过专门立法强化了知识产权仲裁的法律基础，缩小了普通法系与大陆法系在可仲裁性上的分歧。然而，各法域对知识产权仲裁范围的认定仍存在差异，可能源于不同国家和地区对知识产权在本国经济中的战略定位，以及对知识产权仲裁服务产业的商事定位。未来，国际协调应着力完善法律框架，明确仲裁裁决与国家司法之间的衔接机制，以提升知识产权争议解决的效率与公正性。

第二章

知识产权纠纷的可仲裁性

一、争议的可仲裁性

（一）可仲裁性的概念

仲裁作为一种争议解决方式，并不适用于所有的纠纷：因其产生依据源自当事人的合意，故其范围受制于当事人可自由处分的范畴，同时须契合特定国家和地区的司法体制，各个主权国家都可根据本国的国情、政策和利益，来自行决定仲裁的适用范围。现有相关国际公约亦对此原则进行肯认，在涉及仲裁范围时并不作统一强制的规定，而往往把实质性内容交由各国和地区自行解决。

根据一国或地区的法律，如果某项争议依法可适用仲裁方式解决，则称此争议事项具有可仲裁性（Arbitrability）。通说认为，具有可处分性且不违反公共政策的财产纠纷可以交由仲裁裁决，而当事人不能通过和解解决的争议则不具有可仲裁性。因此，当争议纠纷与公共政策问题有关，涉及一国或地区的公法，如证券法、反垄断法、破产法等，极有可能被各国或地区排除于仲裁的界域之外。那么，知识产权作为一种新型的无形财产，其兼具可由权利人所有及处分的私权属性和国家授权、公共利益攸关的“公权”属性，由此，关于知识产权纠纷是否具有可仲裁性，一直在理论界和实务界存在较大分歧。①

（二）满足可仲裁性的条件

各国在确定争议事项是否具有可仲裁性时，一般采用争议事项主体标准与客体标准并行。争议事项的主体标准是指确定何种主体之间的争议符合可仲裁性的标准。我国现行《仲裁法》对可仲裁事项的要求是争议双方当事人在争议的法律关系中处于平等的法律地位，也就是将管理者与被管理者之间的争议排除在可仲裁范围之外。争议事项的客体标准是指争议事项本身应当符合的标准。

一般来说，争议事项在符合可争讼性、可处分性、财产性三个方面的要求时即具备可仲裁性。其中，可争讼性要求特定争议主体之间具有直接、公开的遏制、排斥对方的对抗性；可处分性是指双方当事人可以根据自己的意愿在法律规定的范围内对争议的实体权利进行自由处置，其实质是争议事项双方当事

---

① 参见周晨宇、张润：《专利权有效性争议可仲裁性的理论反思与制度构建研究》，载《商事仲裁与调解》2023年第1期。

人可以自由和解，但不得违反法律、公共秩序以及善良风俗；财产性则指的是双方当事人之间发生的争议涉及财产权益。在同时满足了主体标准和客体标准后，该争议事项就具备了可仲裁性。①

（三）中国立法及《纽约公约》关于可仲裁性的法律规定

我国对争议事项的可仲裁性采取了以肯定式概括为主、以否定性列举为辅的立法体例。《仲裁法》第二条概括性规定了“平等主体的公民、法人和其他组织之间发生的合同纠纷和其他财产权益纠纷，可以仲裁”；第三条以否定性列举的方式规定，婚姻、收养、监护、扶养、继承纠纷以及依法应当由行政机关处理的行政争议不可仲裁。由此可见，我国争议事项的可仲裁性需要符合以下几个条件：首先，仲裁主体的平等性。即争议事项的双方当事人应当是平等主体，行政争议因属于管理和被管理关系不在可仲裁范围之内。其次，争议事项的可处分性。即争议事项必须是当事人有权处分的民事实体权利，婚姻、收养、监护、扶养、继承纠纷涉及身份关系不能任由当事人自由处分，因此不具有可仲裁性。最后，争议内容的财产性。争议事项应当涉及财产权益纠纷，主要是合同纠纷，也包括一些非合同的财产权益纠纷。有关专利权有效性的争议能否通过仲裁解决，我国现行法律并没有作出明确规定。②

《纽约公约》对可仲裁性也作了相关规定，根据《纽约公约》第五条第二款第（甲）项，如果依“声请承认及执行地所在国”的法律，争议事项“不能以仲裁解决”，则该国主管机关可以拒绝承认和执行相关仲裁裁决。即对于国际性争议事项是否属于“不能以仲裁解决”的范畴，应依“声请承认及执行地所在国”的法律进行判断。因此，对于含有国际性的“不可仲裁性”争议事项，应适用“声请承认及执行地所在国”的法律体系。如果该国主管机关认定“依该国法律，争议事项不能以仲裁解决”，则可以拒绝承认和执行外国仲裁裁决。

---

① 参见周晨宇、张润：《专利权有效性争议可仲裁性的理论反思与制度构建研究》，载《商事仲裁与调解》2023 年第 1 期。

② 参见周晨宇、张润：《专利权有效性争议可仲裁性的理论反思与制度构建研究》，载《商事仲裁与调解》2023 年第 1 期。

二、知识产权的权利性质

如上所述，争议事项的性质对于判断争议是否具有可仲裁性至关重要。因此，讨论知识产权纠纷的可仲裁性问题，首先需要考虑的是知识产权的权利性质。

（一）知识产权的私权属性

知识产权实质上是一种无形的财产权，是发明人对其智力劳动成果享有的权利，反映了产品创造者的人格和财产利益，属于民事权利的范畴，因此具有私权属性。国际公约《TRIPs 协定》在其序言部分也明确强调了知识产权的私权属性。据此，在实体方面，知识产权的产生、行使和保护应当适用民法的基本原则和基本制度，如知识产权的产生适用民法中的民事法律关系产生的规定，知识产权的行使应当遵循民法中不得滥用权利、遵守公序良俗等原则进行，知识产权的保护方式也是通过行使请求权以恢复到权利受侵害前的圆满状态；在程序方面，有关知识产权纠纷的解决应当适用《民事诉讼法》的有关规定。①

（二）知识产权的公权属性

知识产权是民事主体对其智力成果与商业标识等无形财产依法享有的专有权利。从历史维度考察，这一权利体系肇始于 18 世纪欧洲君主制下的特许授权制度，其本质是统治者通过法律拟制形成的垄断性权益，最初体现为出版行业获取商业利益的政策工具。相较于传统物权，知识产权制度自始便蕴含着显著的公共权力介入特征。

这种公权属性的形成根植于智力产品的特殊本质。作为非物质形态的信息资源，智力成果具有天然的流动性与非排他性，权利主体难以通过物理手段实现有效控制。② 当创新成果进入公共领域后，极易被他人无成本复制传播，这将导致“搭便车”现象普遍化，进而抑制创新动力。鉴于此，现代国家构建起

---

① 参见周晨宇、张润：《专利权有效性争议可仲裁性的理论反思与制度构建研究》，载《商事仲裁与调解》2023 年第 1 期。

② 参见周晨宇、张润：《专利权有效性争议可仲裁性的理论反思与制度构建研究》，载《商事仲裁与调解》2023 年第 1 期。

知识产权法律框架，通过赋予创作者法定垄断地位来置换其技术公开，既保障创新者的经济回报，又兼顾社会公众的知识获取需求。

（三）知识产权的权利性质与可仲裁性的关系

知识产权的私权属性为争议可仲裁性提供了法理基础，而其公权属性与地域性则构成制度障碍。随着国际商事实践对效率与保密性的需求增强，多数法域逐步扩大可仲裁范围，尤其倾向于允许合同与侵权争议仲裁，但对有效性争议仍持谨慎态度。仲裁制度通过保密性、专业性和跨境执行力等优势，已成为解决跨境知识产权纠纷的重要工具，其与知识产权特性的适配性将在数字经济时代进一步凸显。

三、知识产权仲裁的必要性与合理性

（一）知识产权争议大量增加驱动知识产权仲裁发展

1. 近年知识产权诉讼案件大量增加

近年知识产权诉讼案件呈井喷式爆发。根据最高人民法院发布的数据，近年中国各级法院受理知识产权案件的数量居高不下，2021 年各级法院受理各类知识产权案件为 642968 件，2018 年各级法院受理各类知识产权案件为 334951 件，2014 年各级法院受理各类知识产权案件仅为 133863 件，在不到 10 年内全国法院知识产权案件受案数量增长了近 390%。[①] 知识产权诉讼案件如此大幅增加的原因在于：

第一，知识产权的市场价值跃升。数字经济发展推动知识资产成为核心生产要素，著作权、专利的商业估值呈指数级增长。2019 年上半年，全国专利和商标新增质押融资金额为 583.5 亿元。2022 年全国专利商标质押融资额达

---

① 2021 年数据参见《2021 年人民法院审结各类知识产权案件超 60 万件，创历史新高》，载光明网，https://m.gmw.cn/2022-04/21/content_1302911095.htm；2018 年数据参见《最高法：2018 年我国知识产权案件数量攀升 司法保护力度持续加强》，载百家号“央广网”2019 年 4 月 22 日，https://baijiahao.baidu.com/s?id=1631514823042242294&wfr=spider&for=pc；2014 年数据参见《知识产权白皮书：商标授权确权行政案件大幅增长》，载人民网，http://politics.people.com.cn/n/2015/0420/c70731-26873734.html，2025 年 3 月 28 日访问。

4868.8 亿元，并连续三年保持 40%以上增幅。① 市场价值显性化促使企业通过诉讼实现权利确认与价值兑现。

第二，战略性新兴产业竞争加剧知识产权壁垒化。新能源汽车、半导体等产业技术迭代周期压缩至 12—18 个月，倒逼企业构建专利丛林实施市场控制。以动力电池领域为例，2014 年全球有 6.6 万件电池类的专利或专利申请公开，2023 年全球有 17 万件电池类的专利或专利申请公开，在不到 10 年的时间里，电池专利的申请数量增长了 259%。这表明在电池领域，竞争异常激烈。

第三，知识产权制度性保护强化提升司法救济效能。知识产权法定赔偿上限提升至 500 万元，专利和商标侵权惩罚性赔偿制度全面落地，显著优化知识产权维权结果。最高人民法院工作报告显示，2023 年，全国各级法院审结知识产权案件 49 万件，同比增长 1.8%。适用惩罚性赔偿 319 件，同比增长 117%，判赔金额 11.6 亿元，同比增长 3.5 倍。② 知识产权“强保护”的制度供给导向激发市场主体诉讼能动性。

2. 国家大力推动知识产权多元化纠纷解决机制发展

人民法院知识产权诉讼案件数量的爆发式增长，客观上造成了各级法院和广大法官面临司法资源配置的结构性矛盾。国家层面陆续提出了知识产权纠纷多元化解决机制的构想。

2016 年 12 月，国务院印发《“十三五”国家知识产权保护和运用规划》（国发〔2016〕86 号），明确了构建包括仲裁调解在内的知识产权保护工作格局，健全知识产权纠纷的争议仲裁和快速调解制度，建立知识产权纠纷多元解决机制，加强知识产权仲裁机构和纠纷调解机构建设等要求。

2021 年 12 月，国务院知识产权战略实施工作部际联席会议办公室印发了

---

① 2019 年数据参见《缓解融资难 我国将进一步强化知识产权质押融资》，载中国政府网，https：//www.gov.cn/xinwen/2019-07/10/content_ 5407914.htm；2022 年数据参见《我国知识产权质押融资规模继续快速增长》，载新华网，https：//www.news.cn/2023-02/24/c_ 1129394799.htm，2025 年 3 月 28 日访问。

② 参见《2023 年全国各级法院审结知识产权案件 49 万件 | “两高”报告速览》，载微信公众号“中国知识产权报”2024 年 3 月 9 日，https：//mp.weixin.qq.com/s? _ _ biz=MzA3NDI3NjAyMg==&mid=2649734629&idx=1&sn=2ad20a6e62ef504b19d5f2b8cfd589ea&chksm=8719503cb06ed92aaccb4c386fc788794e1e2b581b8d165256a0cecb5c375ab136cfb5e64723&scene=27，2025 年 3 月 28 日访问。

《知识产权强国建设纲要和"十四五"规划实施年度推进计划》（国知战联办〔2021〕16号），明确大力培育知识产权纠纷调解组织和仲裁机构，畅通知识产权诉讼与仲裁、调解对接渠道，健全知识产权纠纷在线诉调对接机制。

2022年10月，国家知识产权局印发《深入实施〈关于强化知识产权保护的意见〉推进计划》，提出支持仲裁机构设立知识产权仲裁院（中心）等内设部门，持续拓展知识产权纠纷多元化解决渠道，推动设立中国国际知识产权仲裁委员会，加强知识产权仲裁、调解、公证等人才队伍建设。

3. 知识产权争议仲裁适用率偏低

在如火如荼的知识产权多元化纠纷解决机制建设背景下，相比其他商事仲裁的蓬勃发展，知识产权仲裁的发展呈现显著的非对称性发展格局。

一方面，中国知识产权仲裁案件量处于长期低迷的状况。据《中国商事仲裁年度报告（2023）》，知识产权类仲裁案件占比不足商事仲裁总量的7.3%，与《仲裁法》修订后整体受案量年均21%增幅形成结构性反差。① 另一方面，仲裁机构受理的知识产权纠纷案件类型单一，正如杜焕芳课题组所言："综合性仲裁机构所受理的知识产权案件中绝大多数为合同纠纷，少量涉及侵权纠纷，很少出现效力纠纷，专业性知识产权仲裁机构所受理的案件中，合同争议的平均数量超过50%，另有部分仲裁机构则直接将知识产权纠纷受案范围限定为知识产权合同纠纷。"②

（二）知识产权仲裁的优势

知识产权保护的是无形客体，权利人本就难以通过实际占有的方式维护自身对这类无形客体的专有权利。同时，在经济全球化背景下，知识产权的流通范围不断扩大，流通速度不断加快，进一步加大了权利人维权难度。综上，无论是从静态的财产保护还是动态的财产流通来看，知识产权纠纷的大量出现在

---

① 参见中国国际经济贸易委员会主编：《中国国际商事仲裁年度报告（2023—2024）》，法律出版社2024年版，第5页。

② 参见杜焕芳课题组、杜焕芳：《知识产权仲裁机构建设：理论证成、域外借鉴和制度设计》，载《商事仲裁与调解》2021年第1期。

所难免。[①] 知识产权纠纷具有高度复杂性、利益保护紧迫性、市场关联性等特点。[②] 在知识产权纠纷的解决上，高新技术广泛运用使得知识产权纠纷更加国际化，民间性的仲裁机制获得了比法院诉讼更多的施展机会，[③] 商事仲裁作为一种 ADR 机制，相较于诉讼，具有意思自治性、保密性、专业性、一裁终局性和易于承认与执行等特征。而基于这些特征，使用仲裁作为知识产权纠纷的解决方式具有以下优势。

1. 更体现当事人的意思自治

仲裁的权力来源于当事人的合意，其核心是当事人意思自治原则，对于自由和自治的崇尚贯穿于仲裁的始终：从仲裁庭的选任到争议的范围，乃至法律的适用等，均可交由当事人优先决定。这一特性也为知识产权仲裁的灵活性和经济性提供了空间，使之可以适应当事人的个性化与多元化需求，不必刻板遵循过于严苛的法律规则。

2. 专业性和保密性

知识产权仲裁的自主性使得当事人可以自由选择相关领域的专家，尤其当涉及较为复杂的疑难案件时，这种由业内专家组成的仲裁庭在相关技术领域较普通的法庭更具有专业性，所作出的裁决也更具有权威性，易于得到当事人的认同。许多仲裁机构拥有知识产权专家库，为开展高质量的仲裁提供人才保障。美国仲裁协会（American Arbitration Association，AAA）拥有一份在专利、版权、商标和技术事务方面经验丰富的仲裁员名册。[④] 世界知识产权组织仲裁与调解中心拥有来自约 70 个国家的约 1000 名专门从事知识产权事务的仲裁员、

---

① 参见李宗辉：《论知识产权案件的替代性纠纷解决机制》，载《暨南学报（哲学社会科学版）》2015 年第 2 期。

② 参见梁平、陈焘：《论我国知识产权纠纷解决机制的多元构建》，载《知识产权》2013 年第 2 期。

③ 参见左冰、刘家瑞：《论国际商事仲裁在知识产权领域的运用》，载《国际贸易问题》1999 年第 10 期。

④ See Alan W. Kowalchyk, Intellectual Property ADR vs Litigation: Resolving IP Disputes Outside of Court: Using ADR to Take Control of your Case, American Arbitration Association, citing the American Intellectual Property Law Association Report of the Economic survey 2005, at I-109.

调解员和专家。[①] 贸仲在册 1881 名中外仲裁员中，有近 300 名具有知识产权专长和实践经验，在册 300 名中外调解员中，有近 1/4 的具有知识产权专长，涵盖知识产权领域的各个方面。[②]

不公开审理也是知识产权仲裁的一大原则。在当下的信息时代，商业秘密和商业信誉是非常重要的无形资产，诉讼带来的负面影响可能对纠纷当事人的市场表现产生不利影响。相较于诉讼透明化、公开化的设置——即便当事人可基于商业秘密申请不公开审理，但判决结果也是公开的，知识产权仲裁可以更好地保护当事人的商业秘密和商业信誉。

3. 公正性

国际商事仲裁条款作为当代跨境交易的标准配置，其制度优势在全球化纠纷解决实践中越发凸显。许多国际贸易合同都包含仲裁条款，这种倾向性选择深刻反映出市场主体对司法公正性的制度焦虑。司法偏见和腐败问题的存在，使得当事人对当地司法系统的公正性产生怀疑。当交易涉及不同法域时，本土司法系统可能存在法律文化差异、程序透明度缺失以及潜在的地方保护主义倾向，均构成当事人选择中立第三地仲裁的核心动因。

以美国知识产权侵权诉讼为例，一项实证研究成果表明：当诉讼双方中一方为美国国内当事人，另一方为外国当事人时，美国国内当事人在由陪审团裁决的案件中胜诉率高达 64%，而外国当事人仅在 36%的案件中胜诉。[③] 这种司法场域的“主场优势”现象，既源于陪审员对本土企业的认知亲近性，也反映出跨境法律事实认定中的文化折扣效应。相较之下，国际仲裁通过当事人自主选定具有跨国法律背景的仲裁员、适用中立的程序规则，能够有效消解此类系

---

① See WIPO, Dispute Resolution for the 21st Century.

② 参见《多元争议解决方式协同发展保护知识产权贸仲与西安中院签署知识产权多元争议解决机制合作协议》，载中国国际经济贸易仲裁委员会官方网站，https：//www. cietac. org/articles/20421，2025 年 3 月 31 日访问。

③ See Kimberly A. Moore' Xenophobia in American Courts, 97 Northwestern University Law Review 1497, 1509 (2003); Robert W. Hahn & Hal J. Singer, Assessing Biasin patent Infringement Cases, 21 Harvard Journal of Law & Technology 457, 475 (2008); A. M. Anderson, C. A. Young, and B. Razavi, International Arbitration: The Only Way to Resolve Multi-Jurisdictional Patent Disputes in a Single Forum, Transnational - dispute - management. com (2008) .

统性风险。

4. 节省时间和成本

在知识产权纠纷中，传统诉讼常面临效率与成本的双重挑战。以我国为例，《民事诉讼法》规定普通程序一审民事案件审限为6个月，简易程序为3个月，如有上诉、再审程序将进一步延长周期；而标的额低于1000万元的知识产权案件占比超七成，冗长诉讼流程易加剧当事人负担。相比之下，知识产权仲裁凭借“一裁终局”原则，可快速明确权责，避免司法程序反复，显著节省时间与经济成本。美国实践同样印证了诉讼的高昂代价：一项专利侵权案件单方诉讼成本约260万美元，其中半数源于证据开示程序（美国知识产权法协会，American Intellectual Property Law Association，AIPLA，2005）。[①] 因诉讼产生的诸如高昂费用等问题无疑加重了当事人的负担，这不仅违背了维护当事人权益的初衷，还无端浪费了国家有限的司法资源。[②] 而仲裁费用中82%由当事人自主控制（如文件准备、律师费），仅16%用于仲裁员报酬（ICC研究），且73%的知识产权仲裁案件可在7日内审结（AAA研究），远低于陪审团数周的审理周期。仲裁的绝大部分费用是由当事人在其可以行使某些控制权的程序阶段产生的，例如文件制作费用、律师费、专家费用等。在拟定仲裁条款时，当事人可以约定控制这些费用。例如：第一，当事人可以通过在仲裁条款中加入一项规定，即要求仲裁庭取证时以《国际律师协会国际商事仲裁取证规则》为指导，来控制文件制作和审查的费用；第二，当事人可以列入一项规定，即排除或大幅限制电子文件的披露；第三，当事人还可以事先约定不在仲裁程序中提供任何供词；第四，在适当情况下，当事人可以约定选择独任仲裁庭而非合议仲裁庭，以减少仲裁员费用，节约仲裁成本。这些只是一部分可被列入仲裁条款以减少仲裁费用的例子，还有许多可约定条款在此不一一列举。

可见，仲裁通过灵活约定程序、精简流程及可控成本，成为化解跨国知识

---

① See Alan W. Kowalchyk, Intellectual Property ADR vs. Litigation: Resolving IP Disputes Outside of Court: Using ADR to Take Control of your Case, American Arbitration Association, citing the American Intellectual Property Law Association Report of the Economic survey 2005, at I-109.

② 参见徐惠敏：《我国知识产权纠纷ADR机制的构建》，载《江西社会科学》2012年第2期。

产权争议的更优选择。

5. 在涉及准据法为外国法的案件中更有优势

在国际知识产权争议中，仲裁可成为化解跨国纠纷的高效路径，尤其是在排除知识产权有效性争议后。以美国为例，法院通常不愿通过补充管辖权裁决涉及外国专利侵权的诉求，[①] 迫使当事人陷入多国平行诉讼的困境。然而，2008 年一项突破性判例显示，美国联邦地区法院法官基于“异籍管辖”（Diversity Jurisdiction）原则，[②] 认可了全球专利许可协议中的法院选择条款，尽管对该案行使管辖权“可能需要考虑中国专利法”。[③] 该案对“不方便法院”原则的阐释颇具启示，法官指出：“在全球化的市场中，知识产权纠纷可能涉及许多国家的专利法。解决这些纠纷的不确定性和复杂性会增加企业开展业务的成本，并导致消费者消费成本的增加。在可能的情况下，事先达成一份对谈判各方解决其后纠纷最方便法院的私下协议似乎是一种有效的对策，但同时需要考虑到对政府公权力的挑战，如对专利有效性的挑战，可能必须保留给专利授权国的法院。关于法院地选择的协议不应被视为对任何特定国家法院管辖权的冒犯，特别是在不涉及专利有效性争端的情况下，也不应被视为对外国专利局行政行为提出质疑。事实上，如果当事人不能提前选择法院来解决有关专利使用费等专利权纠纷，那么国际仲裁将是首选。因为仲裁庭通常不会以案件审理具有复杂性或困难性为由驳回案件。”[④]

值得注意的是，法院选择协议本身不构成对特定司法管辖权的挑战，尤其在不涉及专利有效性或行政审查的情形下。若当事人未预先约定争议解决法院，国际仲裁则更具优势。仲裁庭通常不会以案件复杂性为由拒绝受理，且能灵活处理跨国专利许可费纠纷。相较于诉讼，仲裁避免了多法域程序冲突，其裁决

---

① Fair child Semiconductor Corp. v. Third Dimension（3D） Semiconductor, Inc. , Case2：08-cv-00158-DBH, at 1, 11（D. Maine Dec. 12, 2008）（citing Voda v. Cordis Corp. , 476F. 3d887（Fed. Cir. 2007）.

② 参见赵雷：《美国法中涉外专利之诉的法律适用与执行——基于管辖与禁令执行的分析》，载《知识产权》2018 年第 2 期。

③ Fair child Semiconductor Corp. v. Third Dimension（3D） Semiconductor, Inc. , Case2：08-cv-00158-DBH, 1-2, 8（D. Maine Dec. 12, 2008）.

④ Fairchild Semiconductor Corp. v. Third Dimension（3D） Semiconductor, Inc. , Case 2：08-cv-00158-DBH, 26-27（D. Maine Dec. 12, 2008）.

的国际执行力亦更为广泛。这一机制不仅契合商业主体对效率的追求，也缓解了司法资源压力，成为全球化时代协调知识产权利益的重要工具。①

6. 临时措施的灵活性

临时措施主要是指为保障对案件实体具有管辖权的主体所认可的某种权利而保全一种事实或法律状态。② 关于临时措施的规范模式，根据审批主体的不同，可分为“法院独占制”“仲裁庭独占制”“法院与仲裁庭双轨并行制”。“法院独占制”是指临时措施的处理权仅由法院享有，仲裁员或仲裁庭无权处理、审批临时措施。“仲裁庭独占制”是指临时措施的处理权仅由仲裁庭享有，法院无权审批。“法院与仲裁庭双轨并行制”顾名思义，是“法院独占制”和“仲裁庭独占制”的折中，一方面保留法院处理临时措施的权限，另一方面法律赋予仲裁庭处理临时措施的权限。③

临时措施对知识产权人至关重要。国际主要仲裁机构的仲裁规则允许当事人寻求此类措施。《贸法会示范法》第 9 条说明了仲裁庭与法院处理临时措施的权限并不冲突，第 17 条至第 17I 条规定了一系列仲裁庭处理临时措施的权限，第 17J 条规定了法院处理临时措施的权限。上述两款规定说明仲裁机构与法院均具有处理临时措施的权限。这种临时措施的规范模式属于“法院与仲裁庭双轨并行制”。该规范模式在国际上较受欢迎。许多国家和地区的仲裁法制是以《贸法会示范法》为参照，因此其规范模式同样采用“法院与仲裁庭双轨并行制”。例如，《东京国际知识产权仲裁中心仲裁规则》第二十八条规定了一系列详细的临时措施，其中第一款规定：“仲裁庭可应任何一方当事人的申请准予临时措施。”第七款规定：“任何一方当事人向具有管辖权的司法机关申请临时措施，不得视为与仲裁协议相抵触或放弃该仲裁协议。”《国际商会仲裁规则》第

---

① Fairchild Semiconductor Corp. v. Third Dimension（3D）Semiconductor，Inc.，Case2：08-cv-00158-DBH，26-27（D. Maine Dec. 12，2008）.

② See Gary B. Born，International Arbitration：Law and Practice，Kluwer Law International BV，2012，p. 203.

③ 参见黄凯绅：《仲裁临时保全措施及法院本位主义：法制变革上的建议》，载《交大法学》2019 年第 3 期。

二十三条规定了当事人可向仲裁庭或任何主管司法机关申请临时措施或保全措施。[①]《世界知识产权组织仲裁规则》《美国仲裁协会国际仲裁规则》包含类似的表述，分别于第二十一条、第四十八条规定了临时措施。此外还有英国 1996 年《仲裁法》、德国《民事诉讼法》第十编等。[②] 我国现行《仲裁法》采用“法院独占制”的规范模式。目前国际上依然采用该规范模式的国家还有阿根廷、意大利等国家。阿根廷《民商事程序法》第 753 条、意大利《民事程序法》第 818 条均明令禁止了仲裁庭的临时措施处理权。2021 年 7 月 30 日司法部公开的《仲裁法修订意见稿》显示，此次我国《仲裁法》修订，增设第四十三条至第四十九条，以单独一节对临时措施进行详细规定，且首次赋予仲裁庭相对全面的临时措施处理权。[③] 该规范模式具有兼顾当事人权益和仲裁效率的优势：一方面，当事人可以根据自己的实际情况自由地选择向法院或者仲裁庭申请临时措施，维护了当事人的权益；另一方面，仲裁庭被赋予处理临时措施的权限后，当事人可以在同一仲裁程序中，在仲裁庭一并申请各类临时措施，而无须到法院另行展开一道程序，保证了仲裁效率。但《仲裁法修订意见稿》关于临时措施的规定仍然存在些许问题。第四十七条第二款[④]要求当事人向仲裁庭申请保全措施时，需要向仲裁庭提供担保，这显然高于通过法院发布临时措施的要求，客观上会抑制当事人向仲裁庭申请临时措施的热情，使我国临时措施规范模式名义上转变为“法院与仲裁庭双轨并行制”，实质上仍为“法院独占制”。从后续曾提请审议的草案来看，其并未采纳上述内容。

---

① 《国际商会仲裁规则》第 23 条规定：“除非当事人另有约定，一旦案卷送交仲裁庭，仲裁庭可应一方当事人的请求，下令采取其认为适当的任何临时或保全措施；在案卷送交仲裁庭之前，在适当情况下，甚至在此后的适当情况下，当事人可以向任何主管司法机关申请采取临时或保全措施。一方当事人向司法机关申请采取此类措施或执行仲裁庭下令采取的任何此类措施，不应视为违反或放弃仲裁协议，也不影响保留给仲裁庭的有关权利。”

② 参见英国 1996 年《仲裁法》第 44 条第 3—5 款，德国《民事诉讼法》第 1033 条、第 1041 条第 1 款。

③ See Gary B. Born, International Arbitration: Cases and Materials, Kluwer Law International, 2015, pp. 873-874.

④ 《仲裁法修订意见稿》第四十七条第二款规定：“当事人向仲裁庭申请保全措施的，仲裁庭应当及时作出决定，并要求当事人提供担保……”

四、知识产权可仲裁性产生争议的原因：公共政策

当事人自治是国际仲裁的核心原则。然而，在多数国家法律体系中，当事人自治止步于公共利益领域。公共政策（Order Public）即体现了这一原则。一般而言，对当事人自治的限制可能削弱其将特定争议提交仲裁的自由（即争议是否“可仲裁”）。因此，可仲裁性与公共政策密不可分。

综观全球，知识产权纠纷仲裁解决机制的最大障碍之一就是公共政策，[①] 各国均将其作为司法控制的主要手段。[②] 在多数法律体系中，基于公共政策，当事人不得将家事纠纷或劳动争议提交仲裁。而在其他领域（如竞争法与知识产权争议），当事人自治与公共政策的界限更为模糊。由于知识产权兼具公法和私法属性，判断知识产权仲裁是否涉及公共政策引发了理论与实务界的广泛分歧，并且该分歧主要集中于知识产权的有效性，近年也扩展至与知识产权相关的垄断争议。根据公共政策，一些国家不允许仲裁庭就专利有效性纠纷作出裁决。[③] 这些国家认为专利有效性纠纷涉及重大公共利益，这些争议必须由法院来解决。公共政策否定专利有效性纠纷可仲裁性的常见理由包括：专利权来源于国家授权、专利权具有垄断性、存在审查专利权效力的专门机构。[④] 在这些国家，法院将拒绝执行涉及专利有效性纠纷的仲裁裁决，并且这些裁决可能会被撤销。[⑤] 因此，拟定仲裁条款时，当事人不得不考虑拟定仲裁地的国内法是否允许仲裁庭就专利有效性纠纷作出裁决，以及针对这些问题的仲裁裁决是否可以被执行。[⑥]

---

① 参见龚佳慧：《知识产权问题的国际商事仲裁发展》，载《商业时代》2014 年第 20 期。

② 参见陈治东、沈伟：《国际商事仲裁裁决承认与执行的国际化趋势》，载《中国法学》1998 年第 2 期。

③ See Julia A. Martin, Arbitrating in the Alps Rather than Litigating in Los Angeles: The Advantages of International Intellectual Property-Specific Alternative Dispute Resolution, 49 Stanford Law Review 917 (1997).

④ 参见倪静：《论知识产权有效性争议的可仲裁性——对公共政策理由的反思》，载《江西社会科学》2012 年第 2 期。

⑤ See Matthew A. Smith et al, Arbitration of Patent Infringement and Validity Issues Worldwide, 19 Harvard Journal of Law and Technology 299 (2006).

⑥ See M. Scott Donahey, Arbitration of Patent Disputes Internationally and in the United States, The Practical Litigator (May. 16, 2008), http://files.ali-aba.org/thumbs/datastorage/lacidoirep/articles/PLIT0805-Donahey_thumb.pdf.

（一）支持知识产权不可仲裁性的观点

1. 国家参与知识产权的创设

有观点认为，专利或商标的授予属于国家机关的职责，只能由国家授予，是以关于其授予或有效性的争议超出了仲裁的范畴。同时，有学者指出，知识产权的可仲裁性与公共政策之间的关系，即知识产权是由公共机关授予这一事实。因此，仲裁庭作为非公权力机构，无权撤销由国家创设的权利，个人亦不得通过私人程序处置国家行为。这一论点体现了知识产权授予的“主权性质”——国家通过特定机关对申请进行审查，对符合条件者授予排他性权利。依此观点，只有国家（而非私人）有权“撤销”知识产权。

2. 知识产权创设垄断或排他权

知识产权的创设赋予了权利人排他性权利，这可能成为限制其可仲裁性的第二个理由。国家通过授予知识产权，将特定客体从公共领域移出，这一行为具有明显的公共性。如果允许私人通过仲裁程序随意修改或撤销这些权利，则会侵夺国家授予和规制垄断权的权力。

此外，知识产权与竞争法紧密相关，而竞争法属于限制仲裁适用的传统领域。有观点认为，“知识产权本质上是对竞争的一种限制，其目的在于促进竞争”，而竞争规则本身是各国公共政策的重要组成部分。

知识产权创设垄断旨在实现特定的政策目标，例如促进科技进步、避免市场混淆以及对创新给予奖励等。如果允许私人通过仲裁程序随意否定知识产权的有效性，可能会损害知识产权政策的初衷和目标。因此，从公共政策的角度来看，对知识产权的仲裁应当持审慎态度。

3. 国家特定机关对知识产权有效性纠纷有专属管辖权

上述观点被部分国家采纳，它们设置了专门处理知识产权有效性问题的专属管辖机构，通过一个相对集中的框架解决国家授予的注册知识产权的有效性问题，旨在防止当事人选择其他途径而退出该体系，破坏国家的基本政策。这种专属管辖权最终体现为一国知识产权诉讼体系的“分立”，如被告不能在同一诉讼程序中对原告主张的知识产权提出无效抗辩或反诉。这种划分非常明确，以至于国家的其他部门（包括普通法院）均无权审理有关知识产权有效性的争议。因此，在这些法律体系中，有人认为若国家法院不能宣布知识产权无效，那么作为非公权力机关的仲裁机构更不能被允许这么做。

（二）反对知识产权不可仲裁性的观点

1. 知识产权本质属性仍为私权

知识产权是权利人对其智力成果享有的受到法律保护的财产权和人身权，知识产权客体——智力成果的无形性和可自由流动性要求通过国家授权的方式对其予以保护，国家授权实际上是知识产权客体无形性的要求。同时，国家对知识产权申请的审查、授权行为实质上是对民事主体民事权利合法性、真实性的一种审查，或者说是一种公示、公信。因此，知识产权的产生是否需要国家机关经过法定程序加以认定与知识产权私权的性质并无直接关系，国家授权并没有改变知识产权私权的本质属性，知识产权人有权选择以许可、转让甚至放弃等方式处置权利，也当然享有将知识产权有效性争议提交仲裁处理的自由。

2. 并非所有知识产权均来自国家授权

知识产权有多种类型，其取得的方式也大相径庭：专利和商标的获得须经国家审查并授权，但其他知识产权的取得并非一律需要国家授予，最典型的即为域名的取得。因此，从这一角度来看，似乎没有合理的理由阻止当事人将非由国家授予获得的知识产权的有效性争议提交仲裁解决。

3. 仲裁裁决的相对性

本质上，仲裁只对当事人具有约束力，即其仅具有当事人效力。仲裁裁决的当事人效力来源于仲裁的契约性质。在契约背景下，已观察到，在大多数法域内，个人可以自由处置其知识产权——许可、转让及撤回。还有人认为，签订仲裁协议可能构成对某些权利的完全可接受的契约性放弃。具体来说，因为当事人可以处置他们的权利，他们可以同意基于仲裁员的裁决，不再有权在当事人之间执行所涉及的知识产权。如果仲裁庭认为所主张的知识产权无效，则基于该知识产权提出的救济请求将被拒绝。在仲裁程序外，该权利将继续存在。

4. 知识产权法与反垄断法的立法目标存在本质差异

有学者认为，知识产权实际上构成“非常有限意义上的垄断”。因此，有学者主张，反垄断法与知识产权的立法目标完全不同，所以垄断的公共政策限制不应适用于知识产权。竞争法旨在防止某些市场主体控制市场，而知识产权则在某些“经济领域”赋予知识产权持有人独占权。

在反垄断法中，两个或多个企业之间的合作形式正是国家希望控制和限制的，因此国家不能将最终的争议解决留给当事人，因为这些当事人可能与国家之间有共同的利益，减少它们之间的竞争，而这种共同利益违背了公共利益以及第三方竞争者希望保持市场力量的利益。在工业和知识产权方面，我们则看到完全相反的情况。这些权利首先是为了保护持有者的利益，赋予他们在市场中的某些特权，从而排除其他竞争者。如果他希望处置这些特权，可以通过许可协议等方式进行。如果他可以处置这些权利的实质内容，那么没有理由不能处置与这些权利相关的程序性特权。

5. 国际公共政策的限制性适用

在分析公共政策问题时，应当考虑到，在《纽约公约》下的撤销和承认申请中，许多法域的法院在适用公共政策论点时采取了限制性态度。在一些法域中，法院认为国际仲裁中的公共政策是指“真正的国际性公共秩序”，而在其他法域中，法院则在《纽约公约》支持仲裁倾向下，限制性地适用各自的国内公共政策。无论采用哪种方式，在大多数主要法域中，已确定在国际仲裁背景下，特有的或狭隘的观点不应当凌驾于当事人仲裁意图之上，也不应成为承认和执行仲裁裁决的障碍。

因此，在那些基于公共政策理由限制知识产权当事人之间仲裁的国家，国内仲裁可能会被禁止。相反，在国际仲裁中，情况大不相同，因为纯粹的国内公共政策问题不应适用。正如国际环境中的礼仪规则一样，为了让国际仲裁蓬勃发展，仲裁用户之间应当具有一定程度的“宽容”；因此，狭隘的地方性观点需要被抛开。例如，美国第二巡回法院在其著名的帕森斯与惠特莫海外公司诉埃及国家造纸工业总公司案［Parsons & Whittemore Overseas Co. v. Societe Generale de L'Industrie du Papier（RAKTA）］中裁定，国际仲裁中的公共政策论点仅在可能侵犯某一法域的“最基本的道德和正义观念”时才具有关联性。①

（三）普通法系和大陆法系知识产权可仲裁性的实践情况

由于法律制度、文化等的差异，不同法域在知识产权纠纷可仲裁性问题上作出了不同的制度安排。尽管普通法系和大陆法系国家或地区的法律渊源的侧重有所不同，但许多国家或地区均通过立法例或判例等形式允许仲裁知识产权纠纷。其中，知识产权有效性纠纷是知识产权纠纷是否具有可仲裁性的主要争议焦点。诚然，国际上也有不接受知识产权有效性纠纷仲裁的成例，但是，接受知识产权有效性纠纷仲裁已然成为主流，越来越多的国家或地区正在或者即将接受知识产权有效性纠纷仲裁，其制度选择和发展路径具有一定的借鉴作用。②

表 2-1　普通法系知识产权可仲裁性的实践情况

国家或地区	知识产权纠纷可仲裁性情况	备注
美国	所有知识产权纠纷可仲裁	专利、商标有效性仲裁裁决仅对当事人具有约束力
英国	所有知识产权纠纷可仲裁	专利有效性仲裁裁决仅在仲裁当事人之间具有效力
新加坡	所有知识产权纠纷可仲裁	知识产权纠纷仲裁裁决仅在仲裁当事人之间具有效力
南非	法律明确否定专利有效性纠纷的可仲裁性	
加拿大	版权纠纷可以仲裁，专利、商标有效性纠纷不可仲裁	知识产权纠纷仲裁裁决仅在仲裁当事人之间具有效力

① Parsons & Whittemore Overseas Co. , Inc. , Plaintiff - appellant - appellee, v. Societe Generale De L’industrie Du Papier (rakta), and Bankof America, Defendants-appellees, Societe Generalede L’industrie Du Papier (rakta), defendant-appellee-appellant, 508 F. 2d 969 (2d Cir. 1974)，载 Justia 法律数据库，https://law.justia.com/cases/federal/appellate-courts/F2/508/969/367069/，2025 年 3 月 28 日访问。

② 参见孙子涵：《我国知识产权效力争议仲裁的理论基础与实现路径》，载《现代法学》2023 年第 1 期。

续表

国家或地区	知识产权纠纷可仲裁性情况	备注
印度	知识产权纠纷的主题和诉因不属于国家不可剥夺的职能范畴的可仲裁	

表 2-2　大陆法系知识产权可仲裁性的实践情况

国家或地区	知识产权纠纷可仲裁性情况	备注
德国	需登记许可知识产权纠纷的可仲裁性无明确定论	专利有效性纠纷由德国联邦专利法院专属管辖
法国	涉及任何可自由支配权利的纠纷都可仲裁	涉及公共秩序的知识产权纠纷不可仲裁
意大利	当事人善意放弃或放弃其他不可或缺的权利，知识产权纠纷是可以仲裁的	需要检察官介入民事诉讼的商标和专利有效性案件不可仲裁
比利时	几乎所有知识产权纠纷可仲裁	植物新品种纠纷可仲裁，但强制许可除外
格鲁吉亚	所有知识产权纠纷可仲裁	法院对仲裁裁决的审查使用最高标准
土耳其	工业产权纠纷的有效性不可仲裁	
瑞士	几乎所有知识产权纠纷可仲裁	仅将不可仲裁性限制在与公共政策核心领域相互作用的问题上

五、国际知识产权争议中不可仲裁性问题的解决

不可仲裁性抗辩的解决方式因提出阶段不同而异。一般而言，当事人可通过以下四种途径提出不可仲裁性抗辩：[①] 被申请人[②]向仲裁庭提出管辖权异议；被申请人向国内法院提起诉讼（主张仲裁庭无管辖权）；裁决作出后申请撤销（基于不可仲裁性）；在裁决承认与执行阶段提出抗辩。

---

① See B. Hanotiau, The Law Application to Arbitrability, ICCA Congress Series 9 (1999): 145.

② 这也适用于寻求部分抗辩法庭管辖权的反诉人。

（一）向仲裁庭提出不可仲裁性抗辩

1. 不可仲裁性与管辖权

不可仲裁性问题涉及仲裁协议的有效性，进而影响仲裁庭的管辖权。根据被广泛接受的“自裁管辖权”原则（Competence-Competence），仲裁庭有权对自己的管辖权作出决定。[①]

2. 准据法问题

若一方当事人主张仲裁庭对基础合同争议没有管辖权，[②] 仲裁庭需首先确定该异议所适用的准据法。与国内法院不同，仲裁庭不适用“法院地法”（Lex Fori）规则，所以无须依靠特定的冲突规则来确定可仲裁性问题的准据法。[③]

作为逻辑起点，普遍认为仲裁庭应根据《纽约公约》第二条第一款与第五条第一款第（甲）项，适用仲裁协议准据法来解决可仲裁性问题。[④] 在这种情况下，仲裁庭需查明当事人是否明确约定仲裁协议所适用的准据法。

就提交协议（Submission Agreement）来讲，因其通常包含法律选择条款，准据法问题较易解决。若无此类条款，仲裁庭可自由裁量以确定准据法，此时所适用的法律通常为仲裁地法。[⑤]

仲裁条款的准据法问题更为复杂，因为当事人很少作出明确约定。[⑥] 由于仲裁条款为独立协议，确定其准据法的方法原则上与确定主合同准据法相同。[⑦] 此外，根据“支持仲裁”原则（Favor Arbitrandum），仲裁庭应尽力维护当事人

---

① 这一原则已被大多数重要贸易国的仲裁法规所接受。例如，目前有 30 多个国家和地区通过的《贸法会示范法》就存在这一原则。此外，英国和瑞典等非示范法国家也制定了自裁管辖权规则。

② See B. Hanotiau, The Law Application to Arbitrability, ICCA Congress Series 9（1999）：146-147.

③ 在这方面，一位经验丰富的评论员曾说过：相比之下，仲裁法庭没有法律依据。因此，仲裁法庭不受特定的法律冲突规则的约束。这方面的仲裁将主要受有关规则的影响，该仲裁可以帮助或指导如何确定适用的法律。从实践中得到的启示是，在适当情况下，或直接在法庭认为适当时，仲裁员可以通过适用仲裁庭认可的冲突规则来确定仲裁协议适用的法律，而不需要参考其他任何冲突规则。J. Lew, The Law Applicable to the Form and Substance of the Arbitration Clause, ICCA Congress Series 9（1999）：136.

④ See B. Hanotiau, The Law Application to Arbitrability, ICCA Congress Series 9（1999）：146-147.

⑤ 由于提交仲裁协议涉及现有的争议，当事人选择特定地点的事实将表明其愿意根据所在地法律解决争议。

⑥ 这种明示应以明确的措辞作出，以避免与有关基础合同的法律选择条款混淆。

⑦ See J. Lew, The Law Applicable to the Form and Substance of the Arbitration Clause, ICCA Congress Series 9（1999）：136.

提交仲裁的合意表示。

在此原则下，若仲裁协议准据法（非仲裁地法）认定争议不可仲裁，而仲裁地法允许，仲裁庭可以适用仲裁地法。[①] 笔者认为，通过提交仲裁来解决知识产权争议（包括无效性问题）不违反国际公共政策。因此，若仲裁协议准据法认定知识产权争议不可仲裁，仲裁庭可适用仲裁地法确认仲裁协议的有效性。

3. 知识产权注册地法律的适用

因知识产权争议的特殊性，可能产生以下疑问：仲裁庭是否应适用知识产权注册地法律解决可仲裁性问题？例如，假设一份受纽约法管辖的商标共存协议包含 ICC 仲裁条款，涉及中国、德国、南非、英国与美国的注册商标。若被申请人提出不可仲裁性抗辩，仲裁庭是否需适用上述国家法律？

答案应该是否定的。仲裁庭无须适用中国、德国、南非或英国法决定该知识产权争议的可仲裁性，除非经过准据法的查明指示上述某国法律应作为可仲裁性问题的准据法。[②]

4. 以知识产权注册地法律作为外国公共政策规则予以适用

理论上，另一潜在的理由是：知识产权法本质上构成“潜在执行地的外国公共政策规则”,[③] 故仲裁庭应适用国内知识产权法（作为潜在执行地法）解决可仲裁性问题。

仲裁庭一般不会采纳此类主张。仲裁庭并没有义务适用潜在执行地的公共政策法（通常称为“外国法”）来决定知识产权争议的可仲裁性。[④] 仲裁庭不是国家机构，原则上没有义务执行任何法域的公共政策。[⑤]

因此，即使知识产权注册地法构成“公共政策规则”，仲裁庭亦无须适用该法决定争议的可仲裁性。此结论在竞争法领域（与知识产权领域存在可比性）已获采纳。[⑥]

---

① B. Hanotiau, The Law Application to Arbitrability, ICCA Congress Series 9 (1999): 154.

② Contra M. Blessing, Arbitrability of Intellectual Property Disputes, Arbitration International 12, no. 2 (1996): 193. 3.

③ 仲裁庭通常可以假定，涉及知识产权争议的国家可能成为潜在的执行地。

④ B. Hanotiau, The Law Application to Arbitrability, ICCA Congress Series 9 (1999): 158-159.

⑤ B. Hanotiau, The Law Application to Arbitrability, ICCA Congress Series 9 (1999): 158-159.

⑥ B. Hanotiau, The Law Application to Arbitrability, ICCA Congress Series 9 (1999): 159-160.

但这不意味着仲裁员在决定可仲裁性问题时排除考虑国内知识产权法，而只是无此义务考虑。[①] 鉴于仲裁员有道德义务作出可执行裁决，他们可能倾向于考虑外国公共政策规则。但若当事人没有约定仲裁庭进行此类审查，则可能引发超裁（Ultra Petita）问题。

5. 不可仲裁性问题的解决

鉴于国际仲裁的性质，解决不可仲裁性问题的过程较国内案件更为复杂，仲裁庭需要考量多项因素。例如，若争议依准据法不可仲裁，仲裁庭需评估该规则是否适用于国际仲裁。[②] 若适用，仲裁庭有可能支持异议成立并对全部或部分争议拒绝审理。[③]

即使当事人明确约定仲裁协议准据法，若该准据法的适用将导致争议不可仲裁，仲裁庭可以忽视该约定。此时，仲裁庭可以认定不可仲裁性构成准据法的“消极连结点”。[④]

由于多数法域未明确规定知识产权的可仲裁性问题，仲裁庭通常需依准据法判断无效性争议是否能够提交仲裁解决。这种判断需要考察准据法中关于公共政策限制当事人自治的一般条款。因为这种判断所涉及的分析过程在各阶段类似，下文将讨论其他三种抗辩途径后再展开。

（二）在平行诉讼中向国内法院提出不可仲裁性抗辩

若被申请人认为仲裁庭没有管辖权，可向其认为有管辖权的国内法院提起诉讼。此时，国内法院可以依其法院地法评估诉讼对仲裁程序的影响。

因《纽约公约》被广泛接受，其已构成多数法域法院地法的一部分。公约第二条第三款规定，若当事人已经达成仲裁协议，法院应依一方请求将争议提交仲裁，除非该协议“无效、失效或无法履行”。

根据《纽约公约》第二条第一款，各缔约方应承认当事人约定提交仲裁的书面协议，前提是争议事项“可仲裁”。因此，国内法院需判断争议是否可以仲裁。

---

① B. Hanotiau，The Law Application to Arbitrability，ICCA Congress Series 9（1999）：159-160.

② B. Hanotiau，The Law Application to Arbitrability，ICCA Congress Series 9（1999）：156.

③ B. Hanotiau，The Law Application to Arbitrability，ICCA Congress Series 9（1999）：156.

④ B. Hanotiau，The Law Application to Arbitrability，ICCA Congress Series 9（1999）：156.

若法院认定不可仲裁，则不会中止平行诉讼。但该决定原则上对仲裁庭无约束力。

（三）撤销裁决申请中的不可仲裁性抗辩

被申请人也可向仲裁地法院申请撤销驳回管辖权异议的裁决。① 实践中，多数国家仲裁法将公共政策作为撤销事由。②

法国利夫·希德拉夫利卡有限公司诉迪博尔特公司案（Liv Hidravlika D. O. O. v. SA Diebolt）③ 是处理知识产权争议不可仲裁性问题的典型案件。该案中，申请人（Diebolt）与被申请人（Liv Hidravlika）订立了法国专利许可协议，④ 约定由巴黎 ICC 仲裁。发生争议后，申请人以违约为由提起仲裁。被申请人以公共政策为由主张申请人诉请涉及专利有效性，仲裁庭驳回了被申请人的管辖权异议，裁决被申请人赔偿 560736.61 欧元并禁止使用涉案专利。

被申请人随后向巴黎上诉法院申请撤销裁决。法院适用仲裁地法（主要是法国《民事诉讼法典》第 1502-1 条与第 1502-5 条⑤），认为若将专利无效性作为附带问题提出，此种情况下仲裁庭有权裁决。法院据此驳回撤销申请。

（四）裁决承认与执行阶段的不可仲裁性抗辩

1. “第四次机会”

败诉方可能以不可仲裁性为由申请拒绝承认裁决。即使在前三阶段提出异议未果，仍可在此阶段再次提出抗辩。对胜诉方而言，此情形看似不利。但基于下文原因，实践中此类抗辩极少成功。

---

① 知识产权被宣告无效的索赔人不太可能因不可仲裁性问题而对裁决提出质疑。为了解决这一问题，索赔人本身必须对被申请人提出的无效指控提出管辖权异议。在这种情况下，被申请人有机会在国内法院发起平行诉讼，使所主张的知识产权无效，这可能有效地破坏仲裁程序。因此，在大多数情况下，如果申请人有效地捍卫了所主张知识产权的有效性，则将被认为丧失了因基于不可仲裁性的司法异议而对裁决提出质疑的权利。

② 例如《贸法会示范法》第 34 条第 2 款（b）项，《1996 年英国仲裁法》第 68 条第 2 款（g）项。

③ 28 Feb. 2008, 1st chamber, Juris Data No, 2008-359055. For commentary on this decision see C. Caron, Brevets d' invention - Le droit des brevets d´ invention est (presque) entièrement arbitrable, La Semaine Juridique, Edition Entreprise et Affaires 19 (2008): 25 - 27 and E. Fortunet, Arbitrability of Intellectual Property Disputesin France, Arbitration International 26, no. 2 (2010): 281 - 299.

④ 28 Feb. 2008, 1st chamber, Juris Data No. 2008-359055.

⑤ 法国《民事诉讼法典》第 1502 条对承认或者执行的决定，只有在下列情况下，可以提出上诉：（一）仲裁员没有仲裁协议或者根据无效、失效的协议作出裁决的；如果承认或执行违反国际公共秩序……

2. 裁决的无效性效力

如前所述，已注册知识产权的无效性争议构成了不可仲裁性问题的核心。对裁决内容进行分析可以预判执行阶段是否会有受阻的可能。

知识产权无效性裁决可分为三类：

（1）完全支持无效性主张；

（2）完全驳回无效性主张；

（3）部分支持无效性主张。

仅第（3）类裁决可能引发执行问题。例如，若仲裁庭认定部分专利权利要求无效但认定侵权成立，执行地法院可能基于公共政策而拒绝承认裁决。但此问题不应被过分夸大，因为裁决实质上维护了行政机关授予的知识产权效力。

3. 执行地法院适用的法律

若裁决引发对于公共政策的担忧，败诉方可依《纽约公约》第五条第二款申请拒绝承认裁决。该条规定，若争议事项依执行地法不可仲裁，或承认裁决会违反执行地公共政策，则可拒绝承认。

多数运行成熟的仲裁地的法律对国际仲裁公共政策采取狭义解释，故基于第五条第二款的抗辩鲜少成功。此外，通过国际仲裁解决知识产权无效性问题通常不违反国内公共政策。仅少数法域（如南非）明确禁止特定的知识产权争议仲裁，但此类情形也极为罕见。[①]

---

① 如上所述，显然只有南非对某些知识产权纠纷（专利）颁布了普遍禁止进行仲裁的规定。

第三章

境内外知识产权仲裁案件概览

第一节　境内外知识产权仲裁案件数据

一、境内部分仲裁机构 2024 年受理知识产权案件相关数据

1. 仲裁机构选取标准

2023 年 12 月 28 日，在北京举办的仲裁公信力评估报告发布会暨第三届仲裁公信力论坛上，获得“全国十佳仲裁机构奖”的仲裁机构是：贸仲、北京仲裁委员会、上海国际经济贸易仲裁委员会、深圳国际仲裁院、上海仲裁委员会、广州仲裁委员会、青岛仲裁委员会、海南国际仲裁院、重庆仲裁委员会、武汉仲裁委员会；获得“涉外仲裁服务十佳机构奖”的仲裁机构是：贸仲、深圳国际仲裁院、北京仲裁委员会、上海国际经济贸易仲裁委员会、广州仲裁委员会、上海仲裁委员会、中国海事仲裁委员会、杭州仲裁委员会、海南国际仲裁院、厦门仲裁委员会。①

本节将以上述获奖仲裁机构为查找对象，查询其是否公布知识产权案件类型相关数据，并就查找结果进行参考和分析。

2. 知识产权案件相关数据②

表 3-1　2024 年度仲裁机构知识产权案件数量

仲裁机构名称	贸仲	北京仲裁委员会	深圳国际仲裁院	上海仲裁委员会
知识产权案件数量	162	336	233	545

① 参见《第三届仲裁公信力评估报告发布》，载法治网，http://www.legaldaily.com.cn/Arbitration/content/2024-01/02/content_8945825.html，2025 年 3 月 23 日访问。

② 在此仅列举已公开此类数据的仲裁机构和数据，经查询，截至 2025 年 3 月 23 日，广州仲裁委员会、青岛仲裁委员会、海南国际仲裁院、重庆仲裁委员会、武汉仲裁委员会、中国海事仲裁委员会、杭州仲裁委员会、厦门仲裁委员会未公开知识产权类型案件数据或未将知识产权类型案件数据单独统计。

2024 年度，贸仲受理知识产权仲裁案件共 162 件，同比增长 50%，争议金额 51.75 亿元，上亿元以上的大标的案件显著增加。总体上看，贸仲受理的知识产权仲裁案件争议金额大、国际化程度高、法律关系复杂、争议领域有向复杂尖端技术、数字产业、高新产业等新技术、新产业发展的趋势。①

北京仲裁委员会/北京国际仲裁院 2024 年受理知识产权合同案件 336 件，为受案数量案件类型前十（第八名）。②

深圳国际仲裁院总部 2024 年新受理知识产权类型案件 233 件。中国（深圳）知识产权仲裁中心办理案件 744 件，建立河套知识产权司法与仲裁协同保护中心，探索制定专利争议仲裁程序指引；自 2021 年成立以来，累计办理知识产权仲裁案件标的额逾人民币 20 亿元。③

上海仲裁委员会 2024 年受理知识产权类型案件 545 件。④

贸仲、北京仲裁委员会、深圳国际仲裁院受理知识产权类型案件数量较上一年度均有所增加，知识产权争议数量整体上升。需要说明的是，课题组通过各仲裁机构官方网站等公开渠道收集以上数据，由于并非所有的仲裁机构都对知识产权仲裁案件情况进行了统计，且各仲裁机构对于知识产权案件类型的划分标准、统计维度、参考基准等不尽相同，因此各仲裁机构数据不具有可比性，课题组不便对数据进行横向对比，以上数据仅供读者参考。

---

① 参见《贸仲委 2024 年工作报告（图文版）》，载中国国际经济贸易仲裁委员会官方网站，https：//www.cietac.org/articles/32213，2025 年 2 月 17 日访问。

② 参见《北仲 2024 年工作报告暨 2025 年重点工作计划（图文概览）》，载微信公众号“北京仲裁委员会”2025 年 2 月 17 日，https：//mp.weixin.qq.com/s/rd45OfOqt5Tk1qhmRYInTA，2025 年 2 月 18 日访问。

③ 参见《中国（深圳）知识产权仲裁中心 2024 年典型案例发布》，载深圳国际仲裁院官方网站，https：//www.scia.com.cn/home/index/newsdetail/id/3698.html，2025 年 2 月 17 日访问。

④ 参见《上海仲裁委员会 2024 年度仲裁业务报告》，载微信公众号“上海仲裁委员会”2025 年 1 月 28 日，https：//mp.weixin.qq.com/s?__biz=MzA3NzQ2NjY5NA==&mid=2650372588&idx=1&sn=60e450c38ca3eeea0819328e85d51835&chksm=86fa4ba091ae1f2c53d698e7fe59df1eb2122f57e82a0159997a052ef31f9e34b79db5220279&scene=27，2025 年 2 月 18 日访问。

二、境外部分仲裁机构2023年/2024年受理知识产权案件相关数据

1. 仲裁机构选取标准

2021年5月6日，伦敦玛丽皇后大学国际仲裁学院和美国伟凯律师事务所联合发布《2021国际仲裁调查》，评选出全球最受欢迎的仲裁机构前十名分别为：国际商会国际仲裁院、新加坡国际仲裁中心、香港国际仲裁中心、伦敦国际仲裁院、贸仲、国际投资争端解决中心、斯德哥尔摩商会仲裁院、国际争议解决中心、海牙常设仲裁法院、伦敦海事仲裁员协会。[①]

本节将以上述排名前十的机构以及专门知识产权争议解决机构为查找对象，查询其是否公布知识产权案件类型相关数据，并就查找结果进行参考和分析。

2. 知识产权案件相关数据[②]

新加坡国际仲裁中心于2024年4月29日发布2023年度报告，2023年，新加坡国际仲裁中心新收案件共663件，案件类型包括知识产权，但未公布知识产权案件具体数量。[③]

香港国际仲裁中心发布2024年度报告显示，2024年香港国际仲裁中心共受理503件案件。其中，352件为仲裁案件。2024年，涉及知识产权的案件数量未进入争议类型排名前十，知识产权、房地产、航空及其他类型占比共7.4%，知识产权案件数量占比不超过3%。[④]

伦敦国际仲裁院公布的2023年度报告显示，2023年其服务的案件数量为

---

① 2021 International Arbitration Survey: Adapting arbitration to a changing world，载伦敦玛丽皇后大学官方网站，https://www.qmul.ac.uk/arbitration/media/arbitration/docs/LON0320037-QMUL-International-Arbitration-Survey-2021_19_WEB.pdf，2025年3月31日访问。

② 在此仅列举已公开此类数据的仲裁机构和数据，经查询，截至2025年3月23日，国际商会国际仲裁院、国际投资争端解决中心、斯德哥尔摩商会仲裁院、国际争议解决中心、海牙常设仲裁法院、伦敦海事仲裁员协会未公开知识产权类型案件数据或未将知识产权类型案件数据单独统计。

③ SIAC Annual Report 2023，载新加坡国际仲裁中心官方网站，https://siac.org.sg/annual-reports，2025年2月18日访问。

④ 参见香港国际仲裁中心官方网站，https://www.hkiac.org/zh-hans/about-us/statistics，2025年3月23日访问。

377 起，知识产权类型案件数量占据其案件总量的 1%。①

世界知识产权组织仲裁与调解中心（WIPO Arbitration and Mediation Center）2024 年的审理亮点为：参与了 858 项知识产权（IP）、创新和技术纠纷的解决，比 2023 年增加了 25%。争议涉及非洲、亚洲、欧洲、拉丁美洲、北美洲、大洋洲等地，程序以中文、英文、法文、韩文和西班牙文进行。争议领域主要包括著作权和数字内容、商标，以及专利和商业知识产权。过去 5 年里，著作权和数字内容争议数量增加了 700%。2024 年，在线案件管理工具的使用呈持续增加趋势。②

需要说明的是，多个境外仲裁机构未在年度报告中对知识产权仲裁案件情况进行统计或未在报告中提及知识产权，课题组通过各仲裁机构官方网站等公开渠道进行查询，并将查询结果在此客观反映。鉴于部分国际仲裁机构历年公布年度数据时间均在本报告发布之后，因此选取前一年度数据在此列明。

---

① 2023 Annual Casework Report，载伦敦国际仲裁院官方网站，https：//www. lcia. org/LCIA/reports. aspx，2025 年 2 月 18 日访问。

② WIPO ADR Highlights 2024，载世界知识产权组织官方网站，https：//www. wipo. int/amc/en/center/summary2024. html，2025 年 2 月 18 日访问。

第二节　境内外知识产权仲裁案件热点及难点[①]

知识产权仲裁作为一种重要的知识产权争议解决机制，近年来在全球范围内得到了显著发展。与此同时，知识产权仲裁所涉的仲裁范围、临时措施、裁决的执行等一系列问题常常引发业内的关注与讨论，反映出对各国知识产权仲裁体系的建设以及具体案件处理的思考。

一、知识产权仲裁范围问题

与司法机制不同，从案件类型来说，并非所有种类的案件均可提交仲裁来解决。具体到知识产权领域而言，何种类型的知识产权争议可以提交仲裁，无疑是最为基础也是引发最多讨论的问题之一。

我国现行《仲裁法》将可仲裁案件的范围规定为除婚姻、收养、监护、扶养、继承纠纷以及依法应当由行政机关处理的行政争议之外的平等主体的公民、法人和其他组织之间发生的合同纠纷和其他财产权益纠纷。该规定未将知识产权争议排除在可仲裁范围之外，但由于知识产权领域所涉纠纷类型众多，具体何种类型的知识产权争议可以提交仲裁解决，还需进行分类探讨。从国际视角来说，各国家和地区对于可仲裁的知识产权纠纷类型存在较为主流的态度，但也依区域情况的不同，存在一定的差异。下文将从域内外视角，对于各类型知识产权纠纷的可仲裁性进行简要评述。

1. 知识产权合同纠纷与侵权纠纷

总体而言，目前无论是从域内还是域外实践来看，对于知识产权合同纠纷以及知识产权侵权纠纷的可仲裁性问题，主流态度均是予以认可。

---

① 立方律师事务所资深律师邵渝棋、律师张畅然对本节亦有贡献。

（1）知识产权合同纠纷

知识产权合同的基础为平等主体之间的意思自治，符合仲裁本身的平等、自治属性，因此该种类型的纠纷可被纳入仲裁范畴在实践初期已成为共识。这一点在我国1990年颁布的《著作权法》相关规定中即有明确体现。[①]随后颁布的1994年《仲裁法》中，也从整体层面明确了可提交仲裁的纠纷类型，即平等主体间的合同纠纷和其他财产权益纠纷。由于知识产权合同纠纷显然属于前述可仲裁的纠纷类型，且未被其他条款予以排除，因此对于该种纠纷的可仲裁性，鲜有质疑观点的出现。在实践中，只要合同中存在合法有效的仲裁条款，各仲裁机构对于知识产权合同纠纷的受理也并无阻碍。

从其他国家和地区的仲裁实践来看，基于仲裁强调的当事人意思自治的基本理念，各国和地区对于通过仲裁解决知识产权合同纠纷也均普遍予以认可。[②]

（2）知识产权侵权纠纷

早在1958年通过的《纽约公约》中，相关缔约方便已认可，不论是否为合同关系所产生的纠纷，只要符合特定条件均可提交仲裁。[③] 这无疑为侵权纠纷的可仲裁性奠定了一定的基础。

具体到各国和地区实践中，以美国为例，自20世纪80年代开始，其即通过成文法及判例对包括著作权、商标、专利在内的知识产权的侵权纠纷可仲裁性予以确认。此外，法国、德国、瑞士等国家也对该类型纠纷的可仲裁性予以确认，可见，支持知识产权侵权纠纷的可仲裁性是目前国际社会的主流做法。[④]

在我国，2001年《著作权法》修正后，将可仲裁的“著作权合同纠纷”明确扩展为“著作权纠纷”，知识产权侵权纠纷可仲裁性的法律基础得以初步建立。在实践中存在较多有关著作权侵权的仲裁案例。例如，在某印刷有限公司与某商贸有限公司著作权侵权纠纷案中，某印刷有限公司经过精心设计，创作

① 1990年《著作权法》第四十九条第一款规定：“著作权合同纠纷可以调解，也可以依据合同中的仲裁条款或者事后达成的书面仲裁协议，向著作权仲裁机构申请仲裁。”

② 参见杨涛、杨斌：《知识产权仲裁制度的困境与出路》，载《电子知识产权》2011年第12期。

③ 《纽约公约》第二条规定：“当事人以书面协定承允彼此间所发生或可能发生之一切或任何争议，如关涉可以仲裁解决事项之确定法律关系，不论为契约性质与否，应提交仲裁时，各缔约国应承认此项协定。”

④ 参见黄晖：《知识产权可仲裁性的发展趋势论》，载《仲裁研究》2013年第1期。

完成了美术作品。此后，某印刷有限公司发现某商贸有限公司店里销售的月饼盒外包装图案侵犯了其著作权，并进行了公证。申请人某印刷有限公司将案件材料提交至河北省石家庄市中级人民法院仲裁调解室调解。经调解，双方当事人达成调解协议，被申请人赔偿申请人经济损失及合理费用共计 5 万元，并由石家庄仲裁委员会于当日出具仲裁调解书。① 又如，某热播电视剧著作权侵权案中，申请人出品该电视剧并拥有完整著作权。申请人经调查发现，在该剧热播期间，被申请人未经申请人许可且未支付任何许可费用，擅自在某电商平台大规模使用该剧及该剧各类素材设计、开发、宣传、销售，谎称为该剧同款或同系列的商品或服务，贬损了该剧及申请人的良好声誉，亦严重侵犯申请人的著作权，且构成不正当竞争。申请人向蚌埠仲裁委员会提出仲裁请求，最终经仲裁委员会调解，双方达成调解协议。② 虽然现行《商标法》《专利法》等并未明确纳入类似内容，但由于不存在相反规定，加之仲裁本身性质并不与之相排斥，相关侵权纠纷在存在仲裁协议的情形下可提交仲裁的做法在理论及实践中已基本获得认可。深圳知识产权仲裁中心发布的 2024 年典型案例中便包含商标侵权以及专利侵权的仲裁案例。例如，A 公司发现个体工商户 B 在其经营店铺内侵害 A 公司某一注册商标专用权，B 出具《承诺书》承认其实施了商标侵权行为，并承诺立即停止侵权行为；若未履行该承诺，A 公司可向深圳国际仲裁院提起仲裁要求其履行承诺，支付违约金。之后，A 公司再次发现 B 在该店铺中使用了侵权标识，故向仲裁院提起仲裁，要求 B 支付违约金、仲裁费。③ 例如，在某化学物理研究所、某能源材料有限公司侵害商业秘密纠纷一案④中，最高人民法院就明确指出，“因合同从订立到履行再到终止后的全部环节，合同当事人之间均有可能发生纠纷，因此基于合同成立、效力、变更、转让、履行、违约责任、解释、解除等产生的纠纷，均属于可以通过仲裁解决的平等主体的

① 参见《知识产权仲裁调解案例分享》，载微信公众号“石家庄仲裁委员会”2022 年 4 月 26 日，https：//mp. weixin. qq. com/s/cVbyrK2ilokre924phJMfw，2025 年 3 月 21 日访问。

② 参见《安徽发布第二批仲裁指导案例》，载微信公众号“安徽省仲裁协会”2023 年 8 月 8 日，https：//mp. weixin. qq. com/s/RCFlE_ _ mutyr09z5UtNKDw，2025 年 3 月 21 日访问。

③ 参见《中国（深圳）知识产权仲裁中心 2024 年典型案例发布》，载微信公众号“深圳国际仲裁院”2024 年 11 月 8 日，https：//mp. weixin. qq. com/s/4_ 8MetrZvG9J_ FRxQ51qtw，2025 年 3 月 21 日访问。

④ 参见最高人民法院（2021）最高法知民终 1934 号判决书。

当事人之间的合同纠纷，即使当事人以侵权为由提起诉讼，但仍属与合同有关的争议，应当受合同中有效仲裁条款的约束”。可见，就知识产权侵权纠纷的可仲裁性而言，我国目前的整体态度也与国际主流趋势相一致。

2. 涉知识产权效力纠纷

与前述两种纠纷类型有所不同，对于涉及知识产权有效性相关纠纷的可仲裁性问题，目前国际上仍存在较大争议，我国所持态度也与几个发达国家有所不同。

以美国、瑞士、英国、意大利、法国、日本、新加坡等为代表的国家，对于知识产权有效性争议的可仲裁性基本持认可态度。但在这一类国家中，对于该类型争议可仲裁性的接受方式及具体接受程度也有一定差别。从接受方式来看，美国、[①] 新加坡[②]等在成文法中明确规定了知识产权效力的可仲裁性，而英国、法国、瑞士等则是以判例或行政决定的形式予以确认。[③] 从接受程度来看，举例而言，作为仲裁制度发展较好的西方国家之一，瑞士在该问题上也表现出相对积极的态度。在瑞士，不仅各类知识产权效力问题均可通过仲裁予以裁断，而且，仲裁庭作出关于专利有效性的仲裁裁决后，该仲裁裁决可以经由相关行政部门予以认可和执行。[④] 再如美国，相关法律中虽明确规定专利效力问题可以仲裁，但同时也明确，仲裁结果仅对仲裁当事人具有拘束力，无法约束任何第三方。[⑤] 与之类似的，在日本，针对专利有效性所作出裁决的效力大多数情况下也被限制在双方当事人之间。[⑥]

---

① 《美国法典》第35编第294节（35 USC s. 294）规定：一项涉及专利或者专利权利的合同，可以包含一项约定，要求对根据合同产生的、涉及专利有效性或者侵权的任何争议进行仲裁。如果没有这样的约定，已发生的涉及专利有效性或者侵权争议的当事人，可以书面同意通过仲裁解决此种争议。

② 新加坡《知识产权（争议解决）法》规定，52A.（3）在本部中，“知识产权争议”包括：(a) 关于以下事宜的争议：知识产权可否强制执行；侵犯知识产权；或知识产权的存在、有效性、所有权、范围、期限或任何其他方面。

③ 参见倪静：《论知识产权有效性争议的可仲裁性——对公共政策理由的反思》，载《江西社会科学》2012年第2期。

④ 参见高升、李珂珂：《专利有效性仲裁裁决与行政认定的衔接机制比较研究》，载《山东科技大学学报（社会科学版）》2021年第3期。

⑤ 35 USC s. 294.

⑥ 参见张林、刘永光：《日本知识产权纠纷的仲裁解决机制——兼论我国知识产权纠纷仲裁的困境与出路》，载《日本研究》2014年第3期。

在我国，知识产权有效性仲裁目前缺乏法理依据和制度支持。以专利领域为例，根据《专利法》的规定，专利授权、确权属于行政行为，由相关专利行政部门专门进行审查。虽然当事人可以针对行政决定向法院提起行政诉讼，但司法机关仅就行政行为本身进行审查，而非直接对专利效力作出裁定。可见，我国知识产权有效性裁断的权力被赋予行政机关。对于此类依法应由行政机关处理的行政纠纷，《仲裁法》第三条明确将其排除在可仲裁事项范围之外。① 在这一方面，我国与美国等国家的做法具有明显差异。

3. 评述与展望

就知识产权有效性问题的可仲裁性而言，由于一定程度上涉及公共政策等因素，各国和地区态度的差异实际上系对社会发展状况、基本制度体系差异等的反映。因此，我国对于该问题的处理态度具有历史和现实的原因。

首先需明确的是，基于仲裁自身属性以及我国法律制度体系的特点，对于纯粹的知识产权确权案件而言，采用仲裁方式予以解决与我国国情不相符，因此，对于该类问题，仍应通过行政程序予以解决。而在上述背景之下，若知识产权有效性问题仅作为案件的一方的抗辩理由出现，对于这一部分争议事实，仲裁庭是否可以处理需要进一步分析考量。

在大量知识产权纠纷案件当中，所涉知识产权的有效性常常是解决相关纠纷的重要前置问题，若不能优先对该问题进行裁断，整个案件事实上将无法得到解决，或将产生严重的拖延。因此，如不在仲裁程序中对于知识产权效力问题作出认定，将直接导致相当一部分涉及知识产权有效性的争议事实上无法通过仲裁方式予以解决，或无法在合理期限内得到解决。这可能会导致将部分包含此类问题的纠纷案件排除在可仲裁范围之外，同时亦可能使部分当事人对于仲裁程序缺乏信心，从而不愿选择此种争议解决方式。这既不利于相关知识产权纠纷得到更为专业化的解决，也不利于仲裁机制本身充分发挥其特有优势。

同时，由于仲裁的国际化属性，当事人常常面临仲裁裁决异国执行的问题。

---

① 《仲裁法》第三条规定：“下列纠纷不能仲裁：（一）婚姻、收养、监护、扶养、继承纠纷；（二）依法应当由行政机关处理的行政争议。”

如我国对于涉及有效性问题的案件持全面否定态度，当事人跨境进行裁决执行的可行性将不可避免地受到一定程度的影响，这将不利于我国知识产权仲裁机制的国际化发展。

事实上，在我国知识产权诉讼体系中，无法对于侵权纠纷中出现的效力问题予以妥善解决也一直有诟病。大量学者观点均指出，在特定场景之下，行政裁决与法院判决之间、民事侵权诉讼与行政确权诉讼之间，重复审理或循环诉讼，审理周期过长，权利人维权成本过高，也造成行政和司法资源的大量浪费。[①]但值得注意的是，在我国最新诉讼司法实践中，也逐渐出现了将与知识产权效力问题相关的审查有条件地纳入侵权纠纷审理范围的趋势。例如，在某智能科技有限公司、某电子科技有限公司等侵害实用新型专利权纠纷案[②]中，最高人民法院指出，在审理专利侵权案件时，针对被诉侵权人提出的专利权稳定性的特定质疑或抗辩，人民法院基于审查专利权人是否具有正当合理行使诉权的基础，可以进行一定的有限度的审查，但并不能对专利权本身的效力作出认定和裁判。

而对于仲裁机制而言，由于其系基于当事人的合意而适用，充分体现当事人的自由意志，因此，在此类争议解决模式中，更应当考虑根据实践需要，在充分尊重当事人自由意志的基础之上对于知识产权有效性的裁判问题作出一定的突破。

例如，可以考虑借鉴部分国家，如美国、日本等所采取的方式，在设置前提条件的基础之上允许仲裁庭对于知识产权有效性问题作出裁判，从我国实践来说或具有较强的合理性及可操作性。如前文提到的日本仲裁经验，仲裁庭可以在特定案件中针对专利有效性问题作出裁决，但该裁决大多数情况下不具有普世效力，而是仅对于争议双方当事人生效。此种解决方式既能够保证各方当事人之间的知识产权争议得到专业化、便捷化的解决，又不会有损专利本身所涉及的公共利益。因此，对于此类规则进行借鉴，在除单纯确权之外的案件，尤其是知识产权侵权案件中，一定程度上放宽对于有效性判断的限制，是目前较为可行且实践中需求较高的改善举措，对于我国知识产权仲裁机制的进一步发展以及国际化程度的提升均将产生促进作用。

---

① 参见易继明：《构建知识产权大司法体制》，载《中外法学》2018 年第 5 期。

② 参见最高人民法院（2022）最高法知民终 124 号民事裁定书。

二、知识产权侵权与违约纠纷竞合问题

仲裁机制具有国际化、高度专业化、保密性强、高效率等特殊优势，因此，大部分知识产权侵权案件比较适宜采用仲裁方式予以解决。而在实践中，侵权纠纷却鲜有进入仲裁领域。针对这一问题予以关注和解决，对于知识产权仲裁的进一步发展具有重要意义。

1. 现状与评述

如上文所述，目前，我国立法并未将知识产权侵权纠纷排除在可仲裁范围之外。而在实践中，由于仲裁机构需要通过仲裁协议才可获得对于相关争议的管辖权，同时侵权行为人也往往缺乏与权利人达成仲裁协议以解决侵权纠纷的意愿，因此单纯的侵权纠纷较难进入仲裁领域，更多见的形式为违约纠纷与侵权纠纷相竞合的情况。例如，在知识产权许可等类型的合同纠纷当中，当事人超出许可期限继续使用合同约定的知识产权，这种情形一方面构成对于双方间许可合同的违反，另一方面也因为在缺乏权利基础的情况下使用他人知识产权而构成侵权。在此种情况下，即使双方在签订合同时约定了仲裁条款，也可能会出现一方当事人以涉案争议不属于仲裁条款约定的范畴等为由进行抗辩或向法院提起诉讼以否认仲裁管辖的情况。而由于相关法律中并没有具体规定可供参考，在实践中，不同法院的判断标准可能也会有所差异。因此，在存在仲裁协议的纠纷中，如何妥善处理违约与侵权相竞合的情况，对于法院及仲裁机构而言均较为重要，也具有一定的挑战性。

首先，我国相关法律中目前并未明确规定对于此类情形的处理方法。《中华人民共和国民法典》（以下简称《民法典》）中虽规定了在侵权和违约相竞合时，受损害方有权选择请求对方承担违约责任或者侵权责任，但对于在涉及仲裁协议的情形下法院与仲裁机构的管辖权问题，却未有规定予以明确。

在实践中，基于案件情况的不同，此类案件的处理结果也不尽相同。在一些案件中，法院所采取的是反对当事人通过起诉以逃避仲裁管辖的态度。例如，在某省物资集团轻工纺织总公司诉香港某集团有限公司、加拿大某发展有限公

司侵权损害赔偿纠纷上诉案①中，最高人民法院认为，双方当事人在合同中明确约定发生纠纷时通过仲裁方式解决，在该合同未经有关机关确认无效的情况下，当事人均应受该合同条款的约束；即使本案涉及第三人，在仲裁庭不能追究第三人责任的情况下，某省物资集团轻工纺织总公司可以第三人为被告向人民法院另行提起诉讼，当事人的合法权益仍然可以得到维护。因此，该案件应通过仲裁解决，人民法院无管辖权。在后续出现的某药业有限公司与某生物医药有限公司侵害技术秘密纠纷②等案件中，最高人民法院也持有类似的观点。

回溯以往部分案件，法院也曾对该问题采取不同的处理方法。例如，在中国某公司诉瑞士某公司侵权损害赔偿纠纷上诉案③中，法院表示，双方当事人的纠纷，已非合同权利义务的争议，而是侵权损害赔偿纠纷。被上诉人有权向法院提起侵权之诉，而不受双方所订立的仲裁条款的约束。

当然，有些案件囿于仲裁条款约定范围的限制，也有不宜由仲裁管辖的情形。例如，在一起威科先行法律信息库收录的侵害计算机软件著作权纠纷案件中，当事人间仲裁条款约定的内容为："因执行本合同所发生的或者与执行本合同有关的一切争议将由双方通过友好协商解决。如果不能协商一致，则应对争议进行正式仲裁，并提交某仲裁委员会按其仲裁规则通过仲裁加以解决。"在该案中，原告主张被告擅自修改了其母公司享有著作权的软件，并未经授权复制、安装、使用，侵犯了其著作权。根据双方间的《采购合同》，原告应依约向被告提供涉案部件及其软件，而被告有权自行修理或消除缺陷或不符合合同之处。对于仲裁协议范围问题，一审法院认为，要判断被告的行为是否构成侵权，首先必须依据《采购合同》判断被告对产品及软件所享有的修理或消除缺陷的权利范围，故原告在该案中对被告的起诉属于与执行合同有关的争议，应提请仲裁解决。二审法院亦对于一审法院的认定予以维持。而后，该案被最高人民法院提审，最高人民法院经审理认为，由于原告主张的复制与修改软件的行为，并未包含在双方签订的《采购合同》内容中，因此原告对被告提起的侵害计算机软件著作权的主

---

① 详见《最高人民法院公报》1998 年第 3 期。
② 参见最高人民法院（2020）最高法知民终 1360 号之一民事判决书。
③ 详见《最高人民法院公报》1989 年第 1 期。

张并非为执行双方合同有关的争议，不应受到该合同仲裁条款的约束。

2. 展望

如上文所述，侵权案件往往难以事后达成仲裁协议，且即使是在事前已达成仲裁协议的情况下，由于缺乏明确规定，实践中情况也不尽统一，当事人仍有可能通过诉讼等方式否认仲裁管辖。这种情形无疑使得侵权纠纷是否能够进入仲裁程序具有一定的不确定性，仲裁机制对于知识产权案件的优势也难以充分发挥。

对此，首先应考虑对于侵权与违约竞合这一问题进行较为具体的规制，明确在二者相竞合的情形下，应结合哪些因素来判断仲裁庭是否能够取得案件的管辖权，特别是，应如何对于涉案仲裁协议的范围进行解释和判断。这或许可以在一定程度上避免因判断标准不统一而导致仲裁管辖的不确定性。

另外，在当事人间不存在仲裁协议的情况下，也可考虑加强仲裁机构与行政机关间的配合以处理知识产权侵权案件。根据我国现行法律规定，行政管理机关调处此类案件无须当事人合意，其可直接对知识产权侵权行为进行认定并责令停止侵权行为。但行政管理机关无权就侵权赔偿数额进行认定，而是仅能够就该数额进行调解，调解不成的，当事人可向人民法院进行另案起诉。这就导致当事人在经历行政执法程序之后，还可能面临漫长的诉讼程序，不利于纠纷的灵活高效解决。因此，可考虑将行政调处程序与仲裁程序进行有机结合，形成资源互补。具体而言，可以在行政执法的调解程序中引入仲裁机制，在双方当事人无法就侵权赔偿数额达成一致的情形下，其可直接借助仲裁以解决纠纷。从实际操作层面来说，当事人首先利用调解程序来尝试解决争议，如相关争议经过调解程序无法得到解决，则可直接转入仲裁程序予以解决。通过在知识产权领域，特别是专利领域建立该种机制，既有利于提升争议解决的专业性、高效性，同时也可促使双方针对侵权纠纷进行积极善意的沟通与调解，从而有利于其纠纷的合理解决。①

---

① 参见谢冠斌：《知识产权仲裁及相关问题研究——构建专利行政处理之仲裁机制的建议》，载《北京仲裁》2012年第4辑，中国法制出版社2013年版，第11—13页。

三、知识产权仲裁中临时措施的适用与执行

因知识产权案件时效性强、取证难度大等特点，使临时措施在知识产权纠纷中显得尤为重要。比如，行为保全措施能够迅速制止侵权行为，有效避免权利人遭受不可弥补的损失；知识产权的无形性导致侵权证据往往极易灭失，证据保全措施则成为决定案件走向的关键因素。然而，关于知识产权仲裁案件中临时措施裁决的发布主体以及裁决如何执行的问题，在理论上还存在部分争议。

1. 仲裁庭发布临时措施的权力

在我国，《仲裁法》规定，当事人申请证据保全或财产保全的需先向仲裁机构提出申请，随后由仲裁机构将该申请转交至具有管辖权的人民法院处理。而对于行为保全，《仲裁法》中尚未作出明确规定。知识产权仲裁案件的行为保全主要依据为《最高人民法院关于审查知识产权纠纷行为保全案件适用法律若干问题的规定》（以下简称《知识产权纠纷行为保全司法解释》），在涉及知识产权仲裁案件中，当事人可以申请行为保全，并且相关行为保全申请将由仲裁机构移交至人民法院。与此同时，《知识产权纠纷行为保全司法解释》相关规定所指向的案件类型仅为涉知识产权案件。换言之，该司法解释并不能直接作为当事人在非知识产权仲裁案件中申请行为保全的法律依据。基于此，我国现行法律规定并未赋予仲裁庭发布临时措施的权力，而是将仲裁庭作为中转，能否适用临时措施由法院进行审查。例如，北京某科技公司因与某信息公司履行《系统技术开发与服务集成合同》产生争议，向北京仲裁委员会申请仲裁并同时提出财产保全申请。仲裁庭依据仲裁规则作出临时措施决定，该临时措施经过北京市第四中级人民法院审查及确认，实质性地确认了仲裁庭临时措施的效力。①

从国际视角来看，联合国国际贸易法委员会（United Nations Commission on International Trade Law，UNCITRAL）于1985年制定并于2006年修订《贸法会示范法》，该法被国际上视为仲裁庭具有发布临时措施权力的重要依据之一，其

---

① 参见《司法支持仲裁大动作，赋能仲裁庭临时措施》，载微信公众号“石家庄仲裁委员会”2024年10月29日，https：//mp. weixin. qq. com/s/SvU9utaL33Vw49VYYiSigw，2025年3月21日访问。

第17条明确了仲裁庭有权发布临时措施，但该规定相对笼统，给实践留下的空白依旧很大。此外，该法是由联合国国际贸易法委员会制定的示范法，不具备强制性，但各国可根据自身法律体系和需求选择性地将示范法的规定进行内化。

当前，国际上的主流趋势逐渐倾向于赋予仲裁庭作出临时措施的权力，诸如美国、英国、法国、德国、奥地利、加拿大、新加坡、新西兰、澳大利亚、瑞典、比利时、日本及印度等众多国家均已采用这一模式。[①] 例如，美国仲裁协会的《商事仲裁规则和调解程序》[②] 第38条规定，仲裁员在其认为必要时可以采取任何临时措施，包括禁令和用于保护或保存财产、处置易腐物的措施，该等临时措施可以临时裁决的方式发出。又如，日本《仲裁法》部分修正案（第15号法令）于2024年4月1日经日本国会一致通过后正式生效，本次修改的主要内容之一就是允许法院执行仲裁庭作出的临时措施命令。[③]

在这一国际趋势之下，我国的相关法律规定及实践也逐渐开始向承认仲裁机构有权发布临时措施的方向发展。赋予仲裁庭发布临时措施权力的趋势可由我国《仲裁法》的修订历程中窥见。《仲裁法修订意见稿》第四十三条规定，当事人在仲裁程序进行前或者进行期间，为了保障仲裁程序的进行、查明争议事实或者裁决执行，可以请求人民法院或者仲裁庭采取与争议标的相关的临时性、紧急性措施。临时措施包括财产保全、证据保全、行为保全和仲裁庭认为有必要的其他短期措施。但由于目前《仲裁法》仍处于修订过程中，相关规定并不具备实际效力，因此《仲裁法修订意见稿》并不能作为当事人可以在仲裁案件中申请行为保全的直接依据。

为完善仲裁机制在解决知识产权纠纷中的职能，对于知识产权案件中所常见的保全等临时措施的开展，应考虑赋予仲裁庭一定的决断权。从仲裁机制层面来看，上述临时措施的适用可提升仲裁在解决知识产权争议领域的优势地位，

---

① 参见高文杰：《中国仲裁保全和临时措施制度的立法缺位和建议》，载《北京仲裁》2017年第2辑，中国法制出版社2017年版，第21—41页。

② 2022年9月1日生效版本，载美国仲裁协会官方网站，https://www.adr.org/sites/default/files/CommercialRules_Web_1.pdf，2024年10月30日访问。

③ 参见《〈日本仲裁法〉修正案正式生效》，载微信公众号“香港国际仲裁中心HKIAC”2024年9月9日，https://mp.weixin.qq.com/s/mB9RNn_TB3Dxax8XRjAqCQ，2024年10月30日访问。

并加强案件处理与临时措施实施间的协调性。

2. 临时措施域外执行的依据

《纽约公约》是仲裁裁决域外执行的主要法律依据，但它并未对“裁决”一词的定义及构成具有约束力裁决的具体条件作出清晰界定，为其规定是否能适用于临时措施留下了解释空间。有观点认为，《纽约公约》无法成为仲裁案件中临时措施裁决在域外执行的法律依据，仲裁案件中临时措施裁决在域外的执行尚缺乏明确的法律基础。由于临时措施具有临时性和程序性的特征，它们与具有最终法律效力的“裁决”存在本质差异。还有观点则倾向于对《纽约公约》中的“裁决”概念进行扩张性解读，强调临时措施远非单纯的程序性环节，而是可能对裁决的最终结果产生实质性影响的要素。此外，鉴于当前国际公约及条约体系中，关于在域外执行仲裁临时措施的具体规定普遍缺失，这种扩张性的解释被视为更能贴合当前社会发展的实际需求。

在我国，域外仲裁庭作出的临时措施裁决获得承认与执行存在理论及实践层面的难度。一方面，如前文所述，我国现行仲裁相关法律规定并未赋予仲裁庭发布临时措施命令的权力，当事人申请的临时措施应依法由法院进行审理。如支持域外仲裁临时禁令，则与国内立法存在冲突之处。另一方面，由于《纽约公约》未明确“裁决”是否包括临时措施的裁决，而我国仲裁程序中的临时措施裁决是由法院作出，因此，域外仲裁程序中的临时措施裁决能否在我国获得承认与执行可能会被类比外国判决的承认与执行，实践上还需审查我国与裁决作出国之间是否存在互惠关系等。

为解决临时措施执行问题，一些国家和地区将《纽约公约》中的仲裁裁决执行机制进行延伸，扩大到了仲裁庭发布的临时措施执行上，例如澳大利亚、法国、新西兰、美国、荷兰等。还有一些国家和地区在立法上参考了《贸法会示范法》，肯定了仲裁庭发布临时措施的权力，对于这些国家和地区而言，仲裁庭发布的临时措施也能够得到执行。[①]

目前，我国《仲裁法》的修订显示出我国仲裁体系国际化的发展方向，赋

---

① 参见许偲：《我国国际商事仲裁临时措施制度的改进路径》，载《海峡法学》2022 年第 2 期。

予仲裁机构发布临时措施的权力，完善我国与域外临时措施裁决的相互承认与执行依据，对于提升我国仲裁的公信力及国际竞争力有着积极影响。

四、知识产权域外仲裁裁决的承认与执行

域外仲裁裁决的承认与执行是指使域外作出的仲裁裁决得以在本国法律体系下得到认可，产生与本国裁决相同的法律效力和执行效力，这是仲裁有效性的核心问题。随着近年来知识产权仲裁的不断发展，企业之间选择以仲裁方式解决知识产权争议的比例也有所增长，如何执行生效的仲裁裁决也成为备受关注的热点。

如前所述，域外仲裁裁决的承认与执行主要依据为 1958 年在纽约通过的《承认及执行外国仲裁裁决公约》，即《纽约公约》。第六届全国人民代表大会常务委员会第十八次会议决定我国加入该公约，公约于 1987 年对我国生效。① 我国在加入《纽约公约》时做了互惠保留声明，对在另一缔约国领土内作出的仲裁裁决的承认和执行适用该公约；同时，也做了商事保留声明，仅对按照我国法律属于契约性和非契约性商事法律关系所引起的争议适用该公约。《纽约公约》对得以拒绝承认和执行域外仲裁裁决的情形也做了约定，根据公约第五条，当事人可在特定情形下请求拒绝承认与执行域外仲裁裁决，承认及执行地所在国之主管机关也可在特定情形下自行拒不承认与执行域外仲裁裁决。②对于我国香港特区、澳门特区及我国台湾地区的仲裁裁决执行，我国特别制定相关司法解释文件，包括《最高人民法院关于内地与香港特别行政区相互执行仲裁裁决

① 参见《最高人民法院关于执行我国加入的〈承认及执行外国仲裁裁决公约〉的通知》（法（经）发〔1987〕5 号）。

② 《纽约公约》第五条规定：“一、裁决唯有于受裁决援用之一造向声请承认及执行地之主管机关提具证据证明有下列情形之一时，始得依该造之请求，拒予承认及执行：（甲）第二条所称协定之当事人依对其适用之法律有某种无行为能力情形者，或该项协定依当事人作为协定准据之法律系属无效，或未指明以何法律为准时，依裁决地所在国法律系属无效者；（乙）受裁决援用之一造未接获关于指派仲裁员或仲裁程序之适当通知，或因他故，致未能申辩者；（丙）裁决所处理之争议非为交付仲裁之标的或不在其条款之列，或裁决载有关于交付仲裁范围以外事项之决定者，但交付仲裁事项之决定可与未交付仲裁之事项划分时，裁决中关于交付仲裁事项之决定部分得予承认及执行；（丁）仲裁机关之组成或仲裁程序与各造间之协议不符，或无协议而与仲裁地所在国法律不符者；（戊）裁决对各造尚无拘束力，或业经裁决地所在国或裁决所依据法律之国家之主管机关撤销或停止执行者。二、倘声请承认及执行地所在国之主管机关认定有下列情形之一，亦得拒不承认及执行仲裁裁决：（甲）依该国法律，争议事项系不能以仲裁解决者；（乙）承认或执行裁决有违该国公共政策者。”

的安排》及补充安排、《最高人民法院关于内地与澳门特别行政区相互认可和执行仲裁裁决的安排》以及《最高人民法院关于认可和执行台湾地区仲裁裁决的规定》，使港澳台地区的仲裁裁决执行更为便利。

实践上，我国对于域外仲裁裁决的承认与执行比例高，充分履行了《纽约公约》下的义务。近一年内，公开途径的案例检索结果显示，在 7 个已作出裁定书的域外仲裁裁决执行案件中，有 4 个案件法院作出了承认、执行裁决的裁定，2 个案件由申请人撤回承认与执行申请，1 个案件因涉案仲裁裁决系外国仲裁机构在中国国内作出的仲裁裁决，不属于域外仲裁裁决的承认和执行范围而终结审查。[①]前述案件也显示了我国司法环境对于国际仲裁的开放态度和有利影响。

反观我国仲裁机构作出的裁决的域外执行情况，我国仲裁裁决已经在美国、加拿大、英国、澳大利亚、俄罗斯、沙特阿拉伯、哈萨克斯坦、南非、阿根廷、新加坡、印度、越南等国家得以承认和执行。[②] 例如，2024 年，贸仲仲裁裁决在美国、加拿大、澳大利亚、沙特阿拉伯、哈萨克斯坦、南非、阿根廷、越南等国外法院得到全部执行，并在中国香港特区、中国澳门特区等境外获得执行。涉案执行标的人民币 2.4 亿元裁决成功经受住了严格审查在沙特阿拉伯获得承认和执行，为沙特法院承认和执行中国仲裁裁决最高金额记录。涉案执行标的 12 亿元裁决在加拿大获得承认和执行，为中国仲裁裁决在域外执行标的额最高记录，进一步提升了中国仲裁的公信力。[③] 我国仲裁裁决的域外承认与执行以《纽约公约》为基础，同时依据执行地所在国国内法进行审查。例如，美国审查域外仲裁裁决的承认与执行依据其国内法《联邦仲裁法》，该法第二章规定了《纽约公约》在美国的适用问题；澳大利亚根据 1974 年《国际仲裁法》中的第 8 条审查域外裁决是否应受到《纽约公约》调整。

---

① 参见威科先行法律信息库 2023 年 11 月至 2024 年 10 月域外仲裁裁决执行案件裁定书。

② 参见《贸仲发布〈中国国际商事仲裁年度报告（2023—2024）〉和〈贸仲仲裁裁决域外承认与执行案例选编〉》，载微信公众号“中国国际经济贸易仲裁委员会”2024 年 9 月 25 日，https：//mp. weixin. qq. com/s/qbfCNxbWG9cfn0MBR1hqeA，2024 年 10 月 30 日访问。

③ 《贸仲委 2024 年工作报告（图文版）》，载微信公众号“中国国际经济贸易仲裁委员会”2025 年 1 月 21 日，https：//mp. weixin. qq. com/s/9vYvnOKF0FziOdcPt-UA-g，2025 年 3 月 21 日访问。

对于仲裁裁决的域外承认与执行，不同法域法院在适用《纽约公约》和审查域外仲裁裁决的标准上有所不同，但实践中，包括贸仲在内的国内仲裁机构作出的仲裁裁决在全球范围内的不同法域得到了认可和执行，反映出我国仲裁机构的专业性及国际仲裁争议解决路径的便利性。

我国《仲裁法》正在迎来施行30年来的第三次修订，致力于切实提升我国仲裁公信力和国际竞争力。知识产权仲裁作为我国构建多元化争议解决机制的重要部分，随着我国仲裁质效和影响力的不断提升，具有广阔的发展空间，有助于企业便捷高效地解决涉外知识产权争议。

第三节　境内外知识产权仲裁事业的发展

随着全球经济一体化的深入发展，知识产权的保护与争议解决显得越发关键。我国在世界知识产权组织最新发布的《2024 年全球创新指数报告》中的排名提升至第 11 位，党的十八大以来累计提升了 24 位，成为世界上进步最快的国家之一。拥有的全球百强科技集群数量达到 26 个，连续两年位居各国之首。[①] 2024 年，境内外知识产权仲裁事业进入了一个新的发展阶段，呈现出多元化和专业化的趋势。近年来，中国在知识产权领域不断加强法规建设，与国际接轨，推动了仲裁机制的完善。针对知识产权纠纷，专业仲裁机构如贸仲和北京仲裁委员会等地方仲裁委员会逐渐扩展其服务范围，提升了处理效率与公信力。2023 年，29 个省（市、自治区）121 家仲裁机构开展了知识产权仲裁工作，处理仲裁案件 5249 件，标的额超 49 亿元。[②] 2023 年北京仲裁委员会共受理了 277 件知识产权合同纠纷案件，从立案到结案仅需 210 天左右，充分体现了仲裁作为多元化争议解决机制的高效。[③]

同时，仲裁程序遵循效率优先、成本控制的原则，相较于传统诉讼具有更快速、更低成本的解决机制，知识产权仲裁案件的处理周期普遍比传统诉讼方式更短。仲裁机构常采用电子文档交换、在线听证等现代信息技术手段，实现了流程的简化与透明化，助力仲裁各方更好地进行证据提交与庭审参与。此外，数量日益增加且具备专利、商标、著作权等特定领域经验的专业知识产权仲裁

---

① 参见《国家知识产权局局长申长雨在 2025 年全国知识产权局局长会议上的工作报告（摘编）》，载国家知识产权局官方网站，HTTPS：//WWW. CNIPA. GOV. CN/ART/2025/1/8/ART_53_197077. HTML，2025 年 3 月 14 日访问。

② 参见《知识产权保护体系建设有了崭新“施工图”》，载中国政府网，HTTPS：//WWW. GOV. CN/ZHENGCE/202405/CONTENT_6954135. HTM，2025 年 3 月 14 日访问。

③ 参见《年度观察专题 | 中国知识产权争议解决年度观察（2024）》，载北京仲裁委员会官方网站，HTTPS：//WEB. BJAC. ORG. CN/NEWS/VIEW? ID=4950，2025 年 3 月 14 日访问。

员将极大地提升知识产权仲裁案件的审理效率。

国际合作方面，国内仲裁机制逐步开展与诸多国家和地区的跨境知识产权仲裁案例。2024 年，越来越多的知识产权仲裁案件涉及国际元素，涉及国家和地区包括欧美及东南亚主要经济体。此类案件往往需要综合考虑国际条约、不同法律体系及文化背景，因此，如何在仲裁方案中平衡不同法律文化的差异，是仲裁机构面临的重要挑战。

未来的知识产权仲裁不仅要注重传统领域的争议解决，还需关注人工智能、新能源、数字经济等新兴科技带来的挑战。仲裁机构必须不断优化规则及程序，以适应快速变化的技术环境。通过强化对仲裁员专业技能的培训，提升其在新兴领域的裁决能力，将是推动知识产权仲裁事业可持续发展的关键因素之一。在持续推进仲裁本土化与国际化的过程中，加强与国际仲裁组织的合作，借鉴国际先进实践，推动仲裁事业朝着更为高效、专业的方向发展。

一、 2024 年境内外知识产权仲裁事业发展概述

（一）宏观背景与政策环境

在全球数字经济与技术变革的背景下，知识产权纠纷日益呈现数量增多、价值提升、技术门槛高、跨境元素突出的特点。无论是专利、商标、著作权还是商业秘密纠纷，均出现了更加复杂的技术因素与多国管辖交叉的问题。近年来，各国和地区政府与国际组织在经济复苏与创新驱动层面高度关注知识产权保护的重要性。中国作为全球第二大经济体，在此过程中强调通过立法完善、司法改革与仲裁制度建设相结合的方式，提升知识产权纠纷解决效率与质量；而在美国、欧盟、日本等主要发达经济体中，仲裁机构与司法机关也在不断探索如何更好地迎接新兴技术领域涌现的法律挑战。

近年来，世界知识产权组织（WIPO）、国际商会仲裁院（ICC）以及各主要区域仲裁机构都越来越关注知识产权仲裁事业的发展。在中国境内，《仲裁法修订草案》不断完善，有利于包括知识产权在内的各类纠纷通过仲裁途径获得高效处理；同时，国内各仲裁机构也积极探索通过仲裁手段化解知识产权纠纷的新路子，如 2024 年，在由贸仲联合陕西省西安市中级人民法院、西安浐灞国

际港管理委员会主办的以“创新多元争议解决机制 完善知产协同保护体系”为主题的2024年知识产权争议解决论坛上，陕西省西安市中级人民法院与贸仲签署了《关于推进和完善国际商事纠纷及知识产权多元争议解决机制建设的合作协议》，进一步加强司法、调解、仲裁的对接协同，形成依法各司其职、相互配合、效能集成的多元化纠纷解决机制，持续有力服务西安“一带一路”国际商事法律服务示范区建设。① 贸仲（CIETAC）、北京国际仲裁中心（BAC/BIAC）、上海国际仲裁中心（SHIAC）、深圳国际仲裁院（SCIA）等均采取各种措施积极加强技术专家库建设，更新仲裁规则，针对知识产权纠纷特点进行专项培训或设立专门的知识产权仲裁服务平台。

2024年，跨境知识产权纠纷也因全球供应链调整与新技术应用不断增多。例如，国际通信标准、AI算法、区块链专利、非同质化代币（Non-Fungible Token，NFT）著作权等争议均成为热点，催生大量潜在仲裁需求。仲裁程序具有的保密性、高效性、专业灵活性以及跨境可执行性，在高价值知识产权纠纷中尤其具有吸引力。各主要仲裁机构在2024年的知识产权案件受理量继续保持增长态势。据不完全统计，近5年来贸仲受理专门的知识产权案件近500件，所涉金额近200亿元人民币，当事人分布在20多个国家和地区，涵盖生物医药、经销合同、授权代理、商标争议、加盟合同、域名购买合同等专业领域。② 从总体上看，贸仲处理的涉知识产权争议案件具有分布领域广、国际化程度高、专业化强的特点，并具有向新技术、新发展、新业态发展的趋势。

（二）整体趋势与影响

全球知识产权仲裁正处于稳健的上升期。具体来看，一方面，高价值专利技术（如5G/6G、AI算法、区块链底层技术等）的快速演进使得跨境争议越发复杂；另一方面，大量中小企业也因数字经济浪潮而卷入跨境或涉外知识产权

---

① 参见《多元争议解决方式协同发展保护知识产权 贸仲与西安中院签署知识产权多元争议解决机制合作协议》，载中国国际经济贸易仲裁委员会官方网站，https：//www.cietac.org/articles/20421，2025年3月14日访问。

② 参见《多元争议解决方式协同发展保护知识产权 贸仲与西安中院签署知识产权多元争议解决机制合作协议》，载中国国际经济贸易仲裁委员会官方网站，https：//www.cietac.org/articles/20421，2025年3月14日访问。

纠纷之中，促使不同体量、不同国别的当事人更加青睐仲裁这种灵活且专业的争议解决方式。这一发展态势既能推动仲裁机构的国际化与专业化，又提出了技术专家、信息化建设以及制度创新方面的更高要求。

从宏观角度看，2024 年知识产权仲裁事业的活跃背后，既是全球科技创新竞争加剧的一种映射，也是各国加强知识产权保护政策、持续优化仲裁法律制度的结果。中国在此过程中扮演着越来越重要的角色，众多国际企业也开始选择在中国境内仲裁机构解决其在华知识产权纠纷；与此同时，中国企业“走出去”的步伐加快，也在国际商会仲裁院（ICC）、香港国际仲裁中心（HKIAC）、世界知识产权组织（WIPO）等国际平台积极运用仲裁机制维权或应对投诉。

二、2024 年境内外知识产权仲裁事业发展的突出特点

（一）新兴技术纠纷占比显著提升

1. 人工智能与大数据领域

2024 年的显著趋势之一是人工智能（AI）取得较大的发展，相关纠纷数量将会大幅上升，包括生成式 AI 作品著作权归属、算法专利侵权、AI 模型训练数据的合法使用等问题。仲裁机构在处理此类纠纷时，往往需引入具有 AI 技术背景的专家以厘清技术问题，尤其涉及“算法创新点”与“训练数据集”是否构成版权或专利保护对象等专业问题，不仅会给技术革新层面带来挑战，与之相伴的纠纷也会随之而来，作为解决纠纷手段之一的仲裁将面临全新的挑战。

2. 区块链与 NFT 相关争议

随着区块链技术在金融、物流、著作权登记等领域的不断拓展，相关专利侵权、智能合约纠纷、NFT 数字作品著作权及商业模式等争议频频出现。被称为中国 NFT 数字藏品侵权第一案的深圳 Q 文化创意有限公司与杭州 Y 科技有限公司侵害作品信息网络传播权纠纷案已经由法院受理，并作出判决。[①] 此后，区块链与 NFT 数字藏品交易、技术研发等方面的合同纠纷，也将有极大的可能

① 参见《“胖虎”牵出“中国 NFT 侵权第一案”》，载法人网，http：//www.farennews.com/magazine/content/2024-02/27/content_8964987.html，2025 年 3 月 25 日访问。

出现在仲裁领域中。

3. 生物医药与集成电路

生物医药专利纠纷在2024年持续增温，尤其是跨国药企间的专利许可费率与临床数据独家使用权的争议、集成电路领域也因国产替代与核心技术突破而引发商业秘密及专利垄断纠纷等。其中，生物医药知识产权类的仲裁案件，标的额普遍较大，少则数千万元，多则上亿元，仲裁机构因其特有的效率优先、成本控制的优势，可以显著缩短案件审理周期，吸引更多的企业愿意选择采用仲裁的方式解决纠纷。

（二）多元化争议解决与线上仲裁的融合

1. 仲裁与调解、诉讼的多元化组合

随着知识产权纠纷的类型越发多元化，单纯依靠仲裁或诉讼难以满足当事人对效率、成本、保密性的多重需求。因此，2024年出现了更多的“仲裁+调解+诉讼”相互衔接的实践。如2024年12月，世界知识产权组织仲裁与调解中心和四川省高级人民法院签署《加强知识产权领域替代性争议解决交流与合作协议》，双方将在涉外知识产权案件委托调解、人才培养、公共宣传等方面开展合作。[①] 一些案件在进入仲裁前先行引入调解程序，若调解失败再由仲裁庭快速展开实体审理；而涉及重大保全或紧急禁令的情形，则可能向法院申请临时措施，随后再回到仲裁程序审理。这种多元化争议解决模式可在技术许可纠纷、跨国商标侵权等案件中发挥作用。

2. 在线争议解决与远程庭审常态化

随着科技的发展及线上办公习惯的常态化，远程开庭、线上举证、线上调解已成为当今时代的新常态。加上5G、人工智能等新技术的普及，数字化与无纸化办公的发展，越来越多的仲裁机构在2024年进一步完善在线仲裁平台，实现从仲裁申请、证据交换到庭审质证、裁决发放的全流程数字化。通过在线争议解决（Online Dispute Resolution，ODR）模式处理案件，可以极大缩短审理周

---

① 参见《WIPO中国：产权组织仲裁与调解中心和四川省高级人民法院签署合作协议》，载百家号“WIPO中国办事处”2024年12月6日，https://baijiahao.baidu.com/s?id=1817685733228094457&wfr=spider&for=pc，2025年3月25日访问。

期，也有助于吸纳更多跨境当事人选择在中国境内的仲裁机构解决纠纷。

（三）专业化与技术化显著提高

1. 仲裁机构加强技术专家库建设与培训

为应对人工智能、大数据、生物医药、区块链等专业性极强的知识产权案件需求，各仲裁机构在 2024 年普遍加强了技术专家库等方面的建设，邀请高科技领域的资深从业者、研究人员或拥有理工科背景的律师成为专家成员，并开展相关培训等。

2. 技术与法律融合的仲裁审理模式

在处理某些复杂技术事实的纠纷时，仲裁庭经常面临证据鉴定难度大、专业门槛高的问题。为此，2024 年更多仲裁机构持续探索设立"技术调查官"或"专家辅助人"角色，以协助仲裁庭进行客观中立的技术检索与论证。在案件中引入技术调查官、专家辅助人的机制极大提升了仲裁过程的专业性与准确度，也使得裁决更能服众。技术与法律融合的仲裁审理模式有利于提升知识产权案件办理质效、缩短案件结案时间，化解知识产权纠纷、降低知识产权维权成本。

（四）保密性与国际执行力受重视

1. 保密需求与商业秘密保护

高价值知识产权纠纷中往往涉及商业秘密、源代码、研发流程等核心机密。一旦诉讼程序公开化，会对当事人的市场竞争力造成严重冲击。因此，相较于法院诉讼，2024 年选择仲裁的企业更多地考虑到程序保密性。仲裁机构也逐渐完善保密规则，如设立封闭听证会、限制庭审文件公开、严格限制第三方参与等，以确保商业机密不被泄露。

2. 跨境执行的互认与协作

在共建"一带一路"倡议及各类双边、多边条约的推动下，仲裁裁决的跨境执行也成为影响当事人选择仲裁的重要因素。2024 年，各主要经济体间继续加强对仲裁裁决的互认，尤其是涉及高额专利许可费或技术合作违约的跨境纠纷。如果仲裁裁决能够在多个国家和地区顺利执行，将大幅提升争议解决的效率与确定性。

三、境内外知识产权仲裁未来的发展趋势

（一）区域与国际合作深化

1. 多边机构与区域一体化平台的强化

在全球化进程加速的当下，知识产权的重要性越发凸显，多边机构与区域一体化的平台在知识产权仲裁的规则统一和加强合作与互认方面将持续强化。世界知识产权组织等多边机构在知识产权仲裁规则的统一上发挥着关键作用。世界知识产权组织仲裁与调解中心制定的仲裁规则，为全球范围内的知识产权仲裁提供了重要参考。这些规则考虑到不同国家和地区的法律差异，平衡各方利益，使得当事人在处理跨国知识产权纠纷时，有了统一且可靠的程序依据，减少了因规则差异导致的不确定性，增强了知识产权仲裁在全球范围的公信力和执行力。在区域一体化平台方面，欧盟、东盟等区域组织积极推动知识产权仲裁合作。以欧盟为例，其内部市场的高度融合，使得知识产权纠纷频繁出现。通过建立统一的知识产权仲裁框架，欧盟成员国之间实现了知识产权仲裁裁决的相互承认与执行，可以促进区域内知识产权仲裁的发展。各国仲裁机构在该框架下加强交流与合作，分享经验，培训仲裁员，提升了区域整体的知识产权仲裁水平。

2. 全球范围内对仲裁裁决执行的共识性提升

地缘政治与区域保护主义虽然在一定程度上造成了仲裁执行的障碍，但随着各国和地区对知识产权保护的理念趋同以及世界贸易组织（World Trade Organization，WTO）/《TRIPS 协定》《纽约公约》等国际规则的深入影响，各主要经济体在知识产权仲裁裁决的执行上表现出更多的开放与合作意愿。这在跨国专利许可、技术秘密纠纷中尤其关键，因为当事人往往需要在不同国家或地区同时寻求救济或执行。

（二）技术专家与“数字化仲裁”成为核心动力

1. 新型技术领域仲裁员与专家需求加剧

随着人工智能、基因工程、区块链等技术不断升级，传统的法律知识或通用审查手段难以充分应对纠纷中的核心技术事实。未来的仲裁员与专家库亟须

更多具备跨学科复合背景的人才。2024 年的一些实践表明：当仲裁庭成员中拥有一位或多位精通人工智能或生物医药研发的专家时，案件审理效率和裁决质量显著提升。

2. 数字化仲裁系统与在线辅助工具

后疫情时代，线上化与数字化趋势不可逆转。越来越多的仲裁机构开始采用“人工智能辅助”“区块链存证”“证据管理系统”等技术手段，以减少人为失误、加快审理进程。此外，AI 技术的运用，也将极大提高仲裁效率，如 2023 年 9 月，广州仲裁委员会发布全球首个 AI 仲裁秘书“仲小雯”，能为当事人提供庭前信息指引与身份识别、庭中文字记录及庭后类案判例查询等智能服务，实现仲裁流程“即交即办”、域外法律“即查即答”、裁决意见“即审即出”，提升仲裁效率近 400%。①

（三）新兴争议类型持续出现

1. 数据与算法知识产权

在数字经济时代，算法、数据集本身就具有非常高的商业价值。2024 年围绕算法专利与数据著作权展开仲裁纠纷已逐步显现。预计在未来，随着数据要素市场化和 AI 技术广泛应用，各国将进一步明确对算法与数据的知识产权保护范围与侵权判定标准，仲裁机构也需不断更新审理准则。

2. 跨境电商与元宇宙领域的潜在纠纷

跨境电商平台的兴起带来了海量的商标、著作权侵权争议，也涉及域名抢注、不正当竞争等问题。仲裁在此类纠纷中可通过“快速程序”或“线上调解”为中小企业提供高效、低成本的解决途径。元宇宙作为融合虚拟现实技术（Virtual Reality，VR）/增强现实技术（Augmented Reality，AR）、区块链、社交网络的新兴场景，其虚拟资产、数字身份与内容著作权等法律属性还在进一步探讨之中，但可以预见，未来几年内仲裁在解决元宇宙相关知识产权争议方面亦将发挥重要作用。

---

① 参见《致力打造国际仲裁示范新高地 广仲秉持“首创精神”不断提升涉外法律服务水平》，载司法部官方网站，https：//www. moj. gov. cn/pub/sfbgw/fzgz/fzgzggflfwx/fzgzggflfw/202311/t20231115_489588. html，2025 年 3 月 25 日访问。

（四）制度创新与多层次立法支持

1. 境内外立法的不断完善

在中国，最高人民法院知识产权审判庭与各地知识产权法庭对仲裁裁决的支持与执行力度持续加大，新修正的《专利法》《著作权法》《商标法》等与仲裁制度之间的衔接更加密切。2024 年 10 月 17 日，欧洲议会在《欧盟官方公报》上发表《关于虚拟世界发展政策影响——民事、公司商事和知识产权问题》决议。① 该决议首次明确宣称欧盟关于保护知识产权和工业产权的法律体系，包括著作权、商标、专利、设计和商业秘密，完全适用于虚拟世界，确认尼斯分类表②能够涵盖虚拟服务和商品的商标，可在国家局和欧盟知识产权局注册。但该决议也留下诸多实际实施问题，如商标法在虚拟世界中的具体应用，为现实世界产品和服务注册的商标是否需为虚拟产品和服务重新注册，以及元宇宙如何与商标法的核心地域性原则相协调等。

2. 行政执法与仲裁的联动

未来的知识产权保护生态离不开行政执法、司法审判与仲裁之间的协同。美国国际贸易委员会（ITC）在处理进口环节的专利纠纷时，也认可当事人在仲裁协议基础上解决争议的途径；中国海关总署针对跨境侵权商品亦可能配合仲裁相关临时措施，防止侵权商品大规模进入市场。这些实践进一步强化了仲裁在全球知识产权保护体系中的作用。

回顾 2024 年境内外知识产权仲裁事业的整体发展，可以发现其在案件数量、技术复杂度、跨境联动等方面均出现较多的新发展和新变化。知识产权仲裁正日益成为高价值、跨国界、技术密集型纠纷的“首选”或“重要补充”解决方式。随着技术升级与经济全球化的进一步深化，知识产权仲裁无疑将面临更复杂、更具挑战性的纠纷类型，也将迎来更多机遇与发展空间。仲裁机构需在专业化、国际化、数字化与制度保障等层面持续发力，才能在高价值知识产权纠纷的生态体系中发挥更具决定性与前瞻性的影响力。

---

① 参见《欧洲议会首次公开对元宇宙知识产权的看法》，载中国保护知识产权网，http：//ipr.mofcom.gov.cn/article/gjxw/gfgd/202411/1989206.html，2025 年 3 月 25 日访问。

② 尼斯分类表是根据《商标注册用商品和服务国际分类尼斯协定》制定的商标类目分类表。尼斯分类表定期修订，一是增加新的商品，二是将已列入分类表的商品按照新的观点进行调整，以求商品更具有内在的统一性。

第四章

重点行业的知识产权仲裁案例分析

第一节　重点行业整体发展及知识产权纠纷情况概述

一、信息传输与通信业发展及其知识产权纠纷情况

（一）整体行业知识产权纠纷的概述

信息传输与通信行业的知识产权纠纷呈现技术密集化、跨国化、诉讼金额高三大特征。全球5G/6G技术竞争、标准必要专利许可争议、反垄断问题等成为焦点，头部企业年均专利诉讼量增长超15%，跨国纠纷占比达60%以上。

1. 5G标准必要专利纠纷已逐步向垂直行业扩散

5G商用范围从主流通信发达地区向欠发达地区不断拓展，5G基础设施建设规模不断扩大。根据全球移动通信系统协会（Global System for Mobile Communications Association，GSMA）和TD产业联盟（TD Industry Alliance，TDIA）的统计，截至2024年6月，全球119个国家和地区的320个运营商推出了商用5G网络，全球176个国家和地区的614家运营商正在投资部署或者计划投资部署5G网络。全球5G基站部署总量达到594万个，同比增长32.6%。据预测，到2029年，全球5G连接预计将占移动连接的一半以上，到2030年，5G连接数将达到55亿个。①

从5G赋能的行业分布来看，除智慧城市、工业制造等5G应用成熟领域外，在水利、海洋、轨道交通等新兴领域创新应用也加速成熟。根据工业和信息化部的数据，中国5G行业虚拟专网已达到3.16万个，5G行业应用已经覆盖

---

① 参见《最新报告 | 全球5G标准必要专利及标准提案研究报告（2024年）》，载微信公众号“知会行”（武汉知识产权研究会）2024年9月29日，https://mp.weixin.qq.com/s?__biz=MzUzMzAwMzI0NQ==&mid=2247551550&idx=4&sn=a40c0474f84d5db4d99121eef50c869e&chksm=fb7f82997ea9e2fea96b00b1d8f90765b27a25fe564d7caf379fb049d22e94fe590c1336342c&scene=27，2025年3月31日访问。

了国民经济 97 个大类中的 71 个，5G 应用案例超过 9.4 万个。①

随着 5G 技术在垂直行业的广泛应用和深入赋能，5G 标准必要专利纠纷已显现出向通信行业相关的垂直行业扩散的趋势。自 2019 年起，在全球范围内陆续发生了戴姆勒与诺基亚、德国电子公司 Bury 与诺基亚、大陆汽车系统公司与专利许可平台 Avanci 及其联盟成员诺基亚等、汽车巨头联合起诉高通等与 5G 专利相关的诉讼案件。

围绕标准必要专利许可的 FRAND 原则，通信专利权人和专利实施者在通信相关垂直领域的标准必要专利许可和诉讼活动预计将变得活跃。特别是在全球化运营的网联汽车、物联网等领域专利池的推进下，预计 5G 通信技术贡献价值较大的垂直领域的专利争议将呈现增长的态势。

2. 5G 标准必要专利收费规则为当前竞争热点

5G 商用以来，随着通信企业间签订的 4G 专利许可协议陆续到期，涵盖 5G 技术的新的专利许可谈判全面展开，5G 标准必要专利纠纷在全球范围愈演愈烈。目前 5G 标准必要专利价值评估缺乏全球统一标准，司法裁决差异显著，在谈判过程、费率、管辖权、FRAND 原则适用范围等方面都存可调整空间。

进入 5G 时代，各国和地区法院积极就 5G 标准必要专利全球许可费率作出判决。早在 2019 年，InterDigital 对 L 公司提起诉讼，诉讼涉及 3G、4G 和 5G 标准必要专利。经过多次审判，英格兰和威尔士高等法院于 2023 年 3 月就此案作出判决。根据判决，英国高等法院确认了 InterDigital 所持有的 3G、4G 和 5G 标准必要专利组合，同时也对 L 公司应支付的专利使用费作出了判决，被认为是全球首个涉及 5G 标准必要专利的全球 FRAND 许可费率的判决，② 这对全球 5G 专利许可费率的确定具有重要的指导意义。

---

① 参见《最新报告 | 全球 5G 标准必要专利及标准提案研究报告（2024 年）》，载微信公众号“知会行”（武汉知识产权研究会）2024 年 9 月 29 日，https://mp.weixin.qq.com/s?__biz=MzUzMzAwMzI0NQ==&mid=2247551550&idx=4&sn=a40c0474f84d5db4d99121eef50c869e&chksm=fb7f82997ea9e2fea96b00b1d8f90765b27a25fe564d7caf379fb049d22e94fe590c1336342c&scene=27，2025 年 3 月 31 日访问。

② 参见《全球 5G 标准必要专利及标准提案研究报告（2024 年）》，载中国信息通信研究院官方网站，http://www.caict.ac.cn/kxyj/qwfb/ztbg/202409/P020240926566555589029.pdf，2025 年 3 月 27 日访问。

（二）行业政策法律现状

党的二十届三中全会对构建全国统一大市场作出重要部署。国家市场监督管理总局坚决贯彻落实党的二十届三中全会精神，不断推动完善反垄断法律制度体系，在公平竞争法治建设方面迈上了新台阶。尤其在信息传输与通信业务领域，需要全面关注反垄断对于行业的深刻影响，提前做好准备。

2024 年 11 月，我国推出《标准必要专利反垄断指引》，预防和制止滥用标准必要专利排除限制竞争行为，鼓励创新，促进提升经济运行效率。该指引在之前《国务院反垄断委员会关于知识产权领域的反垄断指南》《禁止滥用知识产权排除、限制竞争行为规定》等规范性文件的基础上，进一步明确涉及标准必要专利的垄断行为分析原则以及相关市场界定思路，对经营者提出涉及标准必要专利的信息披露、许可承诺和善意谈判等合规要求，细化涉及标准必要专利的市场支配地位的认定方法和考虑因素，规定标准制定与实施过程中的垄断协议和滥用市场支配地位行为认定，并强调涉及标准必要专利的经营者集中申报的认定和审查考量因素。

2024 年是我国在反垄断法立法、执法和司法领域取得显著成果的一年。在法律法规体系更加完备的基础上，反垄断行政执法活动更加常态化发展，行政调查和执法手段更加多样化和体系化，做出行政决定的过程更加规范和清晰。

（三）未来发展趋势

1. 积极构建全球化治理体系

国内法院应积极参与全球标准必要专利规则的制定，尽早就专利许可谈判过程、管辖权、禁令等多个关键问题达成一致，逐步形成不同国家法院能够“判决互认”的局面。持续推动 5G 专利费率的透明化，加强行业自律，可以尝试建设专利池，推动高效的专利许可。行业内还应积极解决 5G 标准必要专利费率制定基准中的基础数据客观公正问题，努力将专利许可收益和企业各自创新贡献形成正向一致，以便更好发挥专利促进创新的作用。

2. 利用仲裁高效解决纠纷

谈判双方经过仲裁的裁决在 170 多个《纽约公约》成员方间是可以直接执行的，不需要经过其他国家或地区法院复杂的承认程序，因此仲裁是解决标准必要专利争议非常有效的途径。在标准必要专利的许可费定价问题上，“事后仲裁法”能够利用最终报价机制提供一个威胁点，即谈判破裂的后果，通过这个威胁点促进合作的达成，通过程序性的事前激励将谈判过程在更大程度上交由理性的当事人完成。①

“事后仲裁法”的具体方案如下：首先，FRAND 承诺应当是一种无差别的许可，面向任何愿意支付对价的交易对象；其次，FRAND 承诺应当是一种纯粹的经济上的许可要约，不包含任何附加性条件；最后，要求权利人与所有希望取得许可授权的实施者针对合理的许可费问题进入仲裁程序，通过“棒球式仲裁”，或称最终报价机制，要求参与仲裁的双方均提交最终报价，由仲裁员在两个报价中择一。作出 FRAND 承诺的权利人应当同时承诺放弃法院对于其专利权的救济，而采用这一仲裁程序进行专利许可费的纠纷解决。

3. 学会与反垄断和谐共生

未来我国反垄断规则体系将更加完善；反垄断行政监督执法活动的开展也将更加规范、公平和透明；人民法院的司法活动也有更明确的规则指引，可以为我国反垄断法制建设提供更坚实的司法保障。同时，企业将面临更高的反垄断合规要求，以确保在新的监管环境下保持合规性和竞争力。因此，企业应主动学习反垄断，主动避免陷入集中垄断风险中，也应尝试利用反垄断这个工具来解决自身困境。

二、制造业发展及其知识产权纠纷情况

（一）整体行业知识产权纠纷的概述

1. 技术秘密形成新的纠纷热点

随着科技的飞速发展和市场竞争的日益激烈，企业之间的技术交流与合作日益频繁，技术信息的传播为企业带来了更多的发展机遇，也使技术秘密面临

---

① 参见中国汽车工程学会知识产权分会、北京大学国际知识产权研究中心、中国汽车知识产权运用促进中心：《汽车行业移动通信标准必要专利累积许可费率研究》，载威科先行法律信息库，https://law.wkinfo.com.cn/professionalarticles/detail/NjAwMDAyNTYzNTA%3D?q=%E4%BA%8B%E5%90%8E%E4%BB%B2%E8%A3%81%E6%B3%95&module=&childModule=all&from=editorial&searchId=0cd02e95483943e08bbe96d6130f4e68，2025 年 3 月 27 日访问。

前所未有的泄露和侵权风险。在商业活动中，由技术秘密引发的纠纷不仅涉及问题本身，还常常与专利权属纠纷、技术服务合同纠纷等相互交织。收集技术秘密侵权行为的有效证据、侵权方可能会以反向工程作为抗辩理由等都增加了案件的审理难度和不确定性。

国内技术秘密纠纷判赔费用明显上升。继 2023 年最高人民法院作出多起商业秘密民事案件上亿元的判赔之后，2024 年连续多起商业秘密侵权案判赔数额创新高。

2024 年 6 月，“新能源汽车底盘案”由最高人民法院知识产权法庭审结，该案件依法判决适用惩罚性赔偿，判决 6.3 亿余元的判赔额以及 500 万元的维权合理支出费用，合计金额共计 6.4 亿余元又创历史新高，[①] 并随即列入最高人民法院 9 月发布的 8 起反垄断和反不正当竞争典型案例之中，成为“有力打击有组织、有计划、大规模侵害技术秘密行为”的典型案例。[②] 这使得商业秘密的法律保护和司法审判再度成为“热点”，也使得技术秘密对企业的重要价值受到广泛关注。

在此之前，案值最高的一起也是与技术秘密有关的案件。该案是最高人民法院知识产权法庭 2022 年典型案例之一，“蜜胺”发明专利及技术秘密侵权两案最终判决赔偿 2.18 亿元，其中发明专利侵权案赔偿 1.2 亿元，技术秘密侵权案赔偿 9800 万元。[③] 在该判决作出后，双方再陷 6 起技术秘密案中，最终在 2024 年初，以 4.4 亿元达成和解。[④]

上述一系列以亿元为单位的判赔以及和解案件，以及多案件中对于惩罚性赔偿请求的支持，持续释放最高人民法院对技术秘密强保护的信号。值得强调

---

① 参见《中国新能源汽车底盘技术商业秘密侵权第一案——评释 2023 年最高法知民终 1590 号民事判决》，载搜狐网，https：//www.sohu.com/a/839608868_195414? scm = 10001.325_13-109000.0.0.5_32，2025 年 3 月 27 日访问。

② 参见《最高法发布反垄断和反不正当竞争典型案例》，载最高人民法院官方网站，https：//www.court.gov.cn/zixun/xiangqing/442571.html，2025 年 3 月 17 日访问。

③ 参见《最高人民法院知识产权法庭典型案例（2022）》，载最高人民法院官方网站，https：//www.court.gov.cn/zixun/xiangqing/394812.html，2025 年 3 月 17 日访问。

④ 参见《4.4 亿和解！涉案 6 亿元技术秘密纠纷落幕》，载搜狐网，https：//www.sohu.com/a/756355244_195414? scm=1102.xchannel：325：100002.0.6.0，2025 年 3 月 27 日访问。

的是，在二审改判案件中，相当比例是在一审已经判决被告侵害商业秘密并承担赔偿责任，但二审仍旧改判增加赔偿数额，出现二审判赔金额高于一审的情况。

自动驾驶领域头部企业的核心算法也曾出现侵害技术秘密纠纷。法院在审理中，通过将模块式流程分解，积极稳妥推进秘点开示、载体确定、对应性勘验、不公开庭审、庭后调解等各项环节，最终促成纠纷和解解决，有效避免了诉讼纠纷对于自动驾驶行业创新活力的负面影响，促成了北京市自动驾驶行业的头部企业与初创企业之间的谅解与合作，实现了自动驾驶领域的良性竞争。鉴于统一促进良性竞争战略思考，后续可充分考虑技术秘密纠纷的仲裁解决途径。

2. 算法错误结果的责任承担

随着算法运用的普及，涉算法侵权纠纷时有发生。该类纠纷通常表现为因算法模型漏洞、算法运行错误、算法歧视、算法自动化推荐不当等产生的侵权纠纷。某些算法的模型设计、机制机理本身不一定有明显问题，但仅此也并不意味着算法运用者对错误结果不存在主观过错。

算法的设计、部署、运行到算法的调整、补漏，均是人为实施的结果，算法的自我学习能力亦是算法设计者所赋予。算法设计者对算法基于外部实时网络环境作出的反应并非完全不可预测，对算法基于自我学习发生的运行偏差也完全有能力进行纠正。算法运用者对算法这一技术的利用本身创设了危险发生的可能性，因此，由算法运用者承担承担算法错误造成的损害有一定合理性。在梁某、某实业公司诉某科技公司网络侵权责任案中，算法运用者利用算法的行为即创设了危险发生的可能性，应当对算法错误结果承担责任。

梁某是某实业公司的法定代表人。A 平台是某科技公司运营的企业信用信息查询平台。2021 年 3 月 24 日，梁某、某实业公司发现 A 平台关于梁某的《董监高投资任职及风险报告》中错误显示了与梁某无关的大量任职信息，显示梁某在与其无关的多家企业担任法定代表人、董事、监事、高级管理人员等职务，且上述企业名下有失信、限高（限制高消费）记录等。同时，A 平台关于某实业公司的《企业信用报告》显示该公司的法定代表人对外任职投资信息一栏也被错误关联了上述信息。梁某、某实业公司主张某科技公司的上述行为侵害了两主体的名誉权以及梁某的个人信息权益，故提起诉讼。①

广州互联网法院经审理认为：某科技公司应对算法造成的错误承担责任。算法的设计、部署、运行到算法的调整、补漏，均是人为实施的结果。某科技公司对算法这一技术的利用本身即创设了危险发生的可能性，故而应当对危险后果承责。案涉有关梁某、某实业公司的信用报告，因同名同姓主体的身份识别问题而出现错误，该错误类型非常典型、明显，不论某科技公司是明知而不予解决，还是因疏忽大意而未注意到该问题，均应认为某科技公司未尽到合理注意义务。②

上述案例并不代表算法错误的责任无论在任何场景下都要由算法运用者承担，但是“算法错误无人承责，算法损害无从主张”不符合民法公平原则和诚信原则，对于产业发展也是非常不利的，所以我们应积极推进算法错误的责任承担纠纷问题解决。

3. 许诺销售中的可能风险点

许诺销售属于专利法领域内的专有概念，是指行为人以营利为目的向特定或非特定主体作出的愿意销售或将要销售专利产品的意思表示。一般认为，许诺销售具有以下特征：第一，行为发生在实际销售之前，行为的目的是实际销售。如果行为人确实进行了演示、展览专利产品或专利方法的行为，但目的不是销售，而是诋毁有关专利技术等其他目的，则可能构成不正当竞争，并非许诺销售。实际销售的目的可以是直接地表示愿意销售，也可以是间接地表示将要销售，如展览、公开演示等。在“绿化箱（垂直绿化墙—模块）”的外观设计专利纠纷中，涉案侵权产品与涉案外观设计专利设计均为绿化用容器，属于相同种类产品。综合评估涉案侵权产品在整体外形以及各部分结构的具体设计两者的相同点和区别点对整体视觉效果的影响，被诉侵权设计与授权外观设计

---

① 参见国家法官学院、最高人民法院司法案例研究院：《中国法院 2023 年度案例．侵权赔偿纠纷》，中国法制出版社 2023 年版，第 15—19 页。

② 参见国家法官学院、最高人民法院司法案例研究院：《中国法院 2023 年度案例．侵权赔偿纠纷》，中国法制出版社 2023 年版，第 15—19 页。

在整体视觉效果上无实质性差异，两者构成近似，被诉侵权设计落入涉案专利权的保护范围。某模具公司通过聊天软件推送了涉案侵权产品图片，且以线上聊天对话的方式对被诉侵权产品进行展示（能够反映出被诉侵权产品的具体形状和结构）、标注价格、提供询价服务，属于许诺销售行为。加之，某模具公司通过聊天软件自述“是厂家，不是经销商”，故认定某模具公司制造、许诺销售、销售的涉案产品侵犯了王某所享有的涉案外观设计专利权，判决某模具公司立即停止制造、许诺销售、销售侵犯王某外观设计专利权的产品，销毁库存侵权产品并赔偿王某经济损失及维权合理费用。① 侵权人通过聊天软件推送涉案侵权产品照片，其目的是推销侵权产品。第二，许诺销售的行为表示可以是针对特定人的，也可以是针对非特定人的。而本案针对的行为对象为不特定的消费者。第三，许诺销售的意思表示可以是书面或口头方式，也可以通过实际行为进行。利用聊天软件推送涉案侵权产品照片、标注价格、提供询价服务属于利用互联网媒介发出销售侵权产品的意思表示。第四，许诺销售行为可能构成单一侵权行为，也可能与其他侵权行为相复合。本案中，某模具公司员工通过聊天软件对话方式自认是生产厂家并作出可以销售的意思表示，既属于未经许可制造涉案专利产品的侵权行为，又构成许诺销售。

（二）行业政策法律保护现状

技术秘密保护正在全面加强。2023 年底公布施行的《最高人民法院关于修改〈最高人民法院关于知识产权法庭若干问题的规定〉的决定》实际上“下调”了技术秘密侵权纠纷案件的二审管辖级别，将并非“重大、复杂”的技术秘密侵权纠纷案件的二审管辖权“归还”至各高级人民法院。

2023 年 12 月，江苏省人民检察院会同江苏省高级人民法院、江苏省公安厅三部门联合发布《办理侵犯商业秘密刑事案件的指引》。

2024 年 8 月 2 日最高人民检察院官网通报的全国首例人工智能领域侵犯商

① 参见《利用聊天软件转载侵权产品照片、标注价格、提供询价服务构成许诺销售》，载律政网，http://www.govgw.com/show-m.asp?id=36611，2025 年 3 月 28 日访问。

业秘密案[1]以及最高人民法院在2024年3月17日发布的第四批人民法院种业知识产权司法保护典型案例[2]中包括1件商业秘密刑事案例。除此之外，我们也同时关注了较有代表性的地方典型案例公布动态，2024年4月17日上海市高级人民法院发布2015—2023年上海市商业秘密案件审判情况和典型案例，其中有4件商业秘密刑事案件具有典型性。[3]

（三）未来发展趋势

1. 企业应建立完整的商业秘密管理体系

从企业自身角度来看，商业秘密制度建设的不完善也是导致侵权风险增加的重要原因。例如，完善的文档分类、存储和管理制度，物品与场所管理的严格控制接触授权，对员工的入职、在职和离职阶段的保密和职务发明的约束规范。同时，商业秘密纠纷已开始向生物技术、芯片、高新材料等新质生产力领域迅速蔓延，商业秘密的界定和审查面临许多新问题，企业要做好与时俱进。尤其关注在合作研发过程中，技术秘密和专利归属的界定和识别，避免研发成果混同且不利于后续商业利用和成果转化。

2. 企业应寻求多元化纠纷解决机制

2024年国家知识产权局对专利侵权纠纷解决的调查显示，认为行政处理、仲裁、调解以及法院诉讼等维权方式达到预期效果的企业比例更高，依次为81.5%、80.5%和79.9%；认为自行协商、律师函警告等维权方式达到预期效果的比例为65.0%和55.9%，相对较低。从企业规模看，企业规模越大，对专利侵权纠纷应对措施效果表示满意的程度相对更高。大、中、小型企业对申请行政处理应对侵权纠纷认可度最高，微型企业相对更加认可以仲裁、调解方式

---

① 参见《打造法治化营商环境·检察护企在行动丨全国首例人工智能领域侵犯商业秘密案背后的检察履职故事》，载最高人民检察院官方网站，https://www.spp.gov.cn/spp/zdgz/202408/t20240802_662274.shtml，2025年3月17日访问。

② 参见《最高法发布第四批人民法院种业知识产权司法保护典型案例》，载最高人民法院官方网站，https://www.court.gov.cn/zixun/xiangqing/428402.html，2025年3月17日访问。

③ 参见《2023年上海法院加强知识产权保护力度典型案件》，载微信公众号“上海高院”2024年4月26日，https://mp.weixin.qq.com/s?__biz=MzA3MjcxNDM5OQ==&mid=2650758584&idx=3&sn=568f32f870f762c515ab17b1ffe5f842&chksm=86a0806ec20cbd0cf61bfe3cdcfe142981f134dbe5084bb45eed2dca14021f6f786ebc96eaad&scene=27，2025年3月17日访问。

应对侵权纠纷的效果（见图4-1）。

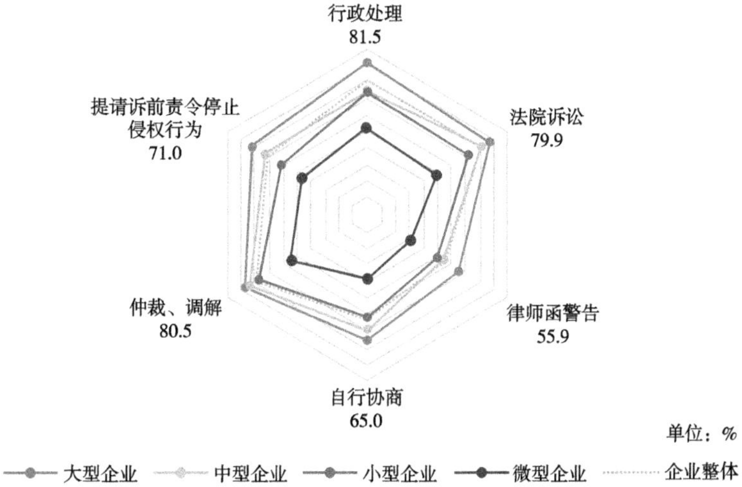

图4-1　企业对各类专利侵权纠纷处理结果满意程度

三、特许经营行业发展及其知识产权纠纷情况

（一）整体行业知识产权纠纷概述

根据《商业特许经营管理条例》，商业特许经营是指拥有注册商标、企业标志、专利、专有技术等经营资源的企业（以下称特许人），以合同形式将其拥有的经营资源许可其他经营者（以下称被特许人）使用，被特许人按照合同约定在统一的经营模式下开展经营，并向特许人支付特许经营费用的经营活动。

特许经营合同兼具民事合同与行政协议的双重属性。民事部分主要涉及商标、专利、技术等经营资源的授权使用及费用支付，而行政协议可能涉及政府特许经营权的授予（如基础设施项目）。在特许经营民事纠纷中，常见争议包括：

合同效力认定：如特许人是否具备“两店一年”[①] 资质、合同是否符合《商业特许经营管理条例》要求；若特许人虚假宣传或隐瞒关键信息，可主张合同无效或撤销，并要求赔偿损失。

---

① 《商业特许经营管理条例》第七条第二款规定：“特许人从事特许经营活动应当拥有至少2个直营店，并且经营时间超过1年。”

费用与违约争议：加盟费返还、违约金索赔、信息披露不充分导致的欺诈争议。

合同解除争议：被特许人常因对经营模式评估不足或特许人隐瞒关键信息（如商标未注册、虚假宣传）陷入纠纷；法律为此设立“冷静期条款”（《商业特许经营管理条例》第十二条），允许被特许人在未实际使用资源前单方解除合同。法规调整（如取消特许经营权的行政政策）可能导致合同基础丧失，引发解除合同及赔偿争议；可在在合同设计中加入“政策风险条款”，明确法规变动时的补偿机制，降低后续争议风险。

特许经营纠纷的核心在于合同效力、履行与权益平衡。解决路径需结合协商、仲裁或诉讼，同时通过合同设计、证据管理和政策应对降低风险。尤其要规避证据不足带来的风险，例如如口头协议未书面化、费用支付凭证不全，因举证困难最终导致品牌方与运营方的权利义务无法明确。被特许人应强化法律意识，保存招商宣传资料、沟通记录、付款凭证等，确保争议时能证明实际损失与因果关系，善用冷静期与反欺诈条款；特许人则需确保合规披露信息，避免因政策变动或条款漏洞陷入被动。

（二）行业政策法律保护现状

政府特许经营是指政府采用公开竞争方式依法选择境内外的法人或者其他组织作为特许经营者，通过协议明确权利义务和风险分担，约定其在一定期限和范围内投资建设运营基础设施和公用事业并获得收益，提供公共产品或者公共服务。

2024 年修正的《基础设施和公用事业特许经营管理办法》（以下简称《办法》）第五十四条第二款规定，特许经营项目相关协议各方因协议约定的权利义务产生的民商事争议，可以依法申请仲裁或者提起民事诉讼。该条款系落实《关于规范实施政府和社会资本合作新机制的指导意见》关于“对因特许经营协议引发的各类争议，鼓励通过友好协商解决，必要时可根据争议性质，依法依规申请仲裁、申请行政复议或提起行政、民事诉讼，妥善处理解决”等相关指导意见。行政机关不依法履行、未按照约定履行或者违法变更、解除政府特许经营协议所产生的纠纷已由法律法规、司法解释明确规定属于行政复议及行政诉讼的范畴该条款中特许经营项目相关协议系为实施特许经营项目而签订的除特许经营协议外的一系列其他相关协议。此种情形下，若产生纠纷的事项并非行政行为，那特许经营者或政府部门可通过仲裁或民事诉讼的途径追究违约方责任。但是由此产生的问题是为实施特许经营项目而签订的其他相关协议往往与特许经营协议关联极深，仅根据这一条款很难达到为政府特许经营协议纠纷提供多元化解决途径的目的，还需根据日后实践中的反馈予以各方面细化。[①]

（三）未来发展趋势

1. 仲裁是优选纠纷解决方案

特许经营民事纠纷的解决需综合考量合同性质、法律政策及当事人权益平衡。仲裁凭借其高效性、专业性成为优选方案，但需结合合同条款设计、证据管理及法律动态调整策略。对于被特许人，要善用冷静期条款与仲裁机制可有效维护权益。仲裁程序较诉讼更灵活，可指定行业专家作为仲裁员，提升争议解决的专业性，适用于特许经营类商事纠纷，尤其适合处理特许经营中的技术性问题（如商标授权范围、费用计算）。在特许经营合同中应明确约定仲裁条款，包括仲裁机构、规则及适用范围（如“因本合同引起的争议提交××仲裁委员会”）。同时在磋商中业主方应尽可能选择较为熟悉的仲裁机构以及仲裁地，以便对仲裁规则和裁判规则有一定的可预判性。

2. 引入行业协会作为第三方支撑

特许经营需要受到各类行政和行业的管理，导致行业协会对特许人和被特许人都具有一定的引导作用和协调信任，所以优先通过双方友好协商或行业协会调解解决，成本低且利于维护合作关系。需保密或专业性强的案件适合通过仲裁途径解决，仲裁协议需明确约定仲裁机构和规则，仲裁庭可依据行业惯例灵活裁决，因此选择行业协会的专家来参与到仲裁过程中会大量地减少纠纷解决的成本和时间。在诉讼途径中，行业协会也可通过行业惯例和管理要求的充分表达来做好高质量判决的第三方支撑。

---

① 参见《政府特许经营协议纠纷，能否通过民事诉讼或仲裁解决?》，载威科先行法律信息库，https：//law.wkinfo.com.cn/，2025 年 3 月 30 日访问。

四、软件行业发展及其知识产权纠纷情况

（一）整体行业知识产权纠纷概述

伴随信息技术的快速发展，各类应用场景的丰富，知识产权纠纷正在呈现多元化趋势。下面我们将从如下几个主要类型分别展开。

1. 数据类纠纷数量和类型增多

（1）涉数据不正当竞争纠纷案

党的二十届三中全会明确提出，促进平台经济创新发展，健全平台经济常态化监管制度。中央经济工作会议强调，加强监管，促进平台经济健康发展。《网络反不正当竞争暂行规定》明确禁止利用算法实施“大数据杀熟”，2024 年多起用户通过“反向驯化算法”对抗平台歧视性定价的事件引发社会关注。

北京微某网络技术有限公司与广州简某信息科技有限公司等不正当竞争纠纷案系非法抓取数据予以交易转卖的典型案件。判决基于数据“有力保护”与“有序流通”的平衡关系，明晰数据权益保护边界，体现了司法审判引导市场主体获取和利用数据要“取之有道、用之有度”的鲜明司法态度。

北京微某网络技术有限公司是新浪微博的经营者，其指控广州简某信息科技有限公司采用恶意技术手段，非法调用服务器 API（应用程序编程接口）抓取了大量微博数据，进行存储和售卖，构成不正当竞争，遂诉至法院。

一审法院认为，广州简某信息科技有限公司构成不正当竞争，判令其赔偿经济损失 2000 万元及维权合理费用 272680 元。广州简某信息科技有限公司不服，提起上诉。广东省高级人民法院二审认为，北京微某网络技术有限公司对依法依规持有的微博数据享有自主管控、合法利用并获取经济利益的权益。广州简某信息科技有限公司通过变换 IP（网络地址）、UID（用户账号）等欺骗性技术方式，非法调用微某服务器 API 抓取大量后台数据予以存储，且未经处理向不特定互联网用户售卖从而获利。该行为显著增大了微某平台被实质性替代的风险，还可能造成个人隐私、敏感信息泄露等数据安全问题，有违公平、诚信原则和商业道德，扰乱了数据市场竞争秩序，严重损害了北京微某网络技术有限公司和消费者合法权益，构成《反不正当竞争法》第二条规定的不正当

竞争行为。按照广州简某信息科技有限公司收费标准中位数 1 元/100 次计算，其获利约为 2179.79 万元，综合被诉侵权行为持续时间长、调用数据规模巨大、损害后果严重等情况，全额支持北京微某网络技术有限公司的赔偿请求并无不当，遂判决驳回上诉、维持原判。①

（2）数据知识产权的保护

在北京知识产权法院审理的 S 公司诉某木公司数据知识产权侵权纠纷中，法院认为：《民法典》第一百二十七条的规定属引致规范和宣示条款，尚未将“数据”作为一种类型化的民事权利（即绝对财产权）而规定其权利内容，在缺乏法律明确赋权的情况下，S 公司无权依据《民法典》第一百二十七条之规定要求将涉案数据集类推绝对财产权请求保护。但是，某木公司在未经 S 公司许可的情况下实施被诉行为，违背了数据服务领域的商业道德，损害了 S 公司的合法权益及消费者利益，扰乱了数据服务市场竞争秩序，构成《反不正当竞争法》第二条规定的不正当竞争行为。

一审中对于数据集的相关法律属性进行了清晰的界定：（1）涉案 1505 小时数据集中仅“metadata”文件会显示被采集人的出生地省市、性别、年龄岁数、手机品牌、系统硬件信息，上述信息不含有姓名，不能与其他信息结合识别特定自然人，故不属于个人信息范畴。（2）涉案 1505 小时数据集在内容的选择和编排上不具有独创性，不构成《著作权法》保护的汇编作品。（3）S 公司主张的涉案 1505 小时数据集是不为相关人员普遍知悉和容易获得的，并已采取了合理保密措施的商业秘密，可适用商业秘密相关法律规定予以保护。S 公司提交的《数据知识产权登记证》能够证明涉案 1505 小时数据集系由 S 公司收集且持有可以认定 S 公司是上述商业秘密的权利主体。②

2. 人工智能引发新型纠纷

随着人工智能技术应用场景越来越多，相关的民事纠纷也逐渐显现。

---

① 参见《2023 年中国法院 10 大知识产权案件和 50 件典型知识产权案例》，载最高人民法院官方网站，https://www.court.gov.cn/zixun/xiangqing/430692.html，2025 年 3 月 30 日访问。

② 参见《〈数据知识产权登记证〉在司法程序中可具备初步证据效力》，载国家知识产权局官方网站，https://www.cnipa.gov.cn/art/2024/7/26/art_55_193979.html，2025 年 3 月 30 日访问。

（1）全国首例“AI 文生图”著作权案

2023 年 12 月，北京互联网法院针对人工智能生成图著作权侵权纠纷一案，作出一审判决，该案号称是我国首例涉及“AI 文生图”著作权案。①

案情如下：2023 年 2 月 24 日，该案原告使用开源软件 Stable Diffusion 通过输入提示词的方式生成了图片，后将该图片以“春风送来了温柔”为名发布在某社交平台。后原告发现，有其他平台账号发布文章时配图使用了涉案图片，没有获得其许可，且截去了其在某社交平台的署名水印，为此，原告将被告告上了法庭。原告认为，被告严重侵犯了其享有的署名权和信息网络传播权，要求其赔偿经济损失 5000 元，并赔礼道歉。

最终，法院于 2023 年 11 月 27 日作出了一审判决，认定被告侵害了原告就涉案图片享有的署名权和信息网络传播权，应当在社交平台发表声明赔礼道歉，以消除影响，并在判决生效之日起 7 日内赔偿原告经济损失 500 元。

2024 年 2 月 8 日，广州互联网法院作出全球首例生成式人工智能平台侵权责任判决，认定被告某 AI 公司侵犯了原告对涉案作品的复制权和改编权。② 2024 年 6 月 20 日，北京互联网法院在线开庭审理了 4 起画师起诉 AI 绘画软件开发运营者著作权侵权案件，该案为全国首例涉人工智能绘画大模型训练著作权侵权案。③ 目前，我国《著作权法》在人工智能生成物保护方面暂无明确规定；人工智能生成内容的著作权归属于人工智能技术的开发者还是实际使用者尚存在争议，有待法律和政策层面的明确指引。

（2）全国首例涉“虚拟数字人”侵权案

虚拟数字人，是运用多项人工智能技术创造出来的与人类形象接近的数字化人物形象，目前在影音娱乐、电商带货、虚拟社交等行业领域广泛应用。

---

① 参见《北京互联网法院全国首例“AI 文生图”著作权侵权案获最高法院“两会”工作报告关注》，载微信公众号“北京互联网法院”2025 年 3 月 10 日，https：//mp. weixin. qq. com/s？ _ _ biz=MzU1NDk0NjE3MA==&mid=2247534481&idx=1&sn=e8092f01536c40f4996e16fc8c7f497e&chksm=fa0be57073347610d8c7dd68d30464226cc4233696ca51386d1ed14643259ebf60e4c6986cee&scene=27，2025 年 3 月 28 日访问。

② 参见《AIGC 平台侵权被判！企业不必过度惊慌——“全球首例生成式 AI”判决解读》，载深圳市人工智能产业协会官方网站，https：//szaicx. com/page131？ article_ id=14243，2025 年 3 月 28 日访问。

③ 参见《AI 生成图片与原创画作相似，四画师状告软件运营方》，载百家号“北京日报客户端”，https：//baijiahao. baidu. com/s？ id=1802381019138951603&wfr=spider&for=pc，2025 年 3 月 28 日访问。

2019 年 10 月，上海 M 公司通过公开活动发布了数字人“Ada”，并于同年 10 月、11 月通过某网络平台发布了两段视频，一段用于介绍 Ada 的场景应用，另一段则用于记录真人演员与 Ada 的动作捕捉画面。2022 年 7 月，杭州某网络公司未经授权发布了两段含有 Ada 的视频画面。上海 M 公司认为，杭州某网络公司在未经授权的情况下传播使用该虚拟数字人，侵害了他们的美术作品、视听作品的信息网络传播权，并侵害了录像制作者及录像制品中表演者的信息网络传播权，同时还构成虚假宣传的不正当竞争行为，因此将杭州某网络公司起诉至杭州互联网法院，要求其消除影响及赔偿经济损失 50 万元。①

法院经审理认为，被告杭州某网络公司未经许可使用并传播了相关视频，这种行为侵犯了原告上海 M 公司的美术作品、视听作品、录像制品以及表演者的信息网络传播权，另外，杭州某网络公司利用这些视频进行引流营销，并在展示过程中加注了商标标识，可能对消费者的决策产生了一定误导，构成了虚假宣传的不正当竞争。

（3）“AI 生成他人声音”侵权案

我国《民法典》将人格权独立成编，以立法形式将保护“声音”写入《民法典》，明确参照适用肖像权的形式保护自然人的声音，体现了对人格权益全面尊重和保护的立法精神。声音作为一种人格权益，具有人身专属性，任何自然人的声音均受法律保护，对录音制品的授权并不意味着对声音 AI 化的授权，未经权利人许可，擅自或许可他人 AI 化录音制品中的声音，构成侵权。

案情如下：原告殷某是一名配音演员，他意外发现自己的声音被 AI 化后，在被告之一某科技公司运营的平台上对外出售。殷某将某科技公司、某软件公司、某文化公司等被告起诉到北京互联网法院，主张被告的行为已侵犯其声音权益，要求停止侵权、赔礼道歉并赔偿经济损失和精神损失。被告均否认侵权。某科技公司认为，其平台中的声音产品有合法来源，来自被告某软件公司。某软件公司称其使用的声音来源于被告某文化公司。某文化公司认为其与原告有

---

① 参见《杭州互联网法院：擅自使用构成著作权侵权及不正当竞争，应赔偿损失》，载百家号“中国法院网”2023 年 5 月 10 日，https://baijiahao.baidu.com/s?id=1765458337951960453&wfr=spider&for=pc，2025 年 3 月 28 日访问。

过合作，约定经原告录制形成的作品著作权归其所有。

法院经审理认为，因某软件公司系仅使用原告个人声音开发涉案文本转语音产品，该 AI 声音与原告的音色、语调、发音风格等具有高度一致性，能够引起一般人产生与原告有关的思想或感情活动，能够将该声音联系到原告本人，进而识别出原告的主体身份。因此，原告的声音权益保护范围包含本案所涉的 AI 声音。某文化公司对录音制品享有著作权等权利，但不包括授权他人对原告声音进行 AI 化使用的权利，在未经原告同意的情况下，授权某软件公司 AI 化原告声音的行为无合法权利来源。因此，某文化公司、某软件公司未经原告许可，AI 化原告声音，构成对原告声音权益的侵犯，其侵权行为造成了原告声音权益受损，应承担相应法律责任。最终，法院判决某科技公司、某软件公司向原告赔礼道歉，某文化公司、某软件公司赔偿原告共计 25 万元。

当前，很多短视频和读书软件会使用 AI 声音作为配音，随着 AI 语音合成技术的广泛应用，声音被收集、合成、制作、模仿甚至篡改的现象越来越普遍。本案判决明确认定在具备可识别性的前提下，自然人声音权益的保护范围包含 AI 生成声音。通过裁判为新业态、新技术划定应用边界，并亮明兼顾保护人格权益与引导技术向善的司法态度。

同时我们应关注到"AI 数字人"可能引发大量诈骗和纠纷。2024 年某次深夜直播中，国家传染病医学中心主任张医生"带货"的消息冲上社交平台热搜。不过这个"张医生"并不是真正的张医生，而是 AI 换脸假冒的。被合成人像的样貌、声音都与张医生本人极为相似，令不少用户上当下单。[①] AI 冒充名人并非个例。大量低质量数字人内容已攻占各大视频平台，由 AI 生成的虚假军人、虚假成功人士、虚假女性正以亲昵的口吻与用户对话，诱骗大量不知情的中老年用户进行互动、实施诈骗。可以预期，未来监管会更加严格，但是纠纷隐患难以在短时间内根除。

---

① 参见《AI 换脸张文宏推销蛋白棒？律师：侵犯肖像权，AI 软件或涉"助罪"》，载百家号"央视网"2024 年 12 月 18 日，https：//baijiahao. baidu. com/s？ id = 1818744053379327260&wfr = spider&for = pc，2025 年 3 月 28 日访问。

5. 开源生态中重点法律问题被逐渐厘清

开源软件在科技创新中扮演着重要角色，开源生态系统的健康稳定依赖于法律框架的强有力支撑。2024 年，一系列开源相关案件判决反映出中国司法对开源协议合规性的重视，企业需建设开源软件合规使用管理体系，加强代码审计，强化著作权声明管理，确保严格遵守开源许可协议和产品的合法合规性。

2024 年 2 月 22 日，最高人民法院发布了最高人民法院知识产权法庭成立五周年十大影响力案件和 100 件典型案例名单。[①] 涉开源软件著作权侵权案的判决明确了在加强著作权保护、尊重开发者意思自治、支持鼓励开源社区建设三者间寻求利益平衡的裁判思路，对软件开发者普遍关心的开源软件与软件开发者著作权权利边界、违反开源软件协议与侵害软件著作权之间的区别等问题予以充分阐述，既尊重和维护开源软件协议的平等自愿原则，又依法保护软件开发者的合法权益，对于保障软件行业健康发展具有典型意义。

案情如下：网某科技（苏州）公司是涉案某网关产品系统软件的开发者，该软件是在某开源软件（受 GPLv2 协议约束）基础上改进形成的。浙江亿某通信科技公司通过其关联公司招聘网某科技（苏州）公司前员工并开发了被诉侵权软件。经鉴定，两款软件构成实质相似。网某科技（苏州）公司认为浙江亿某通信科技公司等侵害了网某科技（苏州）公司对涉案软件享有的复制权、修改权、发行权，遂诉至法院，请求判令其停止侵害，赔偿损失及维权合理开支共计 300 万元，并公开赔礼道歉、消除影响。

一审法院判决浙江亿某通信科技公司及其关联公司立即停止侵害、消除影响，共同赔偿损失及维权合理开支共计 50 万元。浙江亿某通信科技公司及其关联公司不服，提起上诉，主张涉案软件受 GPLv2 协议约束，根据 GPLv2 协议约定网某科技（苏州）公司本就负有公开涉案软件源代码的开源义务，故浙江亿某通信科技公司及其关联公司即便使用了涉案软件源代码，该使用行为亦不构成侵权。

---

① 参见《最高人民法院发布知产法庭成立五周年十大影响力案件和 100 件典型案例》，载最高人民法院知识产权法庭官方网站，https：//ipc. court. gov. cn/zh-cn/news/view-2783. html，2025 年 3 月 18 日访问。

最高人民法院二审认定被诉行为构成侵权并支持网某科技（苏州）公司部分诉请，判决驳回上诉，维持原判。二审裁判指出，软件开发者自身是否违反GPLv2协议和是否享有软件著作权，是相对独立的两个法律问题，不宜混为一谈；违反GPLv2协议的软件开发者能否得到侵权救济与其将来在潜在的违约和/或侵权之诉中是否应当依法承担违约和/或侵权责任，也是相对独立的两个法律问题，应予明确区分。

（二）行业政策法律保护现状

1. 国家数据治理体系日益完善

2022年12月，中共中央、国务院发布《关于构建数据基础制度 更好发挥数据要素作用的意见》（以下简称“数据二十条”），作为构建数据基础制度体系的纲领性文件，从数据产权、流通交易、收益分配、安全治理等方面明确了数据基础制度建立的框架要求。在数据确权方面，“数据二十条”确立了数据资源持有权、数据加工使用权、数据产品经营权分置的产权运行机制，绕开所有权问题，为数据确权提供依据，数据知识产权登记试点也在全国各地铺开。此外，各地数据交易所也相继推进开展业务。

2023年8月1日，财政部公布了《企业数据资源相关会计处理暂行规定》，标志着企业数据资产入表进入新的阶段。该规定明确了数据的入表范围、处理准则和披露要求，强调了信息披露的重要性。文件于2024年1月1日起施行，意味着2023年末与2024年初成为我国数据资产入表实施的关键时间点。

2023年9月8日，在财政部指导下，中国资产评估协会印发《数据资产评估指导意见》，以规范数据资产评估执业行为。数据资产的评估入表是数据要素价值实现的关键。从数据资源到数据资产，数据“入表”是指对满足资产确认条件的数据资源进行记录，数据资产可以作为无形资产和存货来计价，数据直接与经济利益挂钩；而数据资产的价值评估，将更有利于数据资产在企业融资、出资入股、并购重组、破产清算等多种不同商业场景中的价值体现。

2023年10月国家数据局正式成立，统筹推进数据基础制度建设和公共数据授权运营，国家数据局会同有关部门制定并发布《“数据要素×”三年行动计划（2024—2026年）》，充分发挥数据要素乘数效应，推动数据资源整合与市场化流通。

2024 年 12 月 31 日，国家发展和改革委员会、国家数据局、工业和信息化部印发《国家数据基础设施建设指引》，指出要保证国家数据基础设施的“全程安全可靠”，需要在开放环境下对数据进行整体、动态保护。对于数据的流通利用，要基于共识，连接多方，实现数据资源共享共用。

2. 人工智能技术迭代速度远超立法进程

《互联网信息服务算法推荐管理规定》已经 2021 年 11 月 16 日国家互联网信息办公室 2021 年第 20 次室务会议审议通过，并经工业和信息化部、公安部、国家市场监督管理总局同意，于 2021 年 12 月 31 日公布，自 2022 年 3 月 1 日起施行。

《互联网信息服务深度合成管理规定》于 2023 年 1 月 10 日起施行，要求深度合成服务提供者对使用其服务生成或者编辑的信息内容，应当采取技术措施添加不影响用户使用的标识，且暂行办法中也进一步强调了提供者应按照《互联网信息服务深度合成管理规定》要求，对图片、视频等生成内容进行标识。为落实该规定，全国信息安全标准化技术委员会秘书处于 2023 年 8 月 25 日发布《网络安全标准实践指南——生成式人工智能服务内容标识方法》，围绕文本、图片、音频、视频 4 类生成内容给出了内容标识方法，可用于指导生成式人工智能服务提供者提高安全管理水平。

2023 年 7 月 10 日，国家互联网信息办公室发布了我国首部生成式人工智能产业管理办法《生成式人工智能服务管理暂行办法》（以下简称《暂行办法》），《暂行办法》自 2023 年 8 月 15 日起施行。《暂行办法》在内容治理、数据合规与安全、算法备案与安全评估、知识产权合规、防沉迷与未成年人保护、平台投诉举报和监督等方面对生成式人工智能提供者提出了明确的合规要求。

2023 年 9 月 7 日，科学技术部、教育部、国家卫生健康委等部门联合公布《科技伦理审查办法（试行）》（以下简称《审查办法》），于 2023 年 12 月 1 日起施行。《审查办法》的主要内容包括确定了哪些行为需要经过科技伦理审查、建立伦理委员会，委员会具体要求以及伦理审查流程等。根据《审查办法》的规定，算法模型涉及个人信息数据和公共秩序，以及提供深度合成服务的人工智能活动，都需要进行伦理审查。

2024 年 3 月 1 日全国网络安全标准化技术委员会发布《生成式人工智能服务安全基本要求》，给出了生成式人工智能服务在安全方面的基本要求，包括语料安全、模型安全、安全措施、安全评估等。

2025 年 3 月，中央网络安全和信息化委员会办公室发布的《人工智能生成合成内容标识办法》，对符合《互联网信息服务算法推荐管理规定》《互联网信息服务深度合成管理规定》《生成式人工智能服务管理暂行办法》规定情形的网络信息服务提供者，开展人工智能生成合成内容的标识规范，提高信息的真实性和可信度。该办法明确了人工智能生成合成内容的标识要求、标识方式、标识管理等，为打击人工智能虚假信息提供了有力的政策依据。与之相配合的是中央网络安全和信息化委员会办公室部署开展的“清朗·规范生成合成内容标识”专项行动，旨在打击人工智能虚假信息，规范人工智能生成合成内容的标识，以净化网络环境，保护公众合法权益。

3. 最高人民法院积极引导

2024 年 12 月 26 日，最高人民法院发布《人民法院第六个五年改革纲要（2024—2028 年）》。纲要提出，完善发展新质生产力司法保障机制。加强对关键核心技术、重点领域、新兴产业等方面的知识产权司法保护。建立完善涉重大科技创新案件的审理和监督指导机制。健全知识产权行政执法和司法审判衔接机制。完善数据权益司法保护制度，健全数据产权归属认定、市场交易、权益分配、利益保护的裁判规则。完善涉网络侵权、人工智能、算法和涉数据不正当竞争等新类型案件的裁判规则，促进健全网络综合治理体系。

（三）未来发展

1. 新技术新应用出海，严防隐形跨境违规

近年来，我国各类企业寻求扩张海外市场，特别是人工智能生成内容（Artificial Intelligence Generated Content，AIGC）等新技术新应用类企业。各国合规要求不同且都趋于更加严格的监管政策，企业出海前应先深度分析出海国的宏观政策、合规要求、司法环境，并针对出海产品和应用提前制定合规管理要求和风险应对预案。尤其是涉及跨境数据流动、出口管制、个人信息保护、网络

和数据安全、技术秘密、算法歧视等重点方向。由于仲裁裁决在170多个《纽约公约》缔约方域内是可以直接执行的，因此仲裁是跨境纠纷解决的优选途径之一。

2. 关注国家政策和司法案例，夯实合规管理体系

人工智能技术飞速发展，立法本身具有一定滞后性，企业需要及时关注司法案例，从中吸取违规风险要点，主动转化为内部合规管理重点，及时优化企业内部合规管理体系。在软件领域，尤其要注意不正当竞争、内容审核、知识产权权属、著作权、技术秘密、训练语料、科技伦理管理要点的落地效果，尤其避免触碰涉及如非法获取个人信息等法律红线可能引发刑事责任的风险。同时，在商业宣传中要诚实守信，避免恶意侵权，避免将算法歧视转化为业务歧视，积极承担平台、生产者、运营者等商业角色的责任。

3. 积极建设开源生态，探索区块链存取电子证据

在软件行业，开源和闭源是商业竞争和技术发展中两个无法回避的永恒话题。伴随着人工智能的崛起，企业内部应建立完整的开源管理体系，尤其是建立开源代码审查机制和使用规范性审核机制。证据是解决知识产权纠纷的关键前置因素，企业应在内部建立全面覆盖的可取证可被信任的管理机制和信息化系统。诉讼中当事人对司法区块链存证的真实性少有质疑，但对商业区块链存证，常以存证平台资质瑕疵、区块链技术存疑、存证操作欠缺规范等予以抗辩。后续应积极探索区块链存取电子证据的技术可行性和商业落地性。

第二节　信息传输与通信业知识产权仲裁案例分析①

信息传输与通信业一般是指利用各种技术手段，实现信息的采集、传输、交换、处理、存储、应用等产业，其中包括电信、互联网、卫星通信、广播电视、邮政等行业。信息传输与通信业是我国现阶段最具潜力且最关键的基础产业之一。近年来，我国通信业全面贯彻落实党的二十大精神，认真落实党中央、国务院各项决策部署，坚持稳中求进工作总基调，全力推进网络强国和数字中国建设，促进数字经济与实体经济深度融合，全行业主要运行指标平稳增长，5G、千兆光网等网络基础设施日益完备，各项应用普及全面加速，行业高质量发展稳步推进。②

根据工业和信息化部发布的数据，2024 年前 11 个月，电信业务收入平稳增长，电信业务总量保持两位数增长。电信业务收入累计完成 15947 亿元，同比增长 2.6%。固定互联网宽带业务收入平稳增长。前 11 个月，3 家基础电信企业完成互联网宽带业务收入 2520 亿元，同比增长 5%，占电信业务收入的 15.8%，占比较前 10 个月提升 0.1 个百分点，拉动电信业务收入增长 0.8 个百分点。③

---

① 立方律师事务所资深律师邵渝棋、律师张畅然对本节亦有贡献。

② 参见工业和信息化部：《2023 年通信业统计公报》，载中国政府网，https：//www.gov.cn/lianbo/bumen/202401/content_6928019.htm，2025 年 1 月 14 日访问。

③ 参见《1—11 月我国电信业务收入、总量同比分别增长 2.6%和 10%》，载微信公众号“工信微报”（工业和信息化部办公厅）2024 年 12 月 23 日，https：//mp.weixin.qq.com/s/oLJtaSVHsUeHcF-tuTCiH8A，2025 年 1 月 14 日访问。

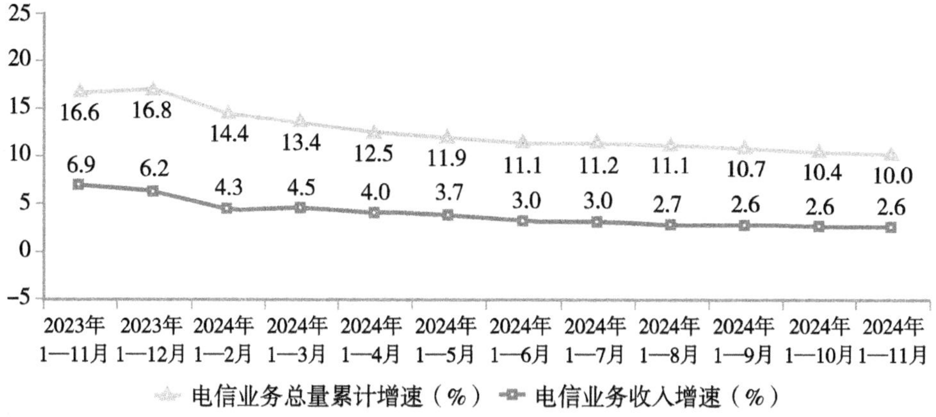

图 4-2　电信业务总量及收入增速

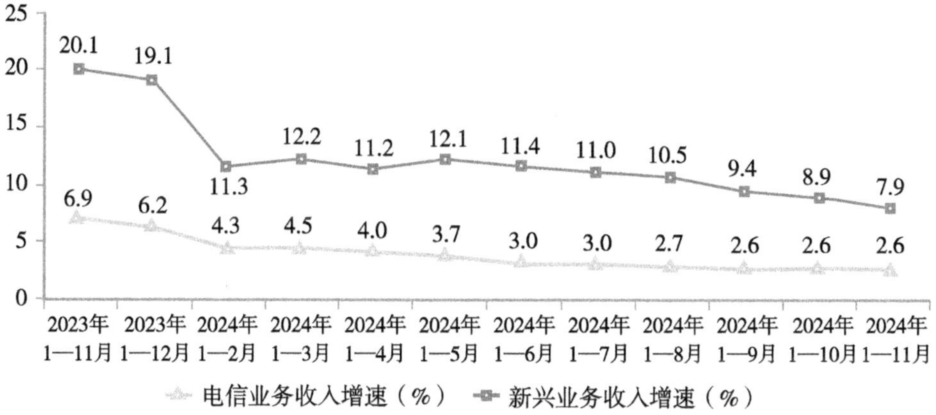

图 4-3　电信业务收入与新兴业务收入增速对比

此外，值得关注的是，通信业新型业务收入保持增长，反映出我国大数据、云计算等新兴业务的良好发展态势。前 11 个月，3 家基础电信企业共完成包括 IPTV、互联网数据中心、大数据、云计算、物联网等在内的新兴业务收入 3952 亿元，同比增长 7.9%，占电信业务收入的 24.8%，拉动电信业务收入增长 1.9 个百分点。其中云计算和大数据收入分别同比增长 6.8%和 60.7%，物联网业务收入同比增长 13.6%。①

① 参见《1—11 月我国电信业务收入、总量同比分别增长 2.6%和 10%》，载微信公众号“工信微报”（工业和信息化部办公厅）2024 年 12 月 23 日，https://mp.weixin.qq.com/s/oLJtaSVHsUeHcF-tuTCiH8A，2025 年 1 月 14 日访问。

2023 年以来，我国以“东数西算”工程为牵引，加快推进信息基础设施建设，提高算力对人工智能、数字经济等的支撑能力，助力经济高质量发展。新型信息基础设施，例如 5G、光纤宽带等网络基础设施，数据中心、通用算力中心等算力基础设施，人工智能基础设施、区块链基础设施等新技术设施，为我国数字经济发展搭桥铺路。数据显示，2023 年上半年，我国新型基础设施建设投资同比增长 16.2%，其中 5G、数据中心等投资增长 13.1%，工业互联网、智慧交通等投资增长 34.1%。[①] 2024 年 1—7 月，云计算、大数据等新兴业务保持两位数增长，累计完成业务收入 2584 亿元。截至 2024 年 7 月末，5G 基站总数达 399.6 万个，占移动基站总数的 33.5%。[②] 此外，据工业和信息化部发布的数据，截至 2024 年 11 月末，我国 5G 移动电话用户达 10.02 亿户，占移动电话用户的 56%，占比较上年末提高 9.4 个百分点。[③]

根据工业和信息化部制定的《“十四五”信息通信行业发展规划》，2021 年至 2025 年，我国将继续加快建设网络强国和数字中国、推进信息通信行业高质量发展、引导市场主体行为、配置政府公共资源。[④] 具体而言，截至 2025 年，信息通信行业收入规模预期达到 4.3 万亿元，年均增长 10%左右，同时，要实现通信网络基础设施保持国际先进水平、数据与算力设施服务能力显著增强、融合基础设施建设实现重点突破、数字化应用水平大幅提升、行业治理和用户权益保障能力实现跃升、网络和数据安全保障能力有效提升、绿色发展水平迈上新台阶等发展目标。[⑤]

可见，信息传输与通信业对于我国整体经济发展而言具有重要作用，且处

---

① 参见《加快新型基础设施建设 打通经济社会发展的信息“大动脉”》，载国家互联网信息办公室官方网站，https://www.cac.gov.cn/2023-11/27/c_1702747004332284.htm，2025 年 1 月 14 日访问。

② 参见《加速打通信息“大动脉”新型信息基础设施为数字经济“搭桥铺路”》，载中国政府网，https://www.gov.cn/yaowen/liebiao/202409/content_6974697.htm，2025 年 1 月 14 日访问。

③ 参见《我国 5G 用户数突破 10 亿》，载中国政府网，https://www.gov.cn/lianbo/bumen/202412/content_6994155.htm，2025 年 1 月 14 日访问。

④ 参见工业和信息化部：《〈“十四五”信息通信行业发展规划〉解读》，载中国政府网，https://www.gov.cn/zhengce/2021-11/16/content_5651267.htm，2025 年 1 月 14 日访问。

⑤ 参见工业和信息化部：《工业和信息化部关于印发“十四五”信息通信行业发展规划的通知》，载中国政府网，https://www.gov.cn/zhengce/zhengceku/2021-11/16/content_5651262.htm，2025 年 1 月 14 日访问。

于高速发展的阶段。而对该行业中存在的纠纷予以重视及妥善解决，对于行业的进一步发展有着重要意义。

一、信息传输与通信业法律纠纷概述

信息传输与通信业涵盖子行业广泛，包括电信、互联网、广播电视、邮政等，同时还覆盖了信息传输的全流程，包括采集、传输、存储、应用等。在行业整体高速发展的背景下，信息传输与通信业的法律纠纷涉及合同、专利及新型的数据权益等各类纠纷，案件也呈现技术性强、类型新的特点。

（一）常见纠纷类型

1. 合同纠纷

合同纠纷是信息传输与通信业中最为常见的法律纠纷类型，例如电信服务合同纠纷、网络服务合同纠纷、技术许可合同纠纷、作品委托合同纠纷、确认合同效力纠纷、承揽合同纠纷等，发生在电信服务提供商与用户、网络服务提供商与用户、委托方与被委托方等主体之间。

以电信服务合同纠纷为例，经检索中国裁判文书网，近三年民事诉讼案件数量达 10684 件，其中，一审程序案件 10375 件，二审程序案件 163 件，出具判决书 778 件，出具裁定书 9835 件。① 在电信服务合同纠纷案件中，较为常见的是电信服务合同格式条款争议。最高人民法院曾发布指导案例 64 号“刘超捷诉中国移动通信集团江苏有限公司徐州分公司电信服务合同纠纷案”，就格式合同的有效性、消费者的知情权问题进行了裁判。经营者在格式合同中未明确规定对某项商品或服务的限制条件，且未能证明在订立合同时已将该限制条件明确告知消费者并获得消费者同意的，该限制条件对消费者不产生效力。电信服务企业在订立合同时未向消费者告知某项服务设定了有效期限，在合同履行中又以该项服务超过有效期限为由限制或停止为消费者服务的，构成违约，应当承担违约责任。

---

① 通过中国裁判文书网以“电信服务合同纠纷”案由检索近 3 年案例，检索日期：2025 年 1 月 15 日。

服务合同纠纷也是仲裁中的常见纠纷类型。数据显示，贸仲 2024 年审理的案件中，买卖合同的数量为 1664 件，位列第二；服务合同的数量为 659 件，位列第五。① 随着仲裁近年来不断提高的公信力以及案件审理的高质效，仲裁也逐渐成为解决合同纠纷的首选方式之一。

2. 专利纠纷

信息传输与通信业具有较强的技术性，其中涉及大量专利，也因此常常产生大量专利纠纷。其中，一般专利侵权纠纷与专利有效性纠纷数量较大，但与其他技术领域的这两类专利纠纷相比，除所涉专利存在差异外，案件其他方面的特点并无本质差异。相比之下，信息传输与通信业下的标准必要专利相关纠纷则更具有行业特殊性。

标准必要专利纠纷既是近年来全球知识产权领域的热点问题，也是困扰诸多标准必要专利权人和实施者的重大难题。在信息传输与通信业，尤其是通信领域，随着 4G、5G 等通信技术的加速发展与更新迭代，相关标准必要专利具有极高的商业价值，由此引发的标准必要专利纠纷也层出不穷。主要国家和地区的许多法院近年来均从专利法、合同法、竞争法、诉讼法等不同角度，对如何妥善解决标准必要专利纠纷进行了各种有益的探索，其中包括全球性标准必要专利纠纷管辖权的确定、对标准必要专利禁令发放的合理限制等热点问题。

标准必要专利纠纷可通过司法裁判、仲裁、调解途径解决。司法裁判机制下，诉讼案件类型包括专利侵权、确权、确认不侵权、确认许可费等诉讼，同时因当事人通常为大型跨国公司，诉讼也常伴随着禁诉令问题。近年来，标准必要专利许可费纠纷的调解取得了良好的效果，世界知识产权组织仲裁与调解中心成功调解约 80 件标准必要专利许可费案件，为我国专利纠纷的调解机制提供了借鉴。同时，仲裁由于其灵活性、高效性，也可作为标准必要专利纠纷解决的路径之一。②

---

① 参见《贸仲委 2024 年工作报告（图文版）》，载微信公众号“中国国际经济贸易仲裁委员会”2025 年 1 月 21 日，https：//mp. weixin. qq. com/s/9vYvnOKF0FziOdcPt-UA-g，2025 年 3 月 21 日访问。

② 参见宁立志：《标准必要专利运行机制的理性回归》，载《中国市场监管研究》2024 年第 8 期。

3. 数据权益纠纷

信息传输和通信业涉及数据传输和保护，从2021年开始，数据权益保护的热度一直居高不下。《网络安全法》《个人信息保护法》《数据安全法》等数据安全领域的“三驾马车”相继生效，“数据二十条”的出台使数据权益保护成为行业热议话题。对于信息传输与通信业而言，由于其中涉及大量数据的传输、处理、使用等，相关数据权益纠纷难免随之产生。

2023—2024年，数据权益司法保护的典型案例相继发布。杭州互联网法院发布的数据权益司法保护十大典型案例，涉及数据产品的法律属性及权益保护、数据与算法驱动下虚构数据的司法规制、公共数据商业化利用的合法性边界、数据权益的权属判断与分类保护、直播数据构成商业秘密的认定标准、社交平台数据的性质及数据爬取行为的认定、网络直播数据造假行为的司法规制、涉众信息数据的权益保护、对平台大数据监测结果的司法审查、以“撞库”方式获取经销商数据库构成不正当竞争，案由多为不正当竞争纠纷，同时也涉及网络服务合同纠纷、侵害作品信息网络传播权纠纷等案由。[①] 北京互联网法院发布涉个人信息及数据典型案例，涵盖个人信息保护纠纷、隐私权纠纷、名誉权纠纷、网络服务合同纠纷、人格权纠纷、网络侵权责任纠纷案件，审理要点包括对个人信息处理同意有效性的认定、个人信息主体权利范围的认定、信息处理者未尽到个人信息安全保障义务的责任、服务提供者的合理提示义务等。[②]

（二）专利纠纷复杂化，新型纠纷内容专业化

如前所述，信息传输和通信业知识产权纠纷的主要类型之一为专利纠纷，而通信领域技术往往具有很高的复杂性和专业性，这不仅仅体现在通信方法、通信装置等的专利技术本身上，也体现在专利纠纷内容、管辖权的确定以及专利纠纷主体的复杂性上。

以标准必要专利纠纷为例，其核心的FRAND行为认定涉及对谈判过程的追

---

① 参见《杭州互联网法院数据权益司法保护十大典型案例》，载微信公众号“杭州互联网法院”2023年11月23日，https：//mp. weixin. qq. com/s/Vr5pqJQSL3rjxiEFieQA4w，2025年1月14日访问。

② 参见《北京互联网法院涉个人信息及数据典型案例》，载微信公众号“北京互联网法院”2024年10月31日，https：//mp. weixin. qq. com/s/500PiHzTpl3VZ9Vg75lbwg，2025年1月14日访问。

溯，判断许可谈判过程中是否存在过错；对实施专利所获利润以及利润在被许可人相关产品销售利润中的占比等的分析，从多个方面判断许可使用费是否合理。并且，FRAND 的判断标准也始终伴随着全球司法实践的发展而进行动态调整。此外，在标准必要专利纠纷的管辖权方面，专利权人与实施者之间往往进行激烈博弈，不同司法区域的平行诉讼加剧了通信业专利纠纷的复杂程度。

除专利纠纷外，由于近几年来我国不断加大对于数据的保护力度，鼓励充分实现数据要素价值，信息传输和通信业中有关数据权益、个人信息保护的案件数量不断增多，目前司法领域审理的新型纠纷内容体现出较高的专业性。数据权益类案件中，司法实践已对数据产品的权益进行了认定，例如，通过特定算法深度分析过滤、提炼整合形成数据分析产品具有竞争性财产权益，未经许可不得直接将他人数据产品作为自己获取商业利益的工具；对于企业使用公开的公共数据原则予以明确，应遵循来源合法原则、注重信息时效原则、保障信息质量原则、敏感信息校验原则，以防止不当使用给数据原始主体带来损害；对于 AI 换脸前沿问题进行审理，未经授权对包含他人肖像的视频进行 AI 换脸处理，构成对他人个人信息权益的侵害；等等。前述新类型案件的审理需结合我国近年来出台的数据及个人信息保护相关法律规定，对于新技术（如 AI、算法等）场景下的法律纠纷进行创新性、专业性的审理。

二、仲裁是信息传输与通信业法律纠纷的有效解决方式

随着信息传输与通信技术的快速发展，该行业内包括知识产权在内的法律纠纷逐渐增多，以“信息”“数据”及“通信”等关键词在法律信息库平台进行检索，发现诉讼案件主要集中在行业内相关合同纠纷、个人信息保护、专利权纠纷等方面。这些案件中，部分涉及复杂的技术问题，例如通信技术专利、大数据算法、数据产品等，给传统司法解决方式带来了挑战。在这种背景下，仲裁以其保密性、专业性等特点，为更多当事人解决信息传输与通信行业知识产权纠纷提供了重要路径。以下从技术性、保密性与裁决不公开以及裁判效率等多个角度探讨仲裁的优势。

首先，仲裁员具备行业专长，更加匹配信息传输与通信业案件高技术要求

的特点。仲裁允许当事人根据案件的特点，自行选择具备相关行业专长的仲裁员。这些仲裁员通常是技术领域的专家、资深律师或知识产权专业人士，对通信技术、大数据、人工智能等行业有深入了解。这种专业背景使仲裁员能够迅速掌握案件的技术要点，对专业证据进行更加准确的分析和评估。例如，2023年，贸仲进一步扩大多元化纠纷领域专家队伍，聘任来自15个国家和地区的中外调解员300名；聘任来自16个国家和地区的建设工程争议中外评审专家191名，为涉外仲裁和建设工程行业仲裁案件提供了有力支持。①

其次，知识产权纠纷，尤其是涉及商业秘密的案件，往往牵涉企业的核心竞争力。例如，信息传输与通信行业的商业秘密可能包括算法代码、技术流程、数据分析模型等。在传统的司法程序中，企业通常需要向法庭上提交大量证据，文书公开等程序中可能包含企业的敏感信息及商业秘密。相比之下，仲裁的一大优势在于其裁决文书和相关文件不上传至网络，裁决结果也不公开，有效地降低了信息泄露的风险。在信息传输与通信业，纠纷的公开性风险更为显著。一旦企业的技术信息或商业计划被披露，竞争对手可能借此分析企业的核心业务策略，从而在市场竞争中抢占先机。同时，公众对企业的数据合规性或技术争议的关注，也可能降低投资者的信心，影响企业的正常经营管理。因此，仲裁的不公开性使企业在维护自身合法权益的同时，还能够尽量减少外部可能带来的干扰和损失。

此外，仲裁的审理方式灵活高效，为包括知识产权纠纷在内的案件处理提供了更为便捷的纠纷解决方式。信息传输与通信业的技术迭代速度快，且专利存在保护期限，企业对纠纷解决的效率要求较高。在送达方面，仲裁文件送达在涉外案件中十分便利。以贸仲为例，双方可约定优先采用电子方式送达，也可通过特快专递、传真以及其他能够提供投递记录的通讯手段送达，大幅降低了送达时间成本。② 在审理方式方面，仲裁程序可结合具体案件情形，灵活采

---

① 参见《〈贸仲委2023年工作报告〉（图文版）》，载微信公众号“中国国际经济贸易仲裁委员会”2024年1月27日，https://mp.weixin.qq.com/s/R_hLquJja3I8O2A7VMlaZQ，2025年3月25日访问。

② 参见《中国国际经济贸易仲裁委员会仲裁规则（2024版）》，载中国国际经济贸易委员会官方网站，https://www.cietac.org/articles/25022，2025年1月14日访问。

用不同审理方式，如采取大陆法系或英美法系审理方式、采用抽样公估等方式核对海量电子证据及采取紧急仲裁员临时措施等。对于涉外案件而言，仲裁语言及适用法律约定多元化，也为当事人解决纠纷提供便利。在裁决作出方面，传统司法程序往往需要较长时间才能作出判决，同时，诉讼设置二审终审制度，可能进一步提高了企业维权的时间成本。而仲裁程序则以灵活性和效率著称，较诉讼程序可大幅缩短争议解决时间。在裁决执行方面，近年来我国仲裁裁决的公信力不断提升，更易被他国承认与执行，为法律纠纷的最终解决提供了有力保障。

三、信息传输与通信业知识产权纠纷的典型仲裁案例

下文将结合贸仲裁决的专利许可及数据权益相关的典型案例，讨论仲裁解决信息传输与通信业法律纠纷的优势，并提出相关实务建议。

（一）典型案例一：A 公司与 B 公司专利、专有技术使用许可合同争议仲裁案

1. 案件情况

2010 年 10 月，A 公司与 B 公司签订《许可合同》及其附件。依据《许可合同》的约定：B 公司授予 A 公司使用其所拥有的 LED 专利及芯片相关专有技术，许可使用期限均为 50 年，自本合同生效之日起计算，许可方式为不可转让的一般许可。B 公司应自合同生效之日起将许可专利、专有技术数据及技术资料交给 A 公司。许可专有技术的移转服务，应确保许可专有技术的有效实施，需由 B 公司提供技术人员与指导的，B 公司应予充分支持。《许可合同》附件 A 约定了所许可的三项专利及所许可的二十项专有技术。附件 C 第 5.4 条为关于专利权价值确定。

A 公司认为，B 公司在许可 A 公司使用三项专利的过程中存在重大违约行为，其中一个专利在《许可合同》签订前即已过期，另外两个专利有效期远远短于《许可合同》约定的许可使用期限。此外，B 公司在许可 A 公司使用“二十项专有技术”方面存在重大违约行为，前述技术相关书面资料均为 LED 业界的公知技术，且多数较为浅显，不符合技术秘密的法律特征，不具备技术秘密

的秘密性和商业价值性。同时，B公司在履行提供建厂技术方面存在重大违约行为，致使A公司至今无法顺利量产。前述几项违约行为致使A公司无法实现利用专有技术的合同目的。

B公司则认为，其已完全履行《许可合同》项下义务，将其掌握的LED外延及芯片技术和工艺全部传授给A公司。B公司向A公司提供的是LED外延及芯片的整合技术，包括但不限于MOCVD设备操作、参数调整、厂务设施规划、培训技术人员、厂区营运及工艺管理，但从《许可合同》及其附件的内容来看，均围绕着B公司许可A公司使用与LED有关的权利、专有技术，未曾提及A公司获得技术后的发展前景，至于A公司在出师后能否“华山论剑，问鼎巅峰”不属于本案讨论范畴。

关于B公司转让的专利有效期短于合同的有效期是否构成违约，仲裁庭认为：第一，专利权人对特定的发明创造仅在一定期限内依法享有独占权利。各个国家和地区的专利法对于专利权期限的规定均达不到涉案《许可合同》约定的50年的许可期限。基于专利的时间性和公开性，在缔结涉案《许可合同》时，对于所许可的三项专利有效期短于合同的有效期，A公司已经知道或应当知道。第二，尽管三项专利的法律状态与合同约定的50年许可期限不相符，但是没有证据表明在签订相关专利许可条款时存在任何可能导致A公司无法正确判断并导致合同条件显失公平的情形发生，并且A公司曾经办理涉案专利在国家知识产权局的许可备案，载明所备案专利的有效期，对此，A公司亦未提出异议。第三，本案专利许可费用在评估作价时采用三项专利打包评估，评估方法、评估结果和专利许可费用支付方式均为A公司所接受，且不违反我国法律和行政法规的强制性规定。第四，由于涉案技术转让为包括专利技术和专有技术的一揽子技术转让，许可方负有向被许可方提供与技术转让相关的全部技术资料和技术服务的合同义务，应按照一揽子技术转让的通行做法将专利转让的操作说明及应用程序的交付纳入上述技术资料交付和相关技术服务的合同义务之中。综上，仲裁庭认为，《许可合同》有关专利许可的相关约定系当事人双方协商一致的结果，意思表示真实，A公司在作出该约定时已经知道或至少应当知道该专利有效期短于合同的有效期，并且该约定不违反中国法律和行政法规的强制性规定，合法有效，故A公司提出B公司提供的专利有效期短于合同有效期因而构成违约的主张，无法得到仲裁庭的支持。

关于B公司转让的专有技术是否具有秘密性从而是否构成违约。仲裁庭认为，判断一项专有技术是否具有秘密性是一项极具专业性的复杂工作，这不仅因为专有技术有其特定的技术领域，还因为专有技术本身就具有保密性，此种保密性往往具有时间性，超过特定时间就有可能进入公知领域。此外，就专有技术的载体而言，不仅包括书面文字资料等有形载体，还包括生产和管理过程中积累的无形经验和技能，此种无形的经验和技能往往通过提供技术服务以身教或口口相传的方式完成转让。从涉案《许可合同》专有技术转让的内容来看，既包括许可方提供相关专有技术的文字资料，也包括许可方提供与专有技术转让相关的技术服务，因此不能排除此等技术服务中包含秘密技术的内容。

仲裁庭同时认为，专有技术保密性的意义和价值在于维护该项技术的市场独占性，即通过保密来保障该项技术在一定程度上的技术垄断性，从而获得并维持其市场优势地位。就专有技术转让合同目的而言，不仅在于该项技术是否具有保密性，更在于通过实施该项技术转让是否能够生产出具有一定市场独占地位的合同产品，以实现技术转让的商业目的。因此，一项专有技术转让合同的保密性和商业价值，主要通过合同所确定的合同产品的技术标准来实现。实现技术转让合同所确定的技术指标，这对于技术转让合同当事双方尤其是被许可方而言，更具有重要意义。仲裁庭注意到A公司所提交的关于二十项专有技术不具备保密性和商业价值的专家意见，同时仲裁庭也注意到B公司对于上述专家意见的反驳意见。仲裁庭认为，基于上述仲裁庭所述的理由，同时考虑到上述专家意见系A公司单方委托以及B公司的相关主张，故对于上述专家意见，仲裁庭不予采信。如上所述，仲裁庭认为，对于A公司提出的B公司转让专有技术不具有保密性从而构成违约的主张，因缺乏相应的证据，故仲裁庭不予支持。

关于本案的合同目的，仲裁庭认为，涉案《许可合同》的合同目的不仅限于B公司向A公司转让合同项下的LED生产技术，使其可以合法使用；还包括确保A公司能够生产出合格的合同产品并达到量产运营。B公司作为《许可合同》技术的拥有方和许可方，在合同履行过程中处于主导地位，但在合同履行过程中，B 公司未能严格履行其所承诺的合同义务，所转让的技术当中还包括其本身并未生产的某蓝光技术，故 B 公司应对技术转让失败承担主要责任。经 A 公司催告后，B 公司在合理期限内仍未完成其技术转让的合同义务，导致《许可合同》的目的无法实现，解除合同的条件已经成就。

最终，仲裁庭裁定解除《许可合同》，B 公司退还 A 公司依据《许可合同》已支付的款项，B 公司向 A 公司支付损失赔偿金。

2. 纠纷观察与实务建议

在本案仲裁裁决中，A 公司对专利和专有技术的质量及有效性提出了质疑，但仲裁庭未支持其相关主张。然而，仲裁庭并未止步于形式上的合同条款解释，而是深入结合合同目的进行审理，作为技术许可与转让合同的核心，双方订立合同的目的不仅在于获取专利和专有技术的许可权利，还包括通过技术的实施与应用，助力 A 公司实现产品量产及商业化的目标，最终认定 B 公司在履约过程中存在过错，未能有效地提供约定的技术服务和技术成果，尤其是关键的某蓝光技术，其本身尚未实际生产，致使 A 公司无法达成量产。仲裁庭认定 B 公司的履约行为未能充分支持合同目的的实现，构成实质性违约。

本案的裁决结果体现了合同目的在合同解释与责任认定中的重要作用，履约行为的评价不仅限于合同条款的形式性约定，还需从合同目的出发，分析实际履行是否实现了双方约定的核心目标。这一原则为类似技术合同纠纷的解决提供了重要指引，即在合同履行过程中，各方应始终围绕合同目的展开行动，确保最终目标的实现，而非流于形式上的履约。

同时，我们也观察到，如合同目的在合同中约定不明确，也可能为技术开发的委托方带来不利后果，如大某公司诉天某公司计算机软件开发合同纠纷案则提供了一个相反的视角。在大某公司诉天某公司一案中，大某公司主张涉案小程序缺少“阶段性库存功能”，导致其租赁业务的优化目的无法实现，进而主张合同目的未达成。然而，法院指出大某公司订立合同的目的仅限于获得约定的软件，至于优化库存管理的效果属于合同动机而非合同目的。由于“阶段性库存功能”并未通过合同条款明确体现为合同的具体要求，且天某公司未接受合同履行中增加开发此功能的要求，法院认定大某公司的主张缺乏事实和法律依据。①

综合上述案件，在技术转让或许可合同中，委托方如果希望确保某些商业化目标的实现，则需在技术转让合同的订立过程中，全面梳理自身需求，并将与业务关联紧密的重要目标通过具体条款在合同中予以明确。例如，可以明确要求被许可方提供的技术资料需达到某一具体标准，或者技术成果应通过第三方验收，并附加违约责任条款。通过将合同动机转化为可衡量的合同目的，委托方可以更有效地保护自身权益，避免因合同条款不明确而在纠纷中处于被动地位。

（二）典型案例二：A 信息技术公司与 B 信息技术公司数据加工服务争议案

1. 案件情况

2017 年 6 月，A 信息技术公司（以下简称 A 公司）与 B 信息技术公司（以下简称 B 公司）签订《企业订购协议》（以下简称涉案合同），约定 B 公司向 A 公司提供 C 服务，该服务应当是为中国客户定制本地化服务、产品及解决方案。同日，B 公司与 A 公司签订《客户订单》及《客户订单补充函》，约定 B 公司需根据 A 公司的要求提供定制的分析报告，并且为 A 公司提供本地化洞察服务。

涉案合同及订单签订后，A 公司与 B 公司经协商一致，确定 B 公司自 2018 年 2 月起至 2019 年 2 月止，应向 A 公司提供 400 份人才大数据报告，对价为 170 余万元（不含税）。合同签订后，A 公司于 2017 年 7 月向 B 公司支付了全部合同价款 180 余万元（含税）。A 公司认为，截至 2019 年 2 月，经 A 公司多次沟通催促，B 公司仅提供了 1 份符合双方约定的人才大数据报告。A 公司已交付的人才大数据报告中没有进行编制说明（包括数据来源的介绍、选择数据的方法、行业的定义及包括的范围、行业背景介绍、发展趋势分析等），没有对报告的每一项数据进行定义说明及研究方法的说明，没有进行洞察发现，只有

① 参见《原创丨最高人民法院知识产权法庭课题组：计算机软件开发合同纠纷案件法律适用问题研究》，载微信公众号“最高人民法院知识产权法庭”2024 年 11 月 18 日，https：//mp.weixin.qq.com/s/PQnS_BZN8ycXMJTrucJ8nQ，2025 年 1 月 16 日访问。

数据生成的图表而无专业解读和本地化服务，其后交付的报告解读模板也存在随意解读、逻辑混乱、数据删除等问题，水平远低于网络上可查到的B公司的分析报告，不符合合同约定。根据合同约定的“本地化洞察”的指标，B公司的每份报告都应有解读，但B公司交付的200份报告中，只有人才大数据报告根据A公司要求附有报告解读，其他报告没有解读，不符合提供400份报告的合同约定。B公司没有按照合同约定的报告质量和数量履行义务，已构成根本违约，故A公司提起仲裁请求解除涉案合同及《客户订单》《客户订单补充函》，并请求B公司返还A公司已支付的合同价款。

B公司则认为，其已向A公司交付两批报告。2019年1月，B公司向A公司发送邮件，请A公司确定第三批报告的“技能”维度关键词，以便开始第三批报告的编制工作。2019年2月，A公司回复B公司的上述邮件，主张B公司此前仅交付了1份本地化解读报告，并以此为由明确拒绝配合B公司提出的第三批报告交付工作。B公司认为涉案合同附件A第2条的英文是The C China team will localize the insights for Client，即“C中国团队将为客户提供这些本地化洞察”，而非A公司所译“C中国团队将为客户提供本地化服务”，合同文本并未约定B公司向A公司提供任何书面解读报告，B公司交付的200份数据报告符合定制报告的指标。

经审理，仲裁庭认为，首先，B公司不存在迟延履行主要债务。按照双方约定，每个季度的报告总数量为100份，四个季度需交付400份报告。B公司已向A公司交付了400份报告中的200份，A公司亦认可这一事实。从人才大数据报告交付的数量看，B公司已交付了约定数量的一半，难以说未履行主要债务；从迟延交付报告的原因看，B公司迟延交付主要是双方对已交付的报告存在质量争议，且A公司未明确后续报告的要求，可谓事出有因，难以将催告后仍未履行的责任完全归结于B公司。

其次，判断B公司是否根本违约，取决于其履约行为是否符合涉案合同附件A第2条约定，其交付的人才大数据报告是否致使合同目的不能实现。仲裁庭认为，在合同对本地化洞察约定不明确、双方当事人对条款的理解有争议的情况下，应当按照法律的规定进行解释。“洞察”的含义表明，仅是将数据信息进行选取、计算、归纳不应被认为是“洞察”。从合同有关条款看，根据涉案合同约定，本地化洞察至少需要在形式上对大数据报告进行汉化编辑，以满足中国客户流利读取数据信息的需要，同时交付的报告应有对数据信息的深入分析，以易于客户理解报告所载数据信息之于其的意义。而B公司交付的人才大数据报告基本为英文表述，除报告解读外，其余报告不包括“洞察发现”内容，难以认为符合本地化洞察的合同要求。从合同目的看，A公司订立涉案合同的目的，是通过B公司提供的人才大数据报告为中国客户提供择业参考，基于该目的，人才大数据报告不仅需提供相关数据，而且要有对数据的洞察发现。从交易习惯看，B公司出具给第三人的两份报告的分析深度以及与本地化的结合程度，均优于B公司的人才大数据报告。同为B公司出具的报告，存在如此差距，难以认为人才大数据报告在本地化洞察方面符合交易习惯。从诚实信用原则看，双方就报告的质量标准多次沟通，但B公司交付的第二批报告，仍采用人才大数据报告的模式，难以认为B公司遵循了诚实信用原则，交付的人才大数据报告符合约定的本地化洞察标准。综上，仲裁庭认定B公司未履行本地化洞察的合同义务，致使涉案合同目的无法实现。

最终，仲裁庭认为，B公司构成根本违约，依据法律规定和涉案合同约定，A公司有权解除合同。

2. 纠纷观察与实务建议

本案涉及在数据加工、分析相关合同中，如未能清晰界定具体的数据加工及分析的精度与质量等，如何对合同条款进行解释的问题。本案发生时，国内尚未有成体系的数据保护相关法律。然而，随着数据经济的发展，我国已逐步建立了数据相关法律框架，例如《个人信息保护法》《数据安全法》，以及国家标准《信息安全技术 大数据服务安全能力要求》（GB/T 35274-2023）。这些法律与标准为数据加工行为提供了更明确的规范，为类似纠纷提供了解决思路。根据国家标准《信息安全技术 大数据服务安全能力要求》，数据加工是通过数据变换、转换、分析等操作生成新数据的处理行为。本案中，“本地化洞察”的实质即为数据加工，判断是否符合“洞察”，则需判断是否满足以下要点：数据内容是否进行了深加工，如洞察内涵、规律发现；数据加工结果是否形成了新的、符合预期用途的数据集。此外，2022 年 12 月 2 日，中共中央、国务院对外发布了《关于构建数据基础制度更好发挥数据要素作用的意见》，又称“数据二十条”。“数据二十条”提出“数据加工使用权”概念，数据加工使用权强调加工活动可以使得原始数据转变为衍生数据，增加数据的价值和可用性。在本案中，“本地化洞察”不仅涉及原数据的解读，还涉及数据的加工增值。B 公司未能实现加工增值的目标，其履约行为显然偏离了合同目的。

在数据加工类合同中，需清晰界定各方的加工义务与预期成果，特别是对加工行为的具体内容进行细化约定。合同中应详细描述数据加工的预期效果，包括基础数据的范围、数据分析的深度以及加工后新数据的用途。例如，本案中如果明确约定“洞察”需包含深加工和规律发现，而不仅仅是语言翻译或基础信息汇总，争议将大大减少。此外，可在合同中引入行业惯例，作为对履约质量的补充性规定，确保加工成果符合普遍认可的技术和行业规范。

同时，针对数据加工合同，设置明确的验收标准是防范履约纠纷的核心手段。合同中应规定验收的具体内容与流程，包括但不限于数据加工成果的形式、加工深度的评估方法以及是否满足最终用户需求的评估。可以通过细化如下验收条款提升合同可操作性：第一，明确加工成果是否需满足特定的行业场景应用；第二，规定验收时的质量评估标准；第三，在验收流程中建议加入分阶段检查机制，通过逐步确认加工成果来减少纠纷发生的可能性。此外，在数据加工合同的履行过程中，双方应加强沟通并妥善保存相关记录，以确保履约质量的预期一致性。双方应对合同条款中可能存在的模糊或争议内容及时进行沟通确认，并通过会议纪要、电子邮件或补充协议等形式固化协商结果。

本案的审理也体现了仲裁庭及审理人员的专业性，在我国数据相关法律法规尚未成体系的情况下，基于对数据产品的独到理解以及对于合同法的专业解读，协助当事人高效地解决了数据权益纠纷，充分体现出仲裁对解决此类纠纷的优势。

（三）典型案例三：A 技术公司与 B 保险公司数据加工服务争议案

1. 案件情况

2018 年 2 月，双方当事人签订了《“按图承保、按图理赔”项目合作合同》

（以下简称《合作合同》），双方约定，B 保险公司（以下简称 B 公司）委托 A 技术公司（以下简称 A 公司）开展“按图承保、按图理赔”项目的数据服务和软件开发工作，具体包括事项：（1）耕地图斑数据库服务；（2）C 云平台建设；（3）D 软件定制开发。双方就前述数据、技术及产品服务约定了具体内容和相应的技术指标要求等。其中，对耕地图斑数据库要求，A 公司应当提供坐标精准、分辨率清晰的卫星遥感影像地图，并以此作为工作底图，按照道路、沟渠、田垄等可辨别界限来提取耕地地块图斑，并记录清楚每块地块的编号、面积、坐落等信息，要求地块之间不存在相交、缝隙、重叠等错误。B 公司出具以县为单位的各省级分公司生产任务单，以书面形式通知 A 公司，A 公司按采购计划要求提供成果资料和服务。2018 年 10 月，双方签署《补充合同》，变更结算依据。《合作合同》和《补充合同》签订后，A 公司与 B 公司 29 家省级分公司开展合作，B 公司先后支付了 26 家省级分公司的合同价款。

在本案，A 公司主张 B 公司尚欠合同款项近 1000 万元未付，A 公司认为，在重庆、甘肃、湖南，其已经依约完成了数据发布工作，为履行《合作合同》及《补充合同》，耗费了大量的人力物力，B 公司应该按照合同的约定及时支付合同款项。B 公司则抗辩称 A 公司存在瑕疵履行、部分履行、迟延履行等多种严重的违约行为，A 公司提供的数据、软件服务存在质量问题，不符合合同约定的各项技术标准，而且完全无法使用，导致合同目的无法实现。根据我国法律规定，B 公司有权不向其支付费用。对 B 公司的抗辩，A 公司认为其只向 B 公司主张提供耕地图斑数据的费用，并未就软件及系统单独收费，而且软件和系统可以正常使用，至 A 公司申请本案仲裁，B 公司从未提出过软件存在质量问题。

仲裁庭认为本案的争议焦点之一是涉案合同在重庆、甘肃、湖南是否适当履行。仲裁庭认为，《合作合同》约定：“验收时间：甲方或甲方各省级分公司收到成果资料和服务的资料后应于 7 个工作日内出具验收报告及签字、盖章《已完成耕地面积统计表》。”虽然双方在《补充合同》中将《已完成耕地面积统计表》变更为《承保数量确认表》，但是未变更对验收时间的约定，双方关于验收时间的约定依然有效，B 公司有义务在收到成果资料和服务的资料后 7

个工作日内验收。

根据本案实际情况，A 公司在 2018 年 9 月底前完成了涉案数据上传，B 公司如果对已上传数据有异议，最迟应在 2018 年 10 月上旬提出异议，但 B 公司在整个合同履行期间并未向 A 公司发出过异议通知，直到 A 公司提起本案仲裁才提供形成于 2021 年或 2023 年的证据对 A 公司上传数据提出异议。在本案中，B 公司未在合同约定的检验期间提出质量异议通知，未提供任何证据证明其在合同履行和质保期内提出任何瑕疵履行的问题，也没有提供任何证据证明因 A 公司的重大违约行为造成合同目的无法实现。因此，仲裁庭认为，根据原《合同法》的相关规定，A 公司提供的数据质量应认定为符合合同约定。

最终，仲裁庭酌情部分支持了关于 B 公司向 A 公司支付款项的仲裁请求。

2. 纠纷观察与实务建议

本案涉及数据的验收条款和双方对验收程序的履行。仲裁庭解决本案争议的关键不在于判断数据质量本身是否完全符合合同约定，而在于判断 B 公司是否按照约定的程序完成验收以及是否及时提出异议。根据合同条款，B 公司负有在收到成果后 7 个工作日内完成验收或提出异议的义务，而 B 公司在整个履约过程中未能在规定期限内对数据质量提出任何异议，直到仲裁阶段才提出数据存在问题的抗辩，这种行为已显然违反合同约定。实践中，未按期提出异议通常会被视为默示接受交付成果，因此，B 公司后续的抗辩难以成立。

从实践中看，合同双方在数据服务类项目中需要高度重视验收程序的设计和履行。一方面，合同条款需对验收的时限、形式及逾期后果进行清晰约定，以规避因模糊条款导致的履约争议；另一方面，在履约实践中，严格按照合同约定的程序进行验收尤为重要。一方在收到成果资料后，应在约定的验收期限内及时提出异议，尤其是在涉及技术数据和质量标准的问题时，建议以书面形式列明具体问题，并与对方进行明确沟通和确认。如果逾期未提出异议或未能按时完成验收，这种行为可能被视为默认接受交付成果，后续再提出质量异议不仅举证难度大，也会使己方在争议解决中处于被动地位。

此外，本案中仲裁庭除对验收程序进行审查，还基于案件事实详细梳理和分析了 B 公司完成生产任务的程度，根据三地的不同情况详细计算了应结算金额，对本案的应付金额做了精细化计算，充分保障了当事人的合法权益，也反映出仲裁员在审理新类型数据合同时的专业性。

（四）典型案例四：A 公司与 B 公司云呼叫中心服务争议案

1. 案件情况

2018 年 12 月，A 公司与 B 公司签订了《服务合同》（以下简称涉案合同），约定由 A 公司向 B 公司提供云呼叫中心服务，合同自 2018 年 8 月起生效，服务期限为服务实际开通之日起 36 个月。合同签订后，A 公司按约向 B 公司提供了服务，B 公司应当按照合同约定支付服务费用。然而，B 公司仅支付了 2019 年 1 月服务费用 20 余万元人民币，剩余款项始终未予支付，为此，A 公司诉诸仲裁程序。

B 公司则认为，涉案合同应属无效合同。B 公司主张 A 公司提供的“精准电话营销业务”包含数据分析及电话营销两个环节，分别与《精准营销大数据服务合同》及涉案合同相对应。从合同目的、履行方式、合同条款、法律规定以及司法实践等方面来看，A 公司利用其掌握的用户隐私信息拨打骚扰电话，侵犯了用户个人隐私，其不得泄露或非法向他人提供其在业务活动中收集的公民个人电子信息。且所谓“大数据挖掘服务及云呼服务”因损害了社会公共利益而无效。因此，B 公司认为涉案合同应属无效，A 公司无权要求 B 公司支付涉案合同项下的服务费。最终，本案双方和解结案。

2. 纠纷观察与实务建议

本案虽然最终以和解结案，但其案件背景值得进一步分析与探讨。本案中，A 公司通过大数据分析协助 B 公司精准向潜在目标客户进行电话营销，凸显了数据在现代商业模式中的核心作用。然而，数据的使用必须在法律框架内进行，尤其是在处理和分析涉及个人信息时，需严格遵守相关法律法规的规定。任何非法获取、使用或过度处理个人信息的行为，不仅可能侵害个人权益，还可能损害社会公共利益。这类行为可能导致商业合作协议无效，损害企业声誉，甚至使企业承担侵权责任。

根据《个人信息保护法》第十三条和第十七条的规定，处理个人信息应具有合法性基础（如取得个人的同意），并且需要明确告知处理目的、方式及可能的风险。如果个人信息处理者处理个人信息缺乏合法性基础，则不仅可能侵害个人信息、生活安宁权，在信息数量较大的情况下也可能对社会公共利益造成损害，从而影响协议的有效性。

另外，个人信息处理的合法性不仅取决于是否获得授权，还需符合最小必要原则，即仅在实现处理目的所必需的范围内使用数据，如超范围使用，则可能被认定为侵权行为。在个人信息处理者向第三方提供个人信息时，需取得个人的单独同意，并确保个人信息的提供行为符合法律规定。

基于此，企业在个人信息处理活动中需全面落实《个人信息保护法》等法律法规的要求，确保个人信息处理的每一个环节均合法合规。在进行个人信息采集、分析和共享时，应严格遵循告知、授权、透明和最小必要原则，并采取有效的技术和管理措施保障个人信息的安全，避免侵害个人信息主体权益和社会公共利益。

（五）典型案例五：A 影视文化工作室与 B 日用品公司代言合同争议案

1. 案件情况

2019 年 7 月，A 影视文化工作室（以下简称 A 公司）与 B 日用品公司（以下简称 B 公司）签订了《合同书》（以下简称涉案合同），约定 B 公司邀请艺人 C（以下简称 A 公司艺人）作为旗下 D 品牌拖把、抹布、一次性膜袋产品的形象合作代表，合作期从 2019 年 7 月起至 2021 年 7 月止。

根据涉案合同第 6.3 条之约定，代言协议期限届满，且双方决定不再续约时，A 公司预留 3 个月时间予 B 公司作为平面广告清理期，但此广告清理期最晚不超过 2021 年 10 月。广告清理期满，B 公司需完成收回或销毁所有 A 公司艺人肖像、姓名，以及含有上述个人信息之广告的全部清理工作。鉴于 A 公司、B 公司并未续约，涉案合同自 2021 年 7 月起已届满，涉案合同终止。在合同终止的情形下，B 公司自然丧失了对于 A 公司艺人肖像、姓名的使用授权。依据涉案合同的约定 B 公司应当履行以下三个方面的义务：（1）限期清理所有涉及 A 公司艺人肖像的广告；（2）清理期内不得继续制作、投放或使用涉及 A 公司艺人肖像的产品或宣传推广物料；（3）对于清理期内新产生的涉及 A 公司艺人肖像的产品或宣传推广物料亦负有限期清理之义务。

然而 A 公司发现，B 公司在合作期结束且未经 A 公司艺人许可授权的情况下，仍然通过其官方网站、官方微信公众号以及官方分销网站继续发布配有使用A公司艺人肖像、姓名宣传图片的推送文章，并且继续将A公司艺人的肖像、姓名印制在产品外包装上。B公司甚至还将A公司艺人的肖像使用在“马桶刷”和“隔热纸杯”等并未授权的产品上。A公司认为B公司既超期使用，也超授权范围使用A公司艺人肖像、姓名牟取非法利益。

关于超期使用的认定，仲裁庭认为，基于合同约定B公司有义务确保在平面广告清理期届满日即2021年10月之前，清理掉所有任何含有A公司艺人肖像、姓名的合作品牌产品或宣传推广物料，不再使用A公司艺人的肖像和姓名进行广告宣传。然而根据在案证据显示的B公司在前述日期仍在官方网站、微信公众号以及电商平台上使用A公司艺人肖像，并结合B公司自认等情形，B公司未能在合同约定期限内及时履行清理义务，构成违约。

关于超范围使用，仲裁庭认为，根据涉案合同第4.16条约定，B公司不得将其依本协议制作之平面广告用于D品牌拖把抹布、一次性膜袋产品以外的其他产品及非合作品牌产品之促销广告上。但是，基于A公司提交的现有证据尚不足以认定B公司构成“超范围使用宣传物料”之违约。

最终，仲裁庭支持了A公司关于B公司向其支付损害赔偿金的部分请求。

2. 纠纷观察与实务建议

在我国法律背景下，艺人享有肖像权、姓名权，同时亦享有个人信息相关权益。本案中，根据涉案合同的约定，B公司应在广告清理期内完成所有含有艺人肖像、姓名的合作品牌广告及推广物料的清理工作，清理期最晚不得超过2021年10月。清理期后，B公司继续使用艺人肖像、姓名的行为构成超期使用。因此，A公司可以根据合同追究B公司超期使用的违约责任。此外，仲裁庭明确了合同的适用边界，对于清理期后新产生的宣传推广物料侵权问题，则应由A公司或艺人通过肖像权、姓名权和个人信息保护相关法律另行主张权利。

从本案的案情延伸，随着数字技术和新媒体的发展，艺人的形象可能通过AI生成、深度伪造（Deepfake）、VR/AR等技术被广泛衍生和传播。在签订艺人授权合同时，需将保护的形象类型以及形象使用范围明确列出，不仅包括传统的脸部肖像，还需考虑囊括可能涉及的加工形象，例如卡通化形象、表情包、抽象化创作等；同时，约定任何未经授权的形象衍生和使用行为均构成违约或侵权，为未来维权提供明确依据。此外，除肖像权，在特定情景下艺人还可以通过多种方式维权，例如以著作权保护创作性形象（如漫画形象或表情包），以及主张个人信息权益保护。对于涉及卡通化或加工形象的侵权行为，如果该形象包含显著识别性，具有竞争利益的权利人还可以依据《反不正当竞争法》中的混淆条款提起诉讼。通过运用人格权、著作权、个人信息及反不正当竞争等多种方式，应对不断变化的侵权形式。

四、信息传输与通信业法律纠纷仲裁解决机制的展望

近年来，信息传输与通信领域，尤其是数据领域，司法和仲裁的纠纷解决机制均得到了较快的发展。2021 年，全国首个涉数据纠纷专业合议庭在广州互联网法院挂牌成立，集中管辖涉个人数据、企业数据、公共数据的数据处理全流程及数据安全的一审案件。① 随后，北京互联网法院也设立了数据权益巡回审判庭。② 在仲裁领域，早在 2017 年，大数据（深圳）仲裁中心即已成立，③其后，温州、扬州、武汉等地纷纷成立数据资源仲裁院、数据仲裁中心等。④为进一步提升仲裁专业性，上海仲裁委员会等也相继出台数据仲裁指引。⑤

信息传输与通信业法律纠纷的专业化决定了以仲裁解决纠纷的必要性和有效性。相信通过不断加强通信业及数据业专业仲裁中心的建设、大力引入行业技术及法律专家，持续探索行业前沿法律问题，仲裁在信息传输与通信业领域将得到长足发展，从而更好地帮助当事人定分止争，优化营商环境。

---

① 参见《广州互联网法院设立数据纠纷专业合议庭》，载广州互联网法院官方网站，https://www.gzinternetcourt.gov.cn/?keyword=%E6%95%B0%E6%8D%AE#/articleDetail?id=uzpj9c02270cf9z7izhyh0r2yi1rho4k&titleType=judicialInnovation&type=InnovationInitiative&apiType=routine，2025 年 1 月 23 日访问。

② 参见《全市首个数据权益巡回审判庭落户北京经开区》，载北京经济技术开发区官方网站，https://kfqgw.beijing.gov.cn/zwgkkfq/yzxwkfq/202310/t20231007_3270347.html，2025 年 1 月 23 日访问。

③ 参见《中国改革开放四十年与特区仲裁的四次组织创新》，载深圳国际仲裁院官方网站，https://www.scia.com.cn/Home/index/aboutdetail/id/22.html，2025 年 1 月 23 日访问。

④ 参见《温州市成立全国首家数据资源仲裁院》，载温州市司法局官方网站，https://sifa.wenzhou.gov.cn/art/2022/5/20/art_1336452_58927161.html，2025 年 1 月 23 日访问。

⑤ 参见《上仲发布 | 上海仲裁委员会数据仲裁指引》，载上海仲裁委员会官方网站，https://www.accsh.org/news.html?id=1218，2025 年 1 月 23 日访问。

第三节　制造业知识产权仲裁案例分析

制造业是指机械工业时代利用某种资源（物料、能源、设备、工具、资金、技术、信息和人力等），按照市场要求，通过制造过程，转化为可供人们使用和利用的大型工具、工业品与生活消费产品的行业。制造业直接体现了一个国家的生产力水平，是区别发展中国家和发达国家的重要因素，制造业在发达国家的国民经济中占有重要份额。2024 年，中国制造业增长 6. 1%。装备制造业增加值增长 7. 7%，高技术制造业增加值增长 8. 9%。制造业投资增长 9. 2%。高技术产业投资增长 8%，其中高技术制造业增长 7%。高技术制造业中，航空、航天器及设备制造业，计算机及办公设备制造业投资分别增长 39. 5%、7. 1%。[①] 制造业知识产权法律纠纷主要呈现出如下特征。

一、制造业知识产权法律纠纷概况

（一）纠纷所涉行业类型广泛

按《国民经济行业分类》（GB/T 4754-2017）标准，制造业主要包括农副食品加工业、食品加工、烟草制品制造、纺织业、医药制造业、金属制品业、汽车制造业、设备制造业等 31 个行业。制造业法律纠纷案件数量一直居高不下。通过检索威科先行法律信息库，以 2024 年中国制造业综合实力前十强公司的简称作为检索关键词，检索期限为 3 年（截至 2025 年 2 月），共检索到 9 万余件案件，涉及知识产权与竞争纠纷的案件占比 2. 2%。其中知识产权案件最多的行业是高技术制造业。

高技术制造业包括医药制造，航空、航天器及设备制造，电子及通信设备

① 参见《2024 年经济运行稳中有进 主要发展目标顺利实现》，载国家统计局官方网站，https：//www.stats. gov. cn/sj/zxfb/202501/t20250117_1958332. html，2025 年 2 月 13 日访问。

制造，计算机及办公设备制造，医疗仪器设备及仪器仪表制造，信息化学品制造。以高技术制造业分类简称作为检索关键词，检索期限为3年（截至2025年2月），共检索到涉及知识产权与竞争纠纷近3万件案件。其中计算机及办公设备制造、医药制造、信息化学品制造占比最多，分别占比80%、16%、2.5%。

（二）纠纷类型多样化

根据最高人民法院2024年发布的《最高人民法院工作报告》，2023年全国审结知识产权案件49万件，同比增长1.8%。[①] 知识产权纠纷本身涉及多种类型，例如专利侵权案件、商标侵权案件、著作权侵权案件、商业秘密侵权案件、不正当竞争案件、技术合同纠纷案件。前述近3年的高技术制造业的近3万件知识产权与竞争案件中，知识产权合同纠纷案件占比15.4%，知识产权权属、侵权纠纷案件占比80.3%。

2024年，广州知识产权法院新收技术类案件2570件，占新收一审案件的23.6%；审结4023件，同比上升27.67%。新收技术类案件较多的是侵害实用新型专利权纠纷、计算机软件侵权纠纷和侵害发明专利权纠纷，分别占新收技术类案件的50.04%、32.1%和12.45%。全年新收各类专利案件9950件，占全院新收案件的78.02%。审结各类专利案件11021件，其中审结植物新品种权纠纷27件，技术秘密和垄断纠纷24件，各类涉外、涉港澳台技术类纠纷356件。[②]

（三）纠纷复杂、专业性强

知识产权纠纷中专利、商业秘密、软件著作权等案件常涉及复杂的技术细节，需专业知识理解。与普通的民商事案件相比，知识产权保护客体与技术问题的联系更为紧密，并表现出法律问题与专业问题高度融合的特征，多数案件当中的争议表现为法律和事实问题、技术问题相互交织，需要在庞杂的技术事

---

① 参见《最高人民法院工作报告》，载人民网，http：//politics.people.com.cn/n1/2024/0315/c1001-40196636.html，2025年2月13日访问。

② 参见《广州知识产权法院发布2024年服务和保障科技创新白皮书及典型案例》，载最高人民法院知识产权法庭官方网站，https：//enipc.court.gov.cn/zh-cn/news/view-3897.html，2025年2月12日访问。

实中寻找法律事实。[①] 甚至部分技术事实需要借助一定的仪器设备或者借助一定的环境进行分析、检测、鉴别才能查明。对于所述领域疑难复杂的问题，还需要咨询权威的技术专家或者专家陪审员。同时知识产权争议往往关系复杂，同一当事人可能牵涉多个有关联的争议。而法律规则在解释上亦存在很大的弹性，例如专利的创造性、商标的显著性、作品的独创性等要件，在个案中具有很大的解释空间。

目前随着各种创新技术快速迭代，数据以前所未有的速度加快流动，难以追踪和监管，在知识产权领域引发的新型侵权行为不断增多。亟须有效解决知识产权领域矛盾纠纷，优化良好的营商环境，激励科技创新。调解与仲裁是目前除诉讼之外占比最多的争端解决方式，仲裁又以其特有的高效性，能够有效化解知识产权纠纷，满足人民群众多元高效解纷需求。

二、典型案例：仲裁解决制造业知识产权法律纠纷的优势

为更直观地展示与剖析制造业知识产权的相关法律纠纷仲裁实践，本小节以贸仲处理的涉制造业知识产权法律纠纷的重要仲裁案例为观察对象，争议类型涵盖软件开发、药品开发、技术许可和知识产权侵权等，从中选取以下典型案例，个案分析制造业知识产权案件的具体特点，制造业相关企业在处理知识产权案件中应着重注意的相关事项。

（一）解决程序纠纷的优势

制造业知识产权仲裁案例中最重要的程序法律问题即是管辖权问题。管辖权问题是仲裁程序必须解决的首要问题，也是仲裁程序得以进行、仲裁裁决得以执行的基石和条件。制造业知识产权案件中，因技术开发本身的前瞻性，在签约时写明的开发计划与进度条款一般较为宏观，不够明确。合同履行过程中可能会因各类实际情况变化签订补充协议。此时原协议和补充协议约定的争议解决方式不完全相同，可能导致管辖权成为双方的首要争议焦点。

---

① 参见浙江省高级人民法院联合课题组、徐建新：《知识产权纠纷多元化解机制问题研究》，载《中国应用法学》2019 年第 2 期。

制造业知识产权的管辖权纠纷案件较多。通过检索威科先行法律信息库，以典型的“软件开发+管辖权”组合为检索关键词，检索期限为近 3 年，检索到涉及管辖权纠纷的一审民事案件共有 306 件。以“软件开发+仲裁+管辖权”组合为检索关键词，检索期限为近 3 年，检索到涉及仲裁程序（包括申请确认仲裁协议效力和申请撤销仲裁裁决）的管辖权纠纷的一审民事案件共有 45 余件。

1. 典型仲裁案例：管辖权争议

A 公司系开发技术提供方，B 公司系平台开发委托方。双方签订合同约定由 A 公司就 C 平台一期建设向被申请人提供技术开发服务。

2016 年 9 月，A 公司与 B 公司签订了本案合同。2019 年 4 月，双方签订《“C 平台一期建设”项目补充协议》（以下简称《补充协议》），对开发内容、合同金额及付款方式等条款进行了变更。至 A 公司申请仲裁之日，1600 万元的合同款项支付时间均已届满，B 公司仍未支付，根据《补充协议》的约定，B 公司未按约定时间履行付款义务，除应继续付款外，还须支付申请人按未付款金额的 5‰/自然日计算的滞纳金，最多不得超过欠付金额的 10%。至提起仲裁申请之日，被申请人欠付合同款的滞纳金均已达欠款 10%的上限。A 公司主张要求 B 公司支付合同款、逾期付款滞纳金等费用。

本案中，B 公司当庭口头提出了管辖权异议，认为 A 公司提出的仲裁请求是基于双方重新签订的《补充协议》，该协议没有仲裁管辖的明确约定。尽管 B 公司没有按照《仲裁规则》第六条第四项的规定提出管辖权异议。但仲裁庭出于慎重，依然对被申请人口头提出的管辖权异议理由进行了研究。本案合同第 15.2 条明确约定，“有关争议事项由贸仲仲裁解决，仲裁地点北京”。据此，仲裁委员会显然对于本案合同的争议有管辖权。而《补充协议》前言明确约定，双方协商一致同意对本案合同部分条款进行变更，并且在第一条中约定了本案合同与《补充协议》发生冲突时的适用优先顺序。仲裁庭依据双方的约定可以得出结论，本案合同与《补充协议》有冲突之处，优先适用《补充协议》，而无冲突之处，本案合同各项约定依然有效，未被废止或变更。本案合同中的仲裁条款不与《补充协议》中任何条款冲突，依然有效存在。此外，仲裁庭对于本案合同和《补充协议》的具体内容进行了分析，认为两者的签约主体、合同目的、所开发项目均一致，《补充协议》只是对部分开发内容、合同金额及付款方式等条款进行了变更，《补充协议》并不能脱离本案合同而构成独立合同，因此发生争议时理应按照本案合同约定的方式予以解决。

2. 纠纷观察与实务建议

在技术合同签订后，当事人可能需要就本协议中的某些内容做更细致的约定，或者就原合同中未涉及的部分做进一步约定，这一类在主合同签订后就原合同内容达成的协议应当被认为是补充协议。补充协议是对本协议中的法律关系及交易内容的补充，可以对本协议的质量、价款以及履行方式等细节进行进一步约定。

如果主合同与补充协议约定了相同的仲裁条款，即使同时牵涉两份合同，都可以基于相同的仲裁条款进行争议解决，极大程度上避免了就管辖本身而可能产生的争议。

如果本协议约定仲裁条款，补充协议未做约定，需要考虑补充协议的具体性质。若补充协议仅仅是对本协议内容的补充，那么本协议中的仲裁条款也适用于补充协议；若补充协议可以独立于本协议存在，且其决定的事项可以与本协议中的约定进行区分，那么这样的补充条款将不会当然适用本协议中的仲裁条款。

如果本协议与补充协议约定了不同的仲裁条款，但本协议与补充协议不可分，那么将会适用补充协议中的仲裁条款。本协议与补充协议相互独立且可分时，当事人需要考察争议的具体内容，若争议属于本协议或者补充协议的内容，那么适用相对应协议的争议解决条款。如果补充协议仅是对主合同内容的补充，必须依附于主合同而不能独立存在，则主合同所约定的争议解决条款也适用于补充协议。

（二）解决实体纠纷的优势

知识产权合同纠纷属于可提交仲裁的合同纠纷，目前知识产权合同纠纷也是我国仲裁机构受理知识产权纠纷中占比最多的一类案件。制造业知识产权案件涉及技术许可、技术转让、委托开发等。尽管双方当事人签署的合同名称有

“平台建设合同”“技术购买合同”等，但内容上并非单纯的建设合同或买卖合同，需要根据内容识别、区分不同合同的性质是产品销售合同、技术开发合同还是技术服务合同。

基于技术本身的专业性、复杂性，双方对技术协议中相关条款认识与理解的偏差等主观原因，各方在前期签订合同时往往无法完全确认技术研发的准确时间节点与阶段性成果的交付标准，在合同履行过程中可能会因各类实际情况变化而对协议进行补充或变更，例如技术参数、交付标准的变更等。这样的补充和变更又会进一步引发开发周期的延长、设备的更新、人力的调整等。更有甚者，会因无法达到预期结果而直接解除合同等。

1. 软件开发相关典型仲裁实践

（1）典型仲裁案例：平台开发合同争议

2017 年 9 月，A 公司与 B 公司签订了涉案合同，合同约定 B 公司委托 A 公司开发软件平台，合同总价为近 50 万元。2018 年 4 月双方签订了《平台开发合同》。该合同为本案诉争合同的第二期开发合同，系案件涉及系统的升级，双方约定必须在本案系统上线和正常运行后方可实施。A 公司认为，其已经按照本案合同的约定向 B 公司交付了所有开发的系统且以上系统均已上线，B 公司也在正常使用该系统，但 B 公司未向申请人支付相应款项，尚欠合同款项共计 10 余万元未支付，且依据双方所签署合同的约定，B 公司应支付延迟付款违约金。B 公司辩称，B 公司委托申请人开发的“ERP 生产管控平台 PC 端和移动端”系统软件由于没有通过验收，造成用户无法正常使用，A 公司构成严重违约。B 公司委托 A 公司开发的平台早已超过合同规定的交货期，实际处于已暂停该合同的履行，构成严重违约。且平台达不到合同规定的技术规范，已构成严重违约，B 公司有权收回预付款。

支付价款的成就条件是本案争议的核心，双方提供了多份意见和材料，包括专家证人证言等用以证明己方主张。A 公司认为，“上线”在合同中没有明确的定义，应按照信息技术行业的通常意义来理解，软件具备正式运行生产的所有必要条件，并且完成发布工作即“上线”，是将开发完的系统放到真实的运营环境中进行使用和测试。合同明确了“上线”作为付款条件，而对“验收”

的定义和完成标准通过专门的“验收”条款另行约定，已经明确把“上线”和“验收”作为系统开发交付过程中的两个不同行为。且本案诉争合同的第二期开发合同，系本案涉及系统的升级，必须在本案涉案系统上线和正常运行后方可实施，由此也可以合理推断本案的软件系统在此之前就已完成上线和正常运行。B 公司认为，按本案合同规定，A 公司的开发应该于 2017 年 9 月开始到 2017 年 11 月止完成并投入正常使用。但直至 2017 年 12 月，该项目未通过第一次预验收。2018 年 1 月，A 公司发邮件谎称遗留问题基本解决，要求 B 公司再次验收。B 公司经验收后还是发现许多问题，于 2018 年 4 月第二次给 A 公司提出修改意见。但 A 公司已无能力对提出的问题予以解决，此后就处于停止状态，未再按被申请人提出的问题要求进行任何修改，违反合同约定，于是 B 公司依合同约定保留暂停该合同履行。

仲裁庭认为，双方当事人向仲裁庭提交了各自在网络上寻找的“上线”解释。上述解释相互矛盾，仲裁庭无法采信。仲裁庭认为，不论“上线”应理解为申请人的“系统部署后就是上线”还是被申请人的“终验后方正式上线”，最迟当本案合同系统正常投入使用时，合同剩余价款的支付条件应当视为成就。首先，从合同价款支付上看，由于本案合同将合同价款约定为分两笔支付，并且约定第二笔价款的支付条件为“系统上线后 10 日内”，在未见到双方当事人对合同支付条件进行修改的前提下，B 公司于 2017 年 11 月支付的第一笔近 14 万元，不论在支付时间上还是数额上均与合同约定的第一笔付款——首付款相符合，B 公司分别于 2018 年 6 月及 2018 年 10 月支付的合计 20 万元的付款应该并且只能理解为合同约定的第二笔“系统上线后”支付的“进度款”的一部分。B 公司支付了部分进度款，虽然不符合合同的约定，但佐证了本案合同系统已完成了合同约定的“上线”。

其次，从合同系统实际部署及使用上看，现有证据显示系统自 2017 年 10 月部署后至 2019 年 12 月，最终用户都在使用合同系统。其间，虽然根据“F 电力公司内部通知”合同系统于 2019 年 5 月至 6 月停运，并最终在 8 月“正常使用”，但是停用的原因并非 B 公司所称合同系统“达不到合同规定的技术规范”，而是为“有效配合国家信息安全方面开展的网络系统安全漏洞检测工作和集团公司针对此项工作开展的专项行动，同时完善两个系统在运用过程中出现的相关问题”，而这种“相关”问题应理解为与“配合国家信息安全方面开展的网络系统安全漏洞检测工作和集团公司针对此项工作开展的专项行动”相关。

现有证据显示本案合同系统已经交付 B 公司并在最终用户 F 电力公司的相关环境中安装上线、正常使用，B 公司业已向 A 公司支付部分第二笔合同价款，故本案合同关于第二笔合同价款的支付条件已经成就。B 公司应按照本案合同的约定继续向 A 公司支付剩余的第二笔合同价款。因此，仲裁庭支持 A 公司要求 B 公司支付合同欠款 10 余万元的仲裁请求。

（2）纠纷观察与实务建议

在实践中存在较多因技术开发合同中对交付条款约定不清产生的纠纷。技术的“交付”应当是技术开发方将符合合同约定的标的技术按照合同约定的方式转移给委托开发方。对此需要通过合同中验收条款的明确约定来确定技术开发方是否完成了交付的义务。企业应当根据行业特点及标的技术的特点，在合同中明确约定验收人员、时间、地点、方式、技术参数或应当达到的技术标准等。

另外，委托方企业还应当特别关注关于履行计划、进度的条款。技术开发通常是一项长期工程，各个阶段的推进不只是简单的产量和规模的递增，而是不断克服未知的技术难题的过程，且每个阶段是否能达到预期效果均无法预见。在处理技术开发合同纠纷时，必须尊重相应行业技术开发的特点及其开发规律，结合技术开发的不同阶段的具体情况，对合同的履行计划、进度的条款进行调整。应当充分预见技术开发的风险，根据技术开发的阶段性特征对合同履行分阶段进行评估，建立动态的合同履行评价标准。

《民法典》第八百四十六条第一款规定：“技术合同价款、报酬或者使用费的支付方式由当事人约定，可以采取一次总算、一次总付或者一次总算、分期支付，也可以采取提成支付或者提成支付附加预付入门费的方式。”即技术合同的价款、报酬或使用费的支付方式可以有多种，由于技术开发周期较长，多数企业会采用一次总算、分期支付的方式约定在技术开发的进度节点上多次支付费用，此时需要在技术合同中明确约定履行的计划、进度。即使不同阶段的开发节点并非委托开发方付费的依据，对计划进度进行约定也有利于其技术开发难度和预期的评估，监督技术开发方完成技术开发工作，分期验收的条款也应当对具体的验收条件进行明确约定。

2. 药品开发相关典型仲裁实践

（1）典型仲裁案例：技术开发合同争议

2016 年 5 月 19 日，案外人 B 公司与 C 公司签署了《技术开发合同》。2018 年 7 月，B 公司、A 公司及 C 公司签署《补充协议一》，补充约定了研发事项及相应的费用，且约定本案合同及《补充协议一》项下的费用由 B 公司及 A 公司根据不同的服务项分别支付。2019 年 6 月，B 公司、A 公司及 C 公司签署《备忘录》，约定 B 公司将其拥有的涉案项目中包括专利、技术秘密等无形资产的全部权益作为对 A 公司的出资，且因 B 公司与 A 公司的业务管理需求，涉案项目将由 A 公司与 C 公司对后续履行全权负责。此后，A 公司与 C 公司就新增的工作事项及对应的费用进行了补充约定。本案合同约定 A 公司应当按药监局的相关要求及技术指导原则进行研发，以确保涉案项目获得临床试验申请的批准；若因被申请人提供的申报材料缺陷导致涉案项目临床申请被不予批准，则申请人有权向其主张退还全部已付费用、赔偿损失及解除合同。2021 年 5 月，药监局出具《药物临床试验不予批准通知书》（以下简称《不予批准通知书》），根据本案合同的约定，A 公司提供的申报资料缺陷导致涉案项目被药监局退审或不批准，则 A 公司应当退还申请人全部已支付款项，双方解除合同，并对 C 公司承担赔偿损失责任。C 公司请求裁决确认本案开发合同及其各补充合同均已解除，并要求 A 公司返还全部已付研发费用共计为 2300 余万元。

涉案项目未获药监局批准的责任归属问题是本案争议的核心，双方提供了多份意见和材料，包括专家证人证言等用以证明己方主张。C 公司认为，A 公司提供的药学研究申报资料存在重大缺陷且存在药学研究技术问题，涉案项目未获得临床试验申请批准的原因在于 A 公司。药监局《不予批准通知书》内容及与药监局沟通反馈结果显示，涉案项目的临床前药理、药代、毒理评价研究、临床试验方案设计内容均无任何问题，是 A 公司提供的药学研究申报资料存在重大缺陷且存在药学研究技术问题，才导致该项目不予批准。且 A 公司已经自认涉案项目临床试验申请失败的关键在于其负责研发的产品羟基化标准高于原研药。A公司认为，双方从未约定，涉案项目初次申报不予批准或退审即可解除合同。不予批准的三点理由均非A公司技术原因造成。涉案项目初次申报未获批准是由于C公司明知涉案项目存在不予批准风险，且不充分补充研究，不回应药审中心对项目所存在问题的关切，不通过申报前沟通交流会将存在问题进行解决，坚持带着问题申报，致使初次申报未获得批准。

仲裁庭认为，A公司在本案合同中的主要义务是受托进行涉案项目的药学研究和开发、确保研究成果符合药监局的药品注册要求、按照约定时间完成研发和撰写申报资料任务并且最终取得涉案项目的临床批准。A公司在项目启动之初便向C公司展示了A公司的工作任务：涉案项目的目标是药监局临床申请，总体工作范围包括细胞株构建、分析方法建立和验证、质量指标建立、申报资料撰写等。C公司既缺乏能力亦无可能控制涉案项目的技术决策，合同也未约定C公司对于涉案项目的药学研究技术具有控制权，相反却约定了C公司将药学研究和开发的任务委托给A公司。C公司对于A公司完成的多个技术步骤予以“确认”，但是该“确认”系申请人依据本案合同第十一条的约定所进行的验收工作。涉案项目的产品质量问题和原液制剂质量标准问题属于被申请人负责的药学研究和开发的技术领域。涉案项目未获得药监局批准的责任在于A公司。

但涉案项目的药学研究和技术开发是一项复杂的工程，生物类似药研发本身具有一定的风险。A公司在履行本案合同义务的过程中也付出了很大努力，投入了大量人力、物力。仲裁庭经过综合研判后决定，A公司应当向C公司退还其所收取费用的50%，以补偿给申请人造成的损失。

（2）纠纷观察与实务建议

实践中，生物医药或其他高技术企业应当在签订技术开发合同时充分考虑技术开发难度。对于技术开发难度，首先从客观上进行判断，包括技术本身的特有特征、现有的整体技术水平条件下是否能够开发完成等；其次从主观上判断对于技术开发方的开发难度。

在预见技术开发难度后，还需慎重考虑关于风险责任承担的条款。即技术开发因无法克服的技术困难而失败或部分失败后应当由谁承担责任的问题，企业应当注意，风险责任不同于违约责任，风险责任是指因不可归责于双方当事人的事由而使技术开发全部或部分失败等导致合同目的无法实现所引起的责任；违约责任是当事人一方不履行合同义务或者履行合同义务不符合约定所应承担的继续履行、采取补救措施或者赔偿损失等责任，两者最本质的区别在于责任的产生是否存在可归责于当事人自身的事由。如果技术方做出了足够的努力，但由于在现有技术水平下约定技术的开发确实具有足够的难度，应当认为出现了风险责任，不可直接归责于技术开发方。在技术开发失败或部分失败的情况下，技术合同双方当事人都遭受了损失，如果事先没有对风险责任的约定，面对最后开发失败的结果，双方当事人极易产生纠纷。

3. 知识产权侵权相关典型仲裁实践

（1）典型仲裁案例：合同与侵权相竞合的争议

A公司于2016年左右发现B公司在中国香港特区设立的E公司的F品牌产品手册及包装抄袭A公司的D品牌产品手册和产品包装，并生产和销售与申请人D品牌产品近似的产品。A公司于2017年2月向B公司发送警告函，B公司回信承诺不再侵犯A公司的知识产权权益并签订承诺书。2019年3月，A公司再次发现B公司的产品使用手册与A公司的产品使用手册极其近似，B公司仍在使用近似标志来营销产品。A公司于2019年4月再次向被申请人发送警告函，被申请人回复称之前网页版的说明书为错误版本，此错误版本说明书还未投入使用，其已将此说明书删除。同月，A公司发现B公司虽然已从亚马逊网站上删除了有争议的用户手册，但是，B公司最新使用的用户手册中有大量内容系复制A公司用户手册中的文本和图像，故此，A公司认为B公司的行为不仅违反了双方在先签订的承诺书，而且B公司的产品使用手册侵犯了A公司在其用户手册中的著作权。B公司不当使用与A公司相同/近似的电子产品使用手册的行为极易使消费者对产品或服务的来源产生混淆和误认。A公司请求认定B公司侵权行为并裁定B公司立即停止侵权行为，支付申请人在仲裁过程中产生的所有费用。

本案承诺书的效力及约定是争议的核心，A公司认为，B公司、中国香港特区E公司、宁波K公司以及深圳L公司均为关联公司，多家公司联合实施了侵权行为，就具体分工而言，深圳L公司为涉案商标在中国的注册人，B公司为代工厂，宁波K公司为亚马逊网站上的销售者，中国香港特区E公司为J品牌在美国的注册人，也是产品官方销售网站运营者。由中国香港特区E公司网站上J商品销售页面跳转至亚马逊网站却变成F品牌可知，其表面上停止销售J产品，实际上仍然通过上述公司违反被申请人签署的承诺书的相关约定。虽然承诺书的签署人为B公司，基于合同的相对性，承诺书的内容不能约束中国香港特区E公司，但是合同责任涉及中国香港特区E公司，B公司能够实际控制中国香港特区E公司履行承诺书中的保证内容，中国香港特区E公司也应该实际履行承诺书中其他条款的保证内容，否则，将视为违反其签订的承诺书内容。B公司未出庭参加庭审，亦未向仲裁庭提交任何意见、证据或其他资料。对于申请人提出的证据、陈述的事实和理由，被申请人未提出异议。

仲裁庭认为，从A公司提供的上述信息中，可以初步推断B公司与中国香港特区E公司、宁波K公司、深圳L公司可能存在某种合作关系、关联公司关系或实际控制关系。A公司仅证明B公司与中国香港特区E公司、宁波K公司、深圳L公司可能存在某种合作关系、关联公司关系或实际控制关系，并不能直接推断其共同实施了侵权行为，A公司的相应主张缺乏事实依据。A公司主张B公司以代工厂的身份参与了上述共同行为，但A公司并无证据证明B公司生产制造了涉案产品，A公司所提供的有关产品图片、销售网页的证据中，亦未记载B公司为产品制造者。

即便存在分工合作共同实施有关行为的情形，亦不应在本案中审理。本案中，如果存在A公司所主张的B公司与中国香港特区E公司、宁波K公司、深圳L公司共同实施的行为，要对B公司的行为进行法律评价，则势必要对整个行为进行整体法律评价。承诺书约定中相当一部分属于知识产权侵权的判断，或者属于获取知识产权的权利的判断，要对整个行为进行知识产权侵权判断，或对获取知识产权的权利进行判断，势必涉及案外人中国香港特区E公司、宁波K公司、深圳L公司的权利。在前述公司无法参与本案程序并进行抗辩的情况下，在本案中对前述公司的行为进行法律判断，会不恰当地影响这些公司的实体权利和程序权利。本案争议属于违约责任与侵权责任相竞合的争议，A公司可通过侵权诉讼等程序获得救济。

（2）纠纷观察与实务建议

知识产权侵权纠纷属于《仲裁法》第二条中规定的其他财产权益纠纷，也应当具有可仲裁性。但由于知识产权侵权判定存较大争议，权利人与侵权人通常势不两立，也很难协商一致提交仲裁。基于这些特殊性，目前知识产权侵权纠纷在仲裁实践中较为少见。如果要通过仲裁解决知识产权侵权纠纷，需对涉案侵权行为进行考量。

但由于仲裁的周期短和保密性，其作为补充性知识产权侵权保护，在符合以下三种条件时，权利人可以考虑通过仲裁解决：知识产权侵权行为本身具有争议，导致救济结果不确定；权利人追求时效性，希望快速便捷解决纠纷；权利人对案件有较高保密需求。在司法实践中，仲裁机构往往会采用迂回策略回避对涉案知识产权权利基础的实质性评判，因此涉及第三人利益或公共利益的侵权纠纷中，相关权利不在当事人自由处分范围内，若不加考量简单通过仲裁解决纠纷可能损害他人或社会公共利益。[①] 如果案件复杂、牵涉较多主体，则通过行政或诉讼会更有效地解决问题。

目前，中国部分地区的仲裁机构和市场监督管理局之间已经建立起比较完善的协调机制，对于一些存在争议的侵权行为，市场监督管理局在独立作出自己的行政决定的同时，仍然可以协调案件转向仲裁，实现行政保护和仲裁的无缝衔接。[②]

三、制造业知识产权法律纠纷仲裁解决机制的完善建议

（一）促进科技与仲裁的融合

随着大数据等技术的发展，还应当促进科技与仲裁深度融合。通过加强对仲裁大数据的分析应用，推动与相关行业组织的互联互通，构建多方参与的治

---

① 参见卢鑫：《中国知识产权仲裁制度完善之研究——以可仲裁性为视角》，载《仲裁与法律》（第149辑），中国法制出版社2023年版，第72—84页。

② 参见《仲裁——知识产权侵权纠纷解决的新路径》，载微信公众号“赣州贸促”2023年10月12日，https：//mp. weixin. qq. com/s? _ _biz = MzUxMzEwMTYxNQ = = &mid = 2247500144&idx = 4&sn = 2a7bf4ff85e7d87191602a9617d8af85&chksm=f958db30ce2f52263bf46c61f4a63db463ac0e8fdf4d34326ded16c84c543597c62b4600a425&scene=27，2025年3月19日访问。

理协作机制，有效化解制造业知识产权纠纷，促进仲裁与数字经济的深度融合。在互联网、云计算、大数据、人工智能等技术飞速发展的背景下，构建知识产权仲裁体系与仲裁能力的现代化是仲裁机构必经之变革。[①] 应当运用新兴科学技术，提升仲裁案件的办理效率和智能化水平，充分发挥仲裁在解决国际商事争议中的优势，推动仲裁与调解、诉讼等多种争议解决方式的融合发展。

（二）制定并完善制造业知识产权案件涉及专家相关问题的仲裁规则

知识产权争议相较于其他民商事争议而言，其突出特点是法律问题与技术问题相互交织。实践中大量知识产权案件涉及专家意见，但目前实践中，虽有涉及案件庭审中的专家咨询和专家鉴定报告，但是缺乏针对知识产权争议专家证人或指定专家意见的细化规定，故有必要借助制定专门的知识产权争议仲裁规则，就当事人聘请的专家证人或仲裁庭指定的专家相关问题作出更详细的规定，确保仲裁程序的确定和透明。[②] 此外，仲裁庭在全面、准确地查明认定知识产权争议相关事实时，往往会涉及自然科学方面的专业知识，需要进行一定的实验、现场勘验，体现了知识产权争议相较于其他纠纷在证据方面的特殊性。同样，若能够在专门的知识产权争议仲裁规则中细化相关的程序规定，有利于以程序公正来维护实体公正，提高当事人对仲裁裁决的认可度。[③]

（三）制定国内知识产权仲裁规则示范文本

近年来，针对某一领域的特殊性而专门制定的仲裁规则陆续出现，而知识产权纠纷往往跨理工科背景和法律背景，尤其是专利纠纷、植物新品种、集成电路布图设计等纠纷更是包含了极为复杂的专业技术因素，专业性要求较为特殊，在举证、取证、质证及时效方面应当有其特殊性，迫切需要更为有针对性的仲裁规则，力求高效、便捷、公平，兼顾法律效果和社会效果。在此情况下，

---

① 参见杜焕芳课题组、杜焕芳：《知识产权仲裁机构建设：理论证成、域外借鉴和制度设计》，载《商事仲裁与调解》2021 年第 1 期。

② 参见厦门仲裁委员会：《〈厦门仲裁委员会知识产权争议仲裁规则（征求意见稿）〉制定说明》（2023 年 9 月 28 日），载厦门仲裁委员会官方网站，https：//www. xmac. org. cn/Home/Index/detail？ArticleId=334，2025 年 3 月 19 日访问。

③ 参见丁丽瑛：《〈厦门仲裁委员会知识产权争议仲裁规则〉的面向与创新》，载厦门仲裁委员会官方网站，https：//www. xmac. org. cn/Home/Index/detail？ArticleId=348&ClassifyId=35，2025 年 3 月 19 日访问。

根据知识产权领域、不同行业的实际情况，探索制定专门、专业领域的特别仲裁规则，提升仲裁的专业化服务水平，兼顾效率、公平和裁决的稳定性、权威性，既是推行知识产权民事纠纷仲裁制度的应有之义，也是完善仲裁制度、提高仲裁公信力的要求。

第四节 特许经营行业知识产权仲裁案例分析

特许经营是一种独特的商业模式，特许人可以通过授权他人使用品牌、技术或经营模式，实现商业版图的快速扩张和市场占有率的提升。自20世纪中叶以来，特许经营以其独特优势，成为现代成功的商业模式之一。在改革开放后，特许经营的模式由肯德基等跨国企业引入中国，国内企业也开始探索通过不同的商业模式来架设分店、开展连锁经营。经过长期以来的探索和发展，特许经营在我国市场上得到了广泛的应用，我国开展特许经营的企业数量已经跃居全球首位。

从行业分布来看，我国商业特许经营模式已经涉及零售、餐饮、服装、教育、酒店等几十个行业，餐饮业、零售业和服务业是特许经营最为活跃的领域。此外，特许经营行业呈现出多元化和细分化趋势，包括健康食品、儿童教育和家庭服务等新兴领域。从地域分布来看，目前一、二线城市的特许经营已经非常繁荣，竞争十分激烈，三、四线城市正在成为特许经营竞争的新阵地。许多特许经营企业维持了稳定发展的趋势，有些特许经营企业甚至出现了逆势增长。

近年来，中国特许经营行业市场规模持续保持增长势头。从过往趋势来看，特许经营市场规模呈稳步增长态势。随着消费者对品牌和产品质量要求提升，以及全球化和互联网的推动，特许经营凭借灵活性和快速扩展优势，规模不断扩大。很多以直营方式开发连锁网络的企业以及在互联网平台形成品牌认知和流量的企业，开始拓展加盟商招募，为市场注入新活力。

特许经营的商业模式具有独特的优势，从而使其得以快速、广泛地应用，具有极强的市场韧性。特许经营的重要经营资源包括知识产权、商号、供应链、经营管理模式等。特许经营能够为知识产权和其他经营资源提供规模化、低成本的应用方式，符合新质生产力发展的要求。对特许人而言，特许经营有利于快速拓展市场、推广品牌，能够通过特定的经营管理模式，以较低的经营管理成本实现对门店的管理和品控。对被特许人而言，特许经营能够使其利用特许人已经相对成熟的供应链、经营模式和品牌优势，减少了经营过程中的试错成本。因为特许经营具有标准化、易于复制推广的特点，因此备受资本市场的青睐。当前，互联网、大数据、人工智能等新技术的普及和应用，为特许经营提供了更多的营销手段和服务方式，如线上平台推广、智能化管理和大数据分析等。

随着特许经营市场的逐渐成熟和相关法律法规的健全，在 2020 年以后，商业特许经营已经告别了粗放发展的时代，市场与政府对特许经营行业的发展提出了更高的规范要求。特许经营的发展日渐充分、竞争日益激烈，也使得一些特许经营企业的经营管理问题被暴露出来。在市场中，特许人往往急于快速占领市场、提高知名度，盲目扩张加剧了特许人的资金压力，而相应的管理、服务与合规水平没有跟上扩张的速度；被特许人的投资、加盟行为也可能具有一定的冲动性，被特许人可能缺乏商业经验，对特许经营项目抱有过高的期待，因而特许经营法律案件的数量曾一度快速增长。近年特许经营案件的数量增长虽然放缓，但其复杂程度却大大增加。

本文将从特许经营相关的商业实践出发，结合具有代表性的仲裁案例，呈现特许经营相关法律纠纷的状况和特征，分析仲裁在解决特许经营法律纠纷方面的优势以及仲裁案件的裁决思路，以期能够使广大特许经营企业与加盟者对特许经营的商业与法律实践形成更加清晰的认知，更加理性地对待特许经营合同的交易设计，促进商业特许经营与知识产权市场健康发展。

一、特许经营知识产权法律纠纷概况

特许经营法律纠纷往往兼具知识产权纠纷与商事纠纷的双重属性。就特许经营合同本身而言，特许经营合同通常并非一时性合同，而是通过一系列的交易设计与义务设置使被特许人在供应链、经营管理等方面受到特许人的管理与监督，这是特许经营与一般的知识产权许可使用的重要区别。在特许经营合同的订立和履行过程中，特许人与被特许人可能会因加盟费用、加盟条件、加盟收益、门店经营管理等原因产生利益冲突，导致相关的法律纠纷。继续性合同以当事人双方之间的信赖为基础，由于特许经营过程中双方在经营管理与利益分配上存在广泛的利益冲突，纠纷可能一触即发。尤其是在门店亏损的情况下，双方的合作关系很容易破裂。同时，由于特许经营模式易于复制和推广，特许经营企业青睐于采取资本运作的方式实现门店、品牌的快速扩张，但特许经营企业的经营管理能力却良莠不齐，从而可能在无序扩张之后引发“爆雷”风险。因此，政府对商业特许经营的准入作出了一定的限制，在经营过程中也需要满足一定的合规要求。

（一）特许经营相关的法律规范体系

在现行法律法规当中，涉及特许经营的规范主要包括国务院制定的《商业特许经营管理条例》（国务院令 2007 年第 485 号）、商务部制定的《商业特许经营备案管理办法》（商务部令 2023 年第 3 号）、《商业特许经营信息披露管理办法》（商务部令 2012 年第 2 号），合称“一条例两办法”，以及各地方商务厅、局出台的地方性规定，法院指导意见。

为配合上述规范的实施，商务部曾召开记者会答复关于“一条例两办法”实施过程中的解释与适用问题，并出台了《特许经营术语》（GB/T28830-2012）等国家标准。各地法院和仲裁机构在特许经营法律纠纷的裁判实践当中也形成了一批具有代表性的案例。

（二）特许经营法律纠纷的主要类型

1. 特许人作为原告或申请人的纠纷

在特许经营合同当中，特许人的主要利益在于获得加盟费等特许经营费。为确保被特许人在经营过程中能够创造利润、增进品牌效益，特许人会在特许经营合同当中约定其对被特许人门店的管理权、监督权，对被特许人在经营过程中的行为作出一定的限制。同时，特许人为了建立品牌优势、维持供应链利润，会对被特许人的经营活动作出规范化的要求，如统一采购等。

除了请求被特许人支付特许经营费、管理费，特许人提起诉讼或申请仲裁的事由还包括特许经营合同从订立到履行过程中各个环节出现的问题。被特许人的门店在投入经营之前需要进行开业准备。如果被特许人未及时完成开业准备，导致门店不能及时投入运营，特许人将因此投入沉没成本而错失商业机会。在门店经营的过程中，被特许人可能存在违反特许人经营管理规定的行为，例如私自采购、从事竞业、品控不严、侵犯特许人知识产权、在特许人无明显违约的情况下停止经营等。针对这些情形，特许人的主要请求通常在于支付违约金。并且当纠纷发展到需要通过诉讼或者仲裁的方式解决时，特许人很可能会要求解除特许经营合同。

2. 被特许人作为原告或申请人的纠纷

在特许经营合同当中，被特许人的核心利益在于利用特许人的知识产权、品牌、商誉等经营资源。如果特许人不能为被特许人提供足够的经营资源和条件，被特许人将难以顺利运营门店并实现盈利。

在特许经营合同的磋商、订立过程中，如果特许人与被特许人之间达成了初步合作的意向，开始进行开业准备工作，但特许人实际上没有知识产权等经营资源，或者不具备“两店一年”的经营资质、未向商务部门备案，将导致特许经营合同无法顺利履行，被特许人从事特许经营的目的将最终落空。另外，特许人为了引诱被特许人缔约，可能会对加盟收益、加盟条件作出夸大宣传甚至虚假宣传。而被特许人可能不具备相关商业经验，从而对加盟收益产生过高预期。

在特许经营合同的履行过程中，被特许人并非独立运营门店，而是依赖于特许人的供应链和运营推广。如果特许人的行为影响了被特许人的正常经营，例如未按时供货、临时抬高供货价格、供货质量存在问题、未按照约定进行推广与售后服务等，被特许人的主要请求通常是解除或者撤销特许经营合同，要求特许人返还加盟费并承担违约责任。

3. 行政监管类纠纷

如上所述，特许经营在采取资本运作方式扩张的过程中，需要特别注重对交易安全的保护。按照“一条例两办法”的规定，特许人需要符合“两店一年”的资质要求，并向商务部门提供相应的证据和材料，完成特许经营备案。特许人的有关经营情况发生重大变化时，需要及时向商务部门报备。特许人在拓展业务的过程中，也需要遵守有关信息披露、广告宣传等方面的规定，否则将面临行政处罚。

除了特许经营的商业模式本身需要接受的监管，特许经营所涉及的具体行业也需要符合相应的合规要求。例如在餐饮特许经营当中，特许人和被特许人需要遵守食品安全、卫生方面的规定，接受市场监督管理部门的监督。由于特许经营商业模式的特殊性，特许人往往不能以自身未参与实际生产、经营为理由摆脱行政处罚。

二、仲裁日益成为更受特许经营企业青睐的纠纷解决方式

自我国《仲裁法》施行 20 多年以来，仲裁以其充分尊重当事人意思自治，便捷、专业、高效解决纠纷等自身特有优势，在保护当事人合法权益、公正和及时解决纠纷、妥善化解矛盾、保障社会主义市场经济健康发展、维护社会稳定、促进国际经济交往等方面发挥了不可替代的重要作用。在特许经营领域，仲裁以其独特优势，日益成为更受特许经营企业青睐的纠纷解决方式。尤其是仲裁所具有的高效性和保密性，对特许经营企业而言非常重要。

首先是仲裁的高效性。当前，特许经营的商业模式主要应用于服务业，其中有相当一部分特许经营企业提供的是快消产品，其市场敏感度和弹性极强。一些快消品牌的生命周期可能只有一至两年，这些品牌可能在短时间内迅速崛起，也有可能因为一时的经营问题而很快衰亡。对于从事快消经营的特许经营企业而言，时间因素具有极高的价值与成本。因此，仲裁所具有的效率优势能够促使特许经营纠纷得到快速解决，避免因纠纷而迟滞了特许经营企业推广扩张的步伐。

另外，特许经营合同对于当事人双方的信赖有较高的要求，但是特许人与被特许人在特许经营合同订立与履行的过程中存在广泛的利益冲突和信息偏差，从而可能因为局部的矛盾、冲突导致双方合作破裂。仲裁“一裁终局”的特点以及仲裁费的成本在一定程度上能够促使当事人更加理性地面对合作过程中的利益冲突，避免双方因过于轻率的考虑而导致合作破裂。

其次是仲裁的保密性。在特许经营的商业模式当中，特许经营企业有较高的保密需求。其一，特许经营以知识产权作为经营资源，特许经营企业需要控制其他相关主体对经营资源的接触和使用，防止经营资源外泄、被搭便车。其

二，特许经营的运营推广模式成本较低、极易复制，特许经营企业需要尽可能防止引来竞业冲突，因此对经营信息具有保密要求。其三，在采取资本运作方式进行扩张的过程中，特许经营企业将面临信用评价、风险评估方面的要求。以仲裁方式解决纠纷，更有利于特许经营企业进行融资和推广。

三、典型案例：仲裁解决特许经营纠纷的优势

（一）商标作为特许经营的重要资源

商标是商业特许经营的重要经营资源，特许经营企业往往采用商标许可与授权的方式开展连锁经营。但商业特许经营中的商标特许不同于一般的商标许可。商标许可的主体可以是企业、个人或其他组织，而特许经营的特许人必须是企业。商标许可主要涉及商标的使用权，而特许经营则包括注册商标、企业标志、专利、专有技术等多类经营资源。商标许可的费用通常较为单一，主要为商标使用费。特许经营则涉及多种费用，如加盟费、使用费、管理费等。商标许可的商业计划相对简单，主要关注商标的使用和保护。特许经营则需要详细的商业计划，包括经营模式、市场推广、人员培训等。因此，商标特许兼具知识产权与商事交易的复杂属性。在处理商标特许经营纠纷时，需要更加审慎地把握双方之间的权利义务关系。

1. 典型仲裁案例

A 酒店管理公司（申请人）与 B 酒店管理公司（被申请人）于 2020 年 11 月签订的《特许经营协议》约定：特许方 B 酒店管理公司向业主方 A 酒店管理公司提供 B 国际酒店集团的酒店特许经营权，并将业主方 A 酒店管理公司投资成立的酒店冠名为“重庆 C 酒店（中文暂定名）”。双方就酒店特许经营权相关约定了商标许可、前期技术支持费等费用、合同的违约和解除等重点条款。

合同签订后，被申请人按照合同约定向申请人提供品牌酒店特许经营权，并为申请人提供了前期技术支持，被申请人延迟支付了部分支持费。申请人于 2021 年 9 月因受疫情、政策调整等导致酒店的经营收入完全无法覆盖成本，向被申请人发出《关于终止〈特许经营协议〉的通知函》，被申请人回函指出申请人系擅自解约，除应支付拖欠费用外，并应支付约定赔偿后协议继续履行。

另外，在合同签订后，申请人多次向被申请人沟通索要“B”“D”商标授权文件（酒店住宿类：4301），2022 年 3 月申请人再次发函要求被申请人提供英文商标授权文件，但被申请人一直未提供，遂以商标权利证明存在瑕疵为由，第二次要求提前终止协议。

协商未果后，根据合同约定，申请人向贸仲提交了书面仲裁申请，之后被申请人向仲裁院提交了仲裁反请求申请书及其所附证据材料。仲裁地为北京。

本案中，仲裁庭认为，申请人诉诸本案程序的基本逻辑可概括为：被申请人隐瞒与被许可商标相关的信息，因此申请人有权基于《商业特许经营管理条例》第二十三条规定解除本案合同，并就此要求被申请人承担相应法律责任。被申请人提出抗辩和仲裁反请求的基本逻辑可概括为：被申请人并未隐瞒申请人所称信息且有权就涉案商标与申请人签订本案合同；申请人因其自身原因单方面解约构成违约并应为此承担违约责任。从争议双方申辩逻辑的交叉点看，申请人解约的核心理由是“被申请人隐瞒相关信息构成法定解约理由”。为此仲裁庭审理本案争议首先需要认定的是，申请人是否因其所述事实及法律依据享有单方面解约权。如若答案是肯定的，则应支持其相应仲裁请求并驳回被申请人相应仲裁反请求。反之，则需进一步审理认定被申请人所提相应仲裁反请求。

仲裁庭围绕上述争议双方申辩逻辑的交叉点对该纠纷展开审理。

2. 纠纷观察与实务建议

（1）纠纷观察

合同约定解除权以及就合同解除涵盖的商标许可问题是本案的争议核心。以下就结合本案仲裁庭意见探讨酒店特许经营中商标许可与合同解除的部分问题：

①被特许经营人的法定解约权

根据《商业特许经营管理条例》，特许人和被特许人在成就不同条件的情况下，享有法定解除权。本案中，申请人即被特许人主张解约权的法律依据是《商业特许经营管理条例》第二十三条规定，即“特许人向被特许人提供的信息应当真实、准确、完整，不得隐瞒有关信息，或者提供虚假信息。特许人向被特许人提供的信息发生重大变更的，应当及时通知被特许人。特许人隐瞒有关信息或者提供虚假信息的，被特许人可以解除特许经营合同”。仲裁庭认为上述规定涉及两项基本内容：一是“特许人的法定义务”，即在其未履行该义务时，应当承担违约责任；二是“被特许人的法定解约权”，其强调的是“被特许人的法定解约权”及其适用条件。申请人依据《商业特许经营管理条例》第二十三条主张“法定解约权”，那么认定其是否享有解约权的事实条件，就应涉及对“被申请人（是否）隐瞒有关信息或提供虚假信息”事实的认定。在认定申请人主张法定解约权的事实条件的过程中，因申请人在本案程序中主张法定解约权的主要事实依据是被申请人不是涉案商标的权利人。仲裁庭提到两个很重要的观点或事项：

首先，“未明确告知”与“隐瞒”在法律上是有一定差别的。因为，如果是“公开信息”，当事人是否“告知”并不重要。反之，当事人要“隐瞒”“公开信息”也难。按照实践，涉案商标的注册情况是可以从公开信息渠道查询到的，仅此很难认为“被申请人隐瞒涉案商标注册信息”。

其次，特许经营中需要明确“经营资源”的直接权利人，以及被授权人是否享有再许可权。本案中被申请人利用前者“经营资源”在中国开展酒店品牌（与D品牌相关的）“特许经营业务”的资格由G国际公司授权。仲裁庭认为被申请人是“以特许人身份”与相应中国企业签订“特许经营协议”，而其并非所涉“经营资源”的直接权利人，需要认定被申请人是否获得“再许可”申请人使用“B”商标的权利。

结合上述事实以及法律规定，仲裁庭认为，申请人提供的证据可以认定的与本争点相关的法律事实是被申请人不是涉案“D”商标的权利人（被申请人是涉案“B”商标权人）；但不能据此认定“被申请人‘隐瞒或提供虚假’的商标注册信息”。

②商标许可的法律效力

本案中，在仲裁庭不认定“被申请人‘隐瞒或提供虚假’的商标注册信息”的情况下，对于被申请人并非涉案“D”商标的权利人是否影响本案合同效力，或者申请人能否因此享有解约权问题，仲裁庭做了进一步分析。仲裁庭指出，商标许可只是特许经营交易的一个部分；而特许经营涉及的是被特许人有权利用特许人的“经营资源”从事市场经营活动。以上为仲裁庭分析的核心观点。

首先，根据《商标法》第四十三条规定，可见，当事人许可他人使用注册商标的，不是必须与他人签订书面许可合同才有效；只要商标权人表示同意他人使用注册商标，后者使用相关商标即不违法。同时，当事人应就注册商标许可向商标局备案；但商标许可是否备案不影响与之相关的“合同法律关系”的效力。

其次，有关商标许可模式的“法律风险”及其法律效力问题。在有相关证据的情况下，被特许人可以就此提起主张。本案中虽申请人并未就此提起主张，但仲裁庭做了简单评述，从证据角度来说，申请人需证明其中有被特许人（或商标被许可方）因所涉“商标许可”模式而被商标权人起诉侵权的事实。延伸来说，亦可理解为是否被商标权人提起异议或无效宣告等非诉程序。

③被特许经营方的“静默期”

本案中申请人还就“法定解约权”提出一个观点，即“《商业特许经营管理条例》规定应当给被特许经营方一定的静默期，在一定条件下可以解除合同”(本案协议没有约定)。

根据《商业特许经营管理条例》第十二条规定：“特许人和被特许人应当在特许经营合同中约定，被特许人在特许经营合同订立后一定期限内，可以单方解除合同。”仲裁庭认为，该条法律规定讲的是“合同订立后一定期限内”。而该“一定期限”应理解为“订立合同后的一个不会很长的‘期限’或者是一个‘合理期限’”。可见，特许经营一方知晓另一方可能存在违反合同约定的情形时，应当及时沟通协商纠正或积极行使相关的权利，以免在仲裁程序中为此承担一定不利后果。

最终，仲裁庭认为不能基于申请人所提供事实及法律依据裁决解除本案合同，申请人两项仲裁请求未获得支持。针对被申请人各项仲裁反请求，主要涉及申请人未履行交付前期技术支持费等其他违约事项的认定，因与知识产权关联性不大，在本文中不予评述。

（2）实务建议

就同类案件而言，在特许经营交易中，就有关商标许可以及相关合同解除的事项，特许人和被特许人应当秉持着谨慎的态度，做好风险把控。

首先，在签订协议前尽到相关的注意义务，必要时甚至需要做好尽职调查（Due Diligence Investigation or Survey）。就特许人而言，主要是须享有特许经营的资格；就被特许人而言，需要明确相关“经营资源”的直接权利人，尤其是在特许人本身也是被授权人的情况下，被授权人是否享有再许可权的问题，例如商标许可的问题，在要求特许人提供商标权利证明的同时，也可以通过公开信息渠道主动查询商标信息及其权利状态，对其他能够主动获取的权利信息都应当事先调查，以免未尽到相关注意义务造成风险。

其次，在签订特许经营许可协议时，重要的“经营资源”（如商标等知识产权）最好明确规定在合同条款中，标明详细的产权信息，并就相关的权利义务、违约责任和合同解除条款作相应的约定。被特许人在缔约过程中需要注意经营资源的使用范围和限制，以及开店、运营过程中责任与成本的分担。特许人在缔约时则要特别注意经营资源的保护，对被特许人侵犯知识产权、从事竞业等行为作出限制，并约定违约金。

再次，在合同履行过程中，信息的变更也相当重要。虽然特许经营企业在申请特许经营资格时需要向商务部门提交“两店一年”的证明材料并办理备案，但特许经营企业的经营状况是动态变化的。被特许人在经营过程中依赖特许人的供应链和经营体系，特许人的经营状况和经营资源发生变化会直接影响被特许人开展经营。在特许人经营状况和经营资源发生变化时，被特许人应当及时做好沟通协商并纠正，尤其对重要“经营资源”权利状态的变化应当做好跟踪，避免权利丧失等风险。

最后，在仲裁程序中，被申请人在有明确主张以及相应证据支撑的情况下可以积极主动地提起仲裁反请求申请，以维护自身的合法权益。

（二）特许经营合同的认定与解除

特许经营合同属于继续性合同，其履行有赖于双方之间的高度信赖性。法律需要促使特许经营的双方当事人更加理性地进入、建立高度信赖关系，从而在特许经营合同履行的过程中确保合作的严肃性与稳定性。在特许经营当中，法律创设了针对特许人的信息披露义务和保护被特许人的“静默期”制度，作为特别解除权的基础。特许经营合同中的特别解除权并非与合同维持原则相冲突，而是为了在本就难以维持信赖关系的情形下，使双方及时解脱束缚。

特许经营合同解除后的返还清算问题也较为复杂。在被特许人解除合同的场合，涉及加盟费的退还问题。而在特许人解除合同的场合，则存在特许经营资源的折价补偿问题。

1. 典型仲裁案例

2022 年 9 月，被申请人工作人员致电申请人介绍“C”品牌加盟政策，称其为“E”“D”等知名品牌子品牌，被申请人法定代表人系“E”品牌创始人之一，还通过微信发送加盟宣传资料与价格服务明细表，宣称加盟成本约 30 万元，现有店铺日销售额超 1 万元，申请人基于对“E”品牌信任决定加盟。

同月，双方签订合同，约定被申请人授权申请人在江苏省苏州市姑苏区内经营“C”品牌烘焙茶饮加盟店，授权期 1 年（2022 年 9 月—2023 年 9 月），被申请人需授予申请人注册商标、核心技术等经营资源，提供选址、装修、技术、经营指导等服务。合同签订当日，申请人依约支付品牌授权费 2 万元、服务费 21 万元。

2022 年 11 月，申请人按要求承租场地、设立 F 食品店，在被申请人及其指定处采购物料、设备等，累计支出 80 余万元。但筹备期间，被申请人未履行人流量测算、区位评估、人员培训、装修辅导等服务义务，未出具选址评估及后期可行性分析报告。

2023 年 1 月加盟店开业后，被申请人仍未依约提供技术带店辅导、产品研发、巡店督导、经营及推广指导等服务。经营中，申请人发现诸多问题：被申请人 2022 年 6 月才成立，签约时不具备持续服务能力与成熟模式，且无“C”系列注册商标权；洽商前后存在虚假宣传，如虚构店铺日销售额、谎称与“E”品牌关联；提供的服务和产品存在质量瑕疵。申请人多次要求履约，被申请人敷衍塞责，严重影响加盟店经营。无奈之下，申请人于 2023 年 3 月微信发送《解除通知书》，并于同年 4 月停止经营。

申请人认为本案合同是商业特许经营合同。依据《商业特许经营管理条例》第三条，商业特许经营涉及知识产权授予、特许人成熟经营模式与持续指导能力、被特许人统一模式经营并支付费用。本案中，被申请人授权“C”品牌，提供核心技术、经营管理等培训，控制店铺选址、装修、运营督导，约定特许经营费用构成，符合特许经营合同核心要素与基本特征。

申请人主张依据《商业特许经营管理条例》第二十三条解除合同，理由如下：

（1）被申请人签约时不满足《商业特许经营管理条例》第七条第二款“两店一年”条件，未依法备案，未按第二十一条、第二十二条向申请人披露信息，不具备持续经营指导能力。

（2）被申请人在招商中虚假陈述、虚假承诺，如虚构品牌背景、直营店营业额、盈利额，夸大招商进度，利用申请人对知名品牌的信任诱导签约。

（3）被申请人在合同履行中选址失误、无研发能力、产品配方差、总部人员指导不力、设备原材料价格畸高，充分暴露其无法提供持续指导。

（4）被申请人申请简易注销、办公室人去楼空、直营店无人经营，以行为表明不履行合同，合同目的无法实现，依据《民法典》第五百六十三条第一款第二项、第四项也应解除。

被申请人辩称，双方之间的合同是销售代理合同而非特许经营合同。理由包括：不能仅依合同名称判断，应从权利义务分析，合同内容多为提供技术培训、咨询、设计装修辅导等服务，未涉及特许经营关键要素；未授予形成市场竞争优势的经营资源，仅是产品销售权授权；合同未设定达到“统一经营模式”目的的条款，对申请人组织制度、经营理念等无要求约束。

被申请人称已完成合同约定服务，不构成违约。如提供选址、装修辅导，申请人微信反馈开店成功、某平台引流成果可以证明；申请人所举虚假宣传证据多与被申请人无关，是员工个人或其他推广人员行为，可行性分析报告无虚假夸大言语，销售回单真实。被申请人强调申请人因自身销售业绩、市场经济原因单方解除合同属违约，应承担违约责任。当前大批实体店亏损，申请人店铺亏损同理，不能归咎于被申请人。被申请人特别声明合同非特许经营合同，不适用《商业特许经营管理条例》，整个服务过程未强制申请人购买、未保证营业额，申请人作为成年人应自行担责。

仲裁庭查明：关于申请人 B 是否适格的问题，被申请人提出，申请人 B 并非本案的当事人。仲裁庭审查了双方提交的合同，被申请人所持有的合同双方“乙方”处只有申请人 A 的信息，签字页也仅有“A”的签字。申请人提交的合同中，“乙方”处及签字页均有“B”的信息及签字。仲裁庭在庭审中询问申请人，申请人称，因后期需要办理门牌广告，租赁合同是用 B 的名字租的，与被申请人沟通时，被申请人说需要保持一致，后申请人将申请人 B 的名字加在合同上。庭后申请人未提供证据，证明被申请人认可 B 为合同乙方。综上，仲裁庭认为，B 并非本案合同的合同方，其并非本案适格当事人，本案申请人为 A。

关于本案合同效力的问题，本案合同由双方当事人于 2022 年 9 月签署，并由双方分别签字或盖章。仲裁庭认为，申请人和被申请人在签订本案合同时均具有相应的民事权利能力和民事行为能力；双方在平等协商的基础上自愿签订本案合同，其内容是双方真实意思的表示，且不违反现行法律、行政法规的效力性强制规定；被申请人在本案仲裁程序进程中亦没有对合同的效力提出异议。根据《民法典》第四百九十条、第五百零二条的规定，本案合同自双方签字盖章之日起生效，对双方当事人均具有约束力，亦是仲裁庭裁判本案争议的依据。

仲裁庭认为，本案中双方争议的焦点问题为：1. 本案合同性质；2. 申请人能否按照《商业特许经营管理条例》第二十三条的规定解除合同。依据《商业特许经营管理条例》第三条，仲裁庭认定本案合同为特许经营合同。理由是双方约定被申请人授权“C”品牌，提供核心技术、经营管理等多方面经营资源，对申请人经营有统一模式要求，如提供装修建议、监督检查、统一制作经营标识设备，且明确特许经营费用构成。

关于合同解除的问题，仲裁庭认为“两店一年”属行政管理强制规定、备案便于行政管理，此违规行为并非申请人解除合同的法律依据；申请人所举签约后录音等证据不足以证明被申请人隐瞒重要信息、误导签约，信息披露不全并影响特许经营权的重大信息，且已开店运营，故不支持依《商业特许经营管理条例》第二十三条解除合同。但鉴于被申请人 2023 年 8 月在合同履行期届满前申请注销，以行为表明不再履约，符合《民法典》第五百六十三条第一款第二项、第四项法定解除情形，裁定合同自 2023 年 8 月 11 日（申请注销日）解除。

关于费用返还与损害赔偿的问题，仲裁庭裁定如下：

（1）品牌授权服务费：合同价款 23 万元含品牌授权费 2 万元、服务费 21 万元。被申请人已履行授权义务，申请人停止经营非因被申请人停止授权，但被申请人申请注销有过错，裁定返还品牌授权费用 5000 元。

（2）服务费：被申请人提供部分服务，如核心资料交付、开店协助等，但存在未按时提供装修设计方案、未出具选址评估报告等违约行为。综合考虑，酌定返还选址评估和装修设计辅导对应服务费 1 万元；因申请注销无法提供后续培训、运营指导等服务，结合费用占比、服务提供情况、剩余合同时间，酌定返还 4 万元；另考虑缔约过错、违约致合同解除，再酌定返还 4 万元，共返还服务费 9 万元。

（3）原材料及包材采购费：申请人主张被申请人提供订购清单不合理致原材料、包材闲置过期且价高，仲裁庭酌定被申请人退还 1 万元。

（4）房屋转让费、租赁押金、装修费、门头广告费、排烟工程费：依据合同约定“因合同撤销或解除而导致返还价款、赔偿损失的计算总额以本合同的合同价款为限，与乙方对外另行签订的买卖合同、租赁合同、承揽合同、劳动合同、劳务合同无涉”，仲裁庭认定申请人此项仲裁请求无合同依据，不予支持。

2. 纠纷观察与实务建议

（1）纠纷观察

在特许经营合同纠纷中，如双方认可合同真实、合法、有效，则审查焦点可能会落在合同性质和解除条件两方面上，这两方面也是特许经营合同缔结、审查的重中之重。

在审查特许经营合同性质时，应当以“合同约定的权利义务是否符合特许经营合同的基本特征”为判断标准。《商业特许经营管理条例》第三条规定：“本条例所称商业特许经营（以下简称特许经营），是指拥有注册商标、企业标志、专利、专有技术等经营资源的企业（以下称特许人），以合同形式将其拥有的经营资源许可其他经营者（以下称被特许人）使用，被特许人按照合同约定在统一的经营模式下开展经营，并向特许人支付特许经营费用的经营活动。企业以外的其他单位和个人不得作为特许人从事特许经营活动。”依据《商业特许经营管理条例》第三条的定义，特许经营合同的构成要件为特定的经营资源、统一的经营模式和许可费用。与代理合同、经销合同、技术许可合同相比，特许经营合同的特征在于具有品牌、运营体系的整合，涉及经营资源的系统性许可和统一的经营模式控制。实践当中，双方当事人签订的合同可能采用“代理合同”“合作合同”等名称。当合同名称与实际不一致时，司法和仲裁实践主张以合同权利义务的实质内容为判断标准。在本案中，被申请人向申请人交割了商标使用权、核心技术资料、选址和装修指导、设施设备、物料配送、运营督导等经营资源，以合同方式许可并约束申请人在统一经营模式下开展经营，符合法律规定下的特许经营特征。再者，双方合同中对经营资源对应的价款作出了明确约定，申请人按约向被申请人足额支付了特许费用，以上交付对象、许可模式和费用约定均符合特许经营合同性质。

在审查合同解除条件是否成就时，应当从行政管理规定、核心经营资源和合同约定三方面出发考量。在本案中，申请人认为，被申请人作为特许人，不符合管理条例中“两店一年”和特许经营备案的行政管理要求，有权以此主张单方解除权。根据《民法典》第五百零八条、第一百五十三条规定，违反法律、行政法规的强制性规定的合同无效。但是，该强制性规定不导致合同无效的除外。综上可知，违反行政强制性规定是否导致合同无效或使另一方获得合同解除权要看该强制性规定是否为效力性规范、是否导致合同目的无法实现。显然，有关特许经营资质备案、“两店一年”的相关规定系管理性规范而非效力性规范，在本案中，申请人也确已获得核心经营资源，被申请人是否符合行政管理规定并不影响合同目的的实现，并不影响申请人正常开店运营，因此，申请人不能以此行使合同解除权。

（2）实务建议

在典型的特许经营合同纠纷中，仲裁庭会按照合同效力、合同性质和合同解除条件的思路审查。如合同双方发生纠纷，作为被特许人的一方应当慎重使用通知方式解除合同，合同并不因一方主体违反行政管理性强制规范而导致合同无效或使得另一方获得合同解除权。

被特许人在缔约时，需要重点核查合同是否具备《商业特许经营管理条例》第三条规定的三要素，包括经营资源许可、统一经营模式和特许费用。对名为“技术服务协议”“品牌合作合同”的合同文件，需比对商务部特许经营合同示范文本的类似条款，防范司法认定风险。在举证方面，可以通过标准化流程操作文件、定期培训记录、质量监督材料等证据材料证明案涉合同属于特许经营合同。

被特许人特别需要注意特许人提供了哪些经营资源、以何种方式提供经营资源。特许经营合同不同于一般的授权许可，其要求特许人向被特许人提供经营管理方面的资源与协助。但是通常而言，特许人提供资源的质量和服务水平属于单纯的商业问题，法院往往不会因为特许人提供的服务质量差、原材料价格高等原因而认为双方之间的合同不构成特许经营合同。为了防范特许人服务质量下滑的风险，被特许人除了需要事先调研特许人的经营状况、信用状况，还应在合同当中尽可能明确特许人提供资源和服务的具体方式和标准，并进而通过违约责任和解除条款予以保障。

特许经营合同当中，被特许人的法定解除权包括一般的根本违约解除权和《商业特许经营管理条例》第十二条规定的冷静期解除权。在特许经营合同订立与履行过程中，特许人构成根本违约的情形包括经营资源存在权利瑕疵、未提供运营指导等持续性支持达一定期限、信息披露重大违规等。被特许人根本违约的典型情形包括未按照约定支付特许经营费用、未在约定时间和地点开业、超出许可范围使用经营资源等。特许人通常会根据被特许人的经营情况、经营绩效设置约定解除权（KPI 解除条款），但此类约定解除权需要满足明确性要求。对特许人而言，在设置约定解除权条款时，应当配合有相应的量化考核指标和方法，并确保合同条款与特许人的经营管理制度相配套。

（三）特许经营费用返还与损害赔偿

特许经营合同的解除往往伴随着复杂的费用返还与损害赔偿问题。合同解除后，加盟费是否返还以及返还多少，需要结合双方违约的情况与程度、合同已经履行的期限以及公平原则综合判断。除加盟费外，特许经营合同可能还涉及管理费、保证金、权益金等费用。

因违反特许经营合同而产生的损害赔偿责任的范围涉及直接损失和间接损失。直接损失如被特许人因购买特许人指定设备、原材料而产生的损失，以及装修店铺的费用损失等。间接损失方面，由于特许经营合同具有盈利预期性，被特许人因合同解除而失去的潜在经营利润也可能被纳入赔偿范围（但实践中得到支持的难度很大）。特许经营合同解除后，双方也仍有一定的后续义务，例如剩余库存商品回购、保密、竞业禁止等，这些后续义务也有可能引发损害赔偿责任。

1. 典型仲裁案例

2014 年 12 月，申请人与被申请人一签订《关于上海 D 酒店之酒店管理协议》，约定被申请人一聘用申请人在经营期限内代为管理并经营上海 D 酒店，经营期限至酒店开业日（2016 年 9 月）的第 15 个周年日（2031 年 9 月）或任何延展期限的到期日。协议对双方权利义务进行详细规定，包括经营费用承担、管理公司费用支付、报告制度、预订费用、销售与管理、补偿、争议解决等事项，还明确了基本管理费、奖励管理费、预订费用、销售与营销费用等的计算方式和支付时间。

在合同履行过程中，自 2021 年 1 月起，被申请人一开始拖欠申请人基本管理费、奖励管理费、销售与营销费、预订费用、会员收费和其他费用等服务费。申请人多次发函催讨，但被申请人一始终未予支付。2023 年 4 月，申请人向仲裁委员会申请仲裁。2023 年 5 月，被申请人一以及被申请人二共同与申请人签订《关于上海 D 酒店之酒店管理协议之修订契约》，约定被申请人二作为业主之一加入管理协议，与被申请人一同时成为业主一方，对主协议进行修订，且二者对主协议（包括修订契约）项下“业主”方的义务和责任共同承担连带责任。

申请人进而追加被申请人二，请求被申请人一、二共同支付拖欠的管理服务费 370 余万元；支付逾期付款利息 20 余万元；支付 12 万元律师费；偿付为办理本案支出的差旅费，暂计 1 万元；共同承担本案仲裁费。

被申请人一提起反请求，要求申请人支付损害赔偿 20 余万元（被追缴的残疾人就业保障金）；支付损害赔偿 1 万余元（酒水过期损失）；支付 3 万元律师费；申请人承担本案仲裁费。

被申请人二提起反请求，要求申请人支付 2 万元律师费；申请人承担本案仲裁费。同时主张其不应被追加为被申请人，本案修订契约无溯及力，申请人未在签订修订契约时告知已就管理协议提起仲裁。

申请人认为，追加第二被申请人具有合同和法律依据。各项管理服务费的收取有明确合同和法律依据，2022 年 3—6 月酒店被征用期间政府支付费用应计入毛收入并作为管理费计费依据。逾期利息主张有合同和法律依据，被申请人营运资金短缺不能成为不承担逾期付款责任的理由。申请人提供的管理服务不存在瑕疵或违约，被申请人不存在有权拒付或要求减付服务费的理由。残疾人就业保障金事件系被申请人一的员工工作失误造成，过期酒水属于酒店经营中的正常损耗。修订契约中关于被申请人二权利义务的约定明确，申请人提起仲裁与修订契约签订无关，被申请人二的反请求主张没有法律依据。

被申请人一认为，管理协议为委托合同，申请人经营业绩和管理服务均不达标，酒店经营业绩从未达到考核标准，管理服务未达到全球知名奢华品牌酒店的服务标准，且存在重大过失。2022 年 3—6 月酒店被征用期间政府发放的补贴不应计入酒店总收入，申请人不应收取该部分管理服务费，且申请人管理业绩不达标应补足差额。申请人履行管理协议义务不符合约定，不应主张逾期付款利息、律师费、差旅费和仲裁费。申请人应承担因重大过失对酒店造成的经济损失。

被申请人二认为，其不应被追加为被申请人，申请人未告知已经就修订契约之主协议提起仲裁，不应就修订契约签署之前的债务向申请人承担连带责任或共同责任。同意被申请人一的答辩意见。

仲裁庭依据相关规定，确定本案适用《民法典》，认定管理协议及修订契约均合法有效，且在双方当事人之间应继续依约履行。

仲裁庭认为，2022 年 3—6 月酒店被政府征用期间，政府支付的费用是有偿使用酒店的房间使用费，应计入酒店毛收入，申请人有权按约定比例收取管理服务费，但应扣除政府尚未支付的房间使用费所对应的管理服务费。经计算，被申请人一应向申请人支付的欠付管理服务费为 330 余万元，被申请人二应与第一被申请人共同支付。

申请人要求二被申请人支付逾期付款利息 20 余万元。仲裁庭认为被申请人一以申请人未达业绩考核标准等为由拒绝支付利息的主张无依据，但考虑到申请人计算的利息包含不应在目前收取的政府未支付房间使用费之管理服务费的利息，以及疫情对酒店的冲击和被申请人一的减免请求，酌情调整到 2023 年 12 月的逾期付款利息为 18 万元，并支持以欠付管理服务费 330 余万元为本金，按照 LPR 利率加 2% 的标准，自 2024 年 1 月起计算至实际支付之日止的逾期付款利息，由二被申请人共同支付。

申请人请求二被申请人支付律师费 12 万元、差旅费 1 万元。仲裁庭根据案件实际情况，支持被申请人一向申请人支付 10 万元律师费和 4000 余元差旅费，被申请人二对此承担共同支付责任。

被申请人一要求申请人支付被追缴的残疾人就业保障金 20 余万元。仲裁庭认为，虽然酒店员工由被申请人一雇佣，但申请人对员工有管理、监督责任，在酒店资金紧张情况下，因疏忽导致缴纳本不应缴纳的费用属于重大过失，属于管理协议约定的赔偿范围，故支持被申请人一的此项请求，由申请人向被申请人一支付该笔费用。

被申请人一主张申请人赔偿酒水过期损失 1 万余元。仲裁庭认为，在至少 5 年时间里产生的这笔损失，不属于申请人的“重大过失”，不应由申请人赔偿，驳回第一被申请人的此项请求。

被申请人一请求申请人支付律师费 3 万元，仲裁庭根据案件审理情况，支持申请人向被申请人一支付 2 万余元律师费。被申请人二要求申请人支付律师费 2 万元，仲裁庭未予支持。

2. 纠纷观察与实务建议

（1）纠纷观察

本案围绕特许经营纠纷发生之后的费用返还与损害赔偿问题展开争论。对于 2022 年 3—6 月酒店被政府征用期间政府支付费用的性质，仲裁庭进行了深入分析，依据《企业会计准则——基本准则》以及合同中对“毛收入”的定义，认定该费用是有偿使用酒店的房间使用费，并非政府财政补贴，应计入酒店毛收入。这一认定的关键在于，政府支付费用是基于酒店提供房间及服务的对价，不符合政府补助“无偿性”的特征。同时，从被申请人的财务核算和发票开具情况来看，该费用也实际被计入了客房收入。基于此，申请人有权按约定比例收取管理服务费。申请人主张的管理服务费包含政府尚未支付的房间使用费对应的部分。考虑到合同并未规定申请人可以收取尚未到账毛收入的管理服务费，且让被申请人提前支付会加重其资金压力，仲裁庭决定扣除这部分费用。

被申请人一以申请人未达业绩考核标准等为由拒绝支付逾期付款利息，仲裁庭认为该主张缺乏合同和法律依据，且没有提供充分、明确的标准和证据证明申请人未达业绩考核标准。合同中明确约定了逾期付款应支付利息，因此仲裁庭予以支持。仲裁庭综合考虑多方面因素对申请人主张的逾期付款利息进行了调整。申请人计算的利息包含了不应在目前收取的政府未支付房间使用费之管理服务费的利息，这部分利息不应在当前阶段计算。另外，疫情对酒店行业造成了冲击，被申请人一的经营受到影响，其提出减免利息的请求具有一定合理性。基于公平原则和实际情况，仲裁庭酌情将 2023 年 12 月之前的逾期付款利息调整为 18 万元，并支持以欠付管理服务费 330 余万元为本金，按照 LPR 利率加 2%的标准，自 2024 年 1 月起计算至实际支付之日止的后续逾期付款利息。

对于被申请人一要求申请人支付被追缴的残疾人就业保障金的请求，仲裁庭依据管理协议中关于补偿的约定进行判断。尽管酒店员工由被申请人一雇佣，但仲裁庭认为申请人作为管理方，对员工具有管理、监督责任。在酒店资金紧张的情况下，因疏忽导致缴纳本不应缴纳的费用，属于重大过失，符合管理协议约定的赔偿范围，因此支持被申请人一的此项请求。这一裁决明确了在酒店管理关系中，管理方对员工管理责任的重要性以及相应的法律后果。

被申请人一主张申请人赔偿酒水过期损失，仲裁庭综合考虑酒店经营的实际情况和行业惯例，认定该损失属于正常经营损耗范畴，不应由申请人赔偿。

（2）实务建议

在本案中，酒店管理协议对于费用的计算、支付时间、服务标准、责任承担进行了精细化的约定，这使得申请人能够在被申请人拖欠费用后快速确定损失数额和赔偿标准，并防范了被申请人的抗辩。合同条款的精确性对争议解决起到了关键作用。

特许经营双方宜尽可能在合同中清晰界定“加盟费”“保证金”“权益金”的性质及返还条件。从特许人角度而言，可详细说明加盟费是对品牌授权、初始服务等一次性的综合费用，并约定在何种情况下不予返还或部分返还，如被特许人因自身违约导致合同解除，加盟费不予退还。针对特许经营的冷静期制度，特许人也可以在法律框架下设计冷静期内解除合同时的费用返还细则。为减少裁量争议，双方可根据合同履行阶段（签约未开业、已开业未盈利、正常经营后解除），预先规定加盟费返还比例。

损害赔偿的精细化计算依赖于证据链完整性。在合同履行过程中，特许人可以对选址评估、培训、技术支持的投入留存详细记录，以便在费用返还争议中主张扣除合理成本。尤其是在加盟费返还纠纷当中，通过门店开业照片、店铺交易流水等证据，举证被特许人已经实际使用了经营资源，可以有效减少加盟费的返还。

被特许人则应着重提取保存有关店面装修维护、经营费用支出、运营培训资料等方面的证据。在主张违约损害赔偿时，可以通过特许人的广告宣传、沟通记录来认定特许人进行虚假宣传、具有欺诈嫌疑。通过调取同类门店的纳税证明、行业平均利润率报告、特许人其他加盟店的经营财务状况来争取获得间接损失的赔偿。

（四）特许人经营管理体系搭建

特许经营中，特许人经营管理体系与内部控制的建设是维系特许经营网络稳定性、保障品牌价值及降低法律风险的核心工程。提供经营管理方面的指导既是特许人维持品控、实现规模化效益的必要手段，同时也是特许人的义务。被特许人需要借助特许人的经营管理体系和模式从事经营，相应地也应受到特许人经营管理体系的约束。

特许经营是一种外部合作的商业模式，但特许人通过特许经营合同条款和经营管理制度对门店经营进行统一的管理和控制。这种商业模式很好地平衡了门店管理的成本与效益，但其中存在被特许人自主经营权与特许人统一经营管理之间的潜在冲突。特许人对门店经营的过度干预会增加经营成本并影响门店经营的灵活性，但如果特许人缺乏对门店经营情况的了解和控制，则不仅会造成利润分配和财务方面的纠纷，还可能产生产品质量、安全卫生、售后服务等方面的问题，影响门店经营效果和消费者利益。缓解和平衡这种潜在冲突的有效方式是建立一套标准化的操作规程和监督制度，确保经营链条上关键节点的信息透明和有效监督。

特许人开展特许经营的资格和条件本身也包括成熟的经营管理体系和对被特许人的经营指导。如果特许人没有事先证明其商业模式的成熟可复制性，没有对被特许人提供指导、监督并保存相关记录，则极有可能构成违约和行政违法。

1. 典型仲裁案例

2018 年 5 月，申请人与原被特许人杭州 C 公司签署《特许经营协议》，申请人授权原被特许人依约使用旗下品牌系统开发运营涉案酒店，原被特许人需支付相应费用，同时约定合同争议由贸仲在北京仲裁。

2019 年 6 月，申请人、杭州 C 公司、被申请人三方签订《特许经营协议补充协议》，被申请人承接原被特许人在《特许经营协议》中的全部权利义务，协议其他内容维持不变。同年 9 月，涉案杭州 D 酒店正式开业，依据《特许经营协议》，合同期限从 2018 年 5 月起至 2029 年 9 月止。

合同生效后，申请人依约行事，许可被申请人使用品牌，全力投入酒店前期筹备工作，包括组织培训、开展品牌营销、搭建预订系统以及提供技术保障，确保酒店运营顺畅。但是被申请人未按时支付协议规定费用，虽经申请人多次催促，截至 2023 年 2 月，仍拖欠高达 350 余万元。

2022 年 12 月，被申请人发邮件告知申请人，因拖欠房租被迫关停酒店。但实际上，被申请人隐瞒真相，私自将酒店换牌为“G 酒店”继续营业。申请人发现后，于 2023 年 1 月多次发函警示，表明被申请人违约后果，并暂停其酒店预订系统权限，将酒店从相关系统移除，但被申请人依旧拒不履约。

仲裁庭经过审理认为，本案争议焦点是被申请人是否应向申请人支付《特许经营协议》项下全部到期欠付费用350余万元。被申请人主张，该金额计算的依据错误、税金6%没有依据，且《特许经营协议》违反《商业特许经营管理条例》第四条规定的公平原则，并在经营期间遭遇不可抗力，因此所涉款项应予以免除或扣减。

仲裁庭认为被申请人是否应支付费用涉及如下问题：一是关于计算依据。申请人提交的仲裁申请材料中，“欠付费用及损害赔偿金的计算说明”详细列出350余万元欠费构成，依据是来自涉案酒店管理系统、经公证保全的证据《涉案酒店费用对账单及费用明细》和《涉案酒店财务历史数据报表》。《特许经营协议》对酒店管理系统有明确定义，它是记录酒店预订与日常经营收入的数据系统，双方均可通过双向接口获取数据。被申请人虽否认数据存在，却以财务人员散失为由无法提供反证。仲裁庭依据协议约定及举证规则，认定申请人取证合法，采信相关证据。

二是关于税金6%的承担。《特许经营协议》第5.5条明确特许人或其指定关联公司承担特许费及相关费用的到期所得税税款，其他税款由被申请人承担。2019年6月《补充协议》及《杭州D酒店信息技术共享服务协议》附件表明原被特许人曾按6%支付税金，仲裁庭据此判定被申请人应承担6%税金。

三是关于酒店经营过程中各项费用的承担。其中：

（1）特许费：申请人主张被申请人欠付160余万元，被申请人以2023年停业、过往营业收入不明抗辩。仲裁庭依据协议及《涉案酒店财务历史数据报表》，算出特许费应为160余万元，因申请人主张金额低于此，尊重其放弃部分。

（2）系统基金进款：申请人称被申请人欠费100余万元，被申请人质疑申请人服务未提供、金额无依据。仲裁庭依据协议确认被申请人应支付，算出预订及营销进款、频繁旅行营销进款，二者相加得系统基金进款100余万元。

（3）科技服务费：申请人主张30余万元，被申请人因客房经营总收入不明不认可。仲裁庭依据协议与数据报表等证据，认定被申请人应支付30余万元。

（4）其他渠道营销服务费：申请人主张10余万元，被申请人要求证明费用实际产生及消费关联。仲裁庭依据协议与《涉案酒店费用对账单及费用明细》，认定被申请人应支付旅行社佣金 10 余万元。

（5）培训费：申请人主张 9 万余元，被申请人以培训记录不全抗辩。仲裁庭依据协议，认定被申请人应支付 2021 年培训费及税金共 3 万余元。

（6）总经理人寿保险及医疗费用：申请人主张 6000 余元，被申请人称与己无关。仲裁庭依据协议附件，认定被申请人应支付。

（7）信息技术共享服务费：申请人主张 10 余万元，被申请人以服务重叠、未履约、已停业为由拒付。仲裁庭依据协议区分服务性质，结合申请人举证，认定被申请人应支付 10 余万元。

（8）收益管理服务费与社会化媒体聆听服务费：申请人主张 10 余万元，被申请人称申请人未提供服务致亏损。仲裁庭因仲裁庭组成问题，对该争议不予处理。

（9）其他费用：申请人主张 1000 余元，被申请人以无合同依据抗辩。仲裁庭审查《商行加入协议》后，认定申请人主张无合同依据，不予支持。

综上，仲裁庭依据协议与证据，确定各类服务费总额为 320 余万元。同时，考虑酒店开业至 2023 年初正值疫情严峻期，虽酒店行业受冲击大，但因申请人特许费与经营收入挂钩、已给予被申请人费用减免与账期延缓等支持，仲裁庭未采纳被申请人因疫情免除或扣减费用的诉求。

四是关于损害赔偿计算。申请人依据《特许经营协议》第 18.4（a）条，要求被申请人支付 180 余万元损害赔偿金，称被申请人违约致协议提前终止。被申请人辩称因申请人经营不善被迫停业，自身无赔偿义务。

仲裁庭依据协议第 17.3 条，认定被申请人欠付费用违约，申请人有权终止协议，被申请人应承担损害赔偿责任。协议明确约定损害赔偿金计算方法，其本质是双方对违约损失的预先设定，具有较高效力。虽申请人主张按提前终止后 36 个月计算，但仲裁庭考虑疫情致被申请人经营损失、申请人防止损失扩大义务，基于诚信公平原则，调整为以 24 个月计算。结合 2022 年酒店经营总收入，算出损害赔偿金为 110 余万元。此外，因损害赔偿金性质不同于特许费等费用，仲裁庭未支持申请人对损害赔偿金计 6% 税金的诉求。

2. 纠纷观察与实务建议

（1）纠纷观察

本案系发生在酒店行业的因商业特许经营合同履行而引发的一起典型案例，对酒店品牌主体及合作商在合同履行风险防范等均具有较强的借鉴意义。在《特许经营协议》有效的前提下，仲裁庭充分尊重双方的意思自治，即主要以特许协议为基础作出裁决。

本案中，申请人授权被申请人使用其旗下品牌系统经营酒店，品牌的价值和声誉是酒店经营成功的关键因素之一。被申请人擅自更换酒店名称，实际上是对品牌依赖性的破坏，这种行为不仅违反了合同约定，也损害了特许人的品牌利益。

被申请人对欠付费用的计算依据、税金 6% 的合理性以及费用本身提出异议。仲裁庭经审查相关证据及协议条款，确认了申请人提供的费用数据来源合法、计算依据充分，被申请人应支付特许费、系统基金进款、科技服务费等多项费用，总计 320 余万元。此焦点体现了在特许经营中，双方对费用的结算严格依据合同约定及数据真实性的重要性，也凸显了被申请人财务管理及数据保存的不规范问题。

申请人依据协议主张 180 余万元损害赔偿金，被申请人则以自身无过错、申请人无实际损失等为由拒绝赔偿。仲裁庭综合考虑协议约定、被申请人违约事实、疫情对酒店行业的影响以及申请人防止损失扩大的义务，酌情调整损害赔偿金为 110 余万元。这反映出在计算损害赔偿时，需平衡双方利益，充分考量不可抗力因素及合同履行的实际情况，而非单纯依据合同条款机械计算。

（2）实务建议

在特许经营当中，特许人需要确保自己能够适时了解被特许人门店的经营情况，并能够进行适当的管理和监督。本案当中，特许人通过酒店管理系统和相关的管理规程对酒店的经营、财务情况进行掌握，并通过公证方式固定了相关证据，从而在仲裁过程中可以及时查清事实、锁定被特许人的违约情节，为仲裁胜诉提供了有力的支持。

在本案中，被申请人因财务人员散失等原因无法提供准确的财务数据，导致在仲裁中处于不利地位。这启示特许经营合同的双方都应建立健全财务管理制度，妥善保存财务数据及相关凭证，以应对可能出现的纠纷。特许人通过公证保全等方式获取酒店管理系统数据等关键证据，为仲裁胜诉提供了有力支持。这体现了特许人具有完善的内控合规和纠纷解决体系，收集、保存了与特许经营合同履行相关的各类证据，从而在纠纷发生时能够有效维护自身权益。

这启示特许人在特许经营过程中，应当加强标准化管理体系的建设。特许人应梳理门店经营业务和财务流程的各个环节，在重要节点上设置操作规范和监督制度。例如餐饮特许经营要详述食材采购和保管流程、出餐标准、服务规范等，零售特许经营需要明确商品陈列、库存管理、销售流程等标准。特许人应当事先将各个业务环节的标准进行明确，制定成操作手册并向被特许人宣贯培训，为被特许人提供统一的实行依据，确保各加盟店运营节奏和质量基本一致。

特许人应重视信息与沟通管理，建立门店之间有效的沟通机制，及时了解门店经营信息。特许人可以通过定期组织会议的形式了解运营情况并提供指导，也可以建立线上信息共享平台，方便及时沟通报备。特许人还应强化建立信息数据的收集管理，建立数据收集和存储系统，收集销售、库存、客户、财务等数据。这不仅有利于通过数据收集和分析了解经营情况、调整经营决策，同时更有利于在纠纷发生时及时反应，固定证据。

特许经营合同中通常会预先设定损害赔偿金条款，以合理预测和补偿因违约行为导致的损失。这种条款的设定体现了双方对潜在风险的预估和分担，具有一定的合理性和必要性。而由于特许经营的商业模式可能应用于不同行业，而不同行业的交易模式、成本费用各不相同，相应的费用结构也非常复杂，这为违约损害赔偿的计算带来了难题。这要求交易双方尤其是被特许人在从事特许经营时，需要了解相应的商业常识和行业惯例，对特许经营过程中的成本和费用有基本的预期。同时，在履约过程中做好留痕和存证。在本案当中，特许人建立了统一、规范的酒店管理系统，这有利于确保经营数据的完整与透明。被特许人不遵守管理系统的要求，因此在费用审查时面临不利后果。

第五节　软件行业知识产权仲裁案例分析

近年来，随着新一代信息技术的迅猛发展，“软件定义万物”“未来的企业都将演变成软件企业”已经成为业界共识，软件已渗透到经济社会各领域、各行业，正在不断改变世界的运转方式和商业模式，全球主要经济体纷纷加大对软件行业的投入和支持力度，以期抢占新一轮科技革命的先机。中国软件产业历经 40 多年的积淀发展，已经成为促进全社会生产效率提升的强大动力引擎和数字经济发展的重要基础设施。根据中国软件行业协会公布的数据，2013—2023 年，我国软件和信息技术服务业总体收入从 3.06 万亿元增长至 12.32 万亿元，年均增速达 16%（见图 4-4）。软件行业在中国国民经济中的地位越发重要，对于中国国民经济的推动作用越发凸显。2023 年全国软件和信息技术服务业规模以上企业超 3.8 万家，累计完成软件业务收入 123258 亿元，软件业利润总额 14591 亿元。软件行业收入占我国 GDP 的比重达到 9.8%。①

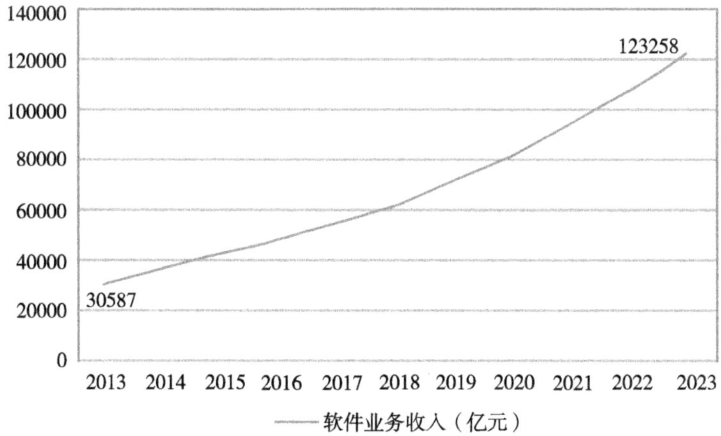

图 4-4　中国 2013—2023 年软件业务收入

① 参见《中国软件产业高质量发展报告（2024）》第 1—4 页，载中国软件行业协会官方网站，https：//www.csia.org.cn/content/6085.html，2025 年 3 月 20 日访问。

目前，中国软件行业呈现以下几个特点：第一是规模大，市场细分明显。无论是基础软件还是行业解决方案，中国均拥有数量众多且极具竞争力的企业。第二是技术驱动显著，云计算、人工智能、区块链等前沿技术的应用广泛，为软件行业带来了持续的创新动力。第三是产业集群化趋势明显，长三角、珠三角和京津冀地区形成了多个软件产业集聚区，为产业提供了优越的发展环境。第四是政策扶持力度大，从税收优惠到专项基金支持，各级政府通过多种方式推动软件行业发展。

然而，中国软件行业也面临一些挑战。首先是核心技术短板问题依然存在。尽管国产化进程取得了显著成果，但在高端芯片设计、数据库管理系统和企业级软件等领域，仍存在短板。其次是国际市场竞争加剧，特别是在中美技术竞争加剧的背景下，中国软件企业的全球化拓展面临不确定性增加。最后是人才储备压力增大。随着行业规模的快速扩张，对高端软件人才的需求急剧增长，而高校培养体系和市场需求之间的匹配问题仍需解决。

软件行业的持续发展，在为经济带来更强助推力的同时，也带来了许多新的商业纠纷，与此相关的法律争议随之增多。与传统行业不同的是，软件行业本身因其新业态层出不穷，对传统法律体系的冲击巨大，以人工智能为代表的软件发展带来了一系列新问题、新挑战，比如人工智能生成物的可版权性问题，人工智能训练对著作权作品使用的合法性问题等。这些新问题、新争议引发了软件行业从业者以及法律工作者的广泛关注和讨论。

下文从软件行业的法律纠纷概况入手，结合仲裁作为一种争议解决方式的特点，进一步阐述仲裁对解决软件行业法律纠纷的优势，并通过分析软件行业典型案例，介绍利用仲裁制度解决软件行业法律争议的优势与前景展望。

一、软件行业知识产权法律纠纷概况

软件行业作为技术密集型、知识密集型的领域，其发展过程中伴随着大量的法律纠纷。法律纠纷不仅深刻影响了行业规则的形成，也成为推动软件行业法律制度完善的重要动力。随着全球数字经济的发展，软件行业的法律问题日益复杂化、国际化和多样化。以下从软件行业法律纠纷的特点、主要表现及其对行业的影响等角度分别进行阐述。

软件行业法律纠纷具有高度复杂性，原因在于其技术与法律的深度交叉。软件本质上是一种特殊的知识产权产品，涉及程序代码的创作、技术实现、商业化运用以及用户使用权等多方面内容。这一特性决定了软件相关的法律纠纷不仅仅局限于知识产权保护，还涉及合同法、反垄断法、数据保护法、消费者权益保护法等多个领域。软件行业法律纠纷往往涉及技术问题，使得实践中对案件事实的认定和法律规则的适用更加复杂，尤其是在跨国界的纠纷中，各国法律制度的差异进一步加剧了问题的复杂。

首先，软件行业最为常见的法律纠纷之一是知识产权侵权纠纷。软件本质上是一种智力劳动的成果，是通过计算机程序实现特定功能的算法、逻辑和代码的有机结合。其主要知识产权形式为著作权、专利权、商标权和商业秘密。由于软件涉及代码、算法、用户界面、数据库、操作系统等多方面内容，其知识产权问题更为复杂。软件的创新性和保护机制在不同国家和地区有着不同的法律框架，尤其在技术快速发展的今天，如何平衡知识产权保护与促进技术创新之间的关系成为亟待解决的难题。在软件行业纠纷案件中，知识产权争议占比较高，数量较多，争议类型也较为多样。但是有关知识产权效力仲裁问题在国内外尚存争议。一般认为，知识产权是私权与公权的结合，著作权、专利权以及商标权等属于法定权利，需要在一国或地区内得到行政机关或其他公权力机关的登记认可才可获得权利保护，因此，相关争议的可仲裁性，仲裁结果能否得到公权力机关的承认成为争议的主要问题。目前，新加坡、中国香港特区等地区在知识产权仲裁领域走在世界的前列，其对相关的问题的解决方法是将仲裁效力限定于争议双方，后续是否需要进行行政程序的确认、更改交由争议双方自行决定。[①] 我国内地知识产权仲裁的发展相对滞后，但主张未来承认知识产权的可仲裁性，充分利用仲裁的专业性、高效率以及高适用性为日益增多的知识产权争议提供多样解决方案的呼声越来越多。

在软件行业中，最为常见的知识产权纠纷通常涉及著作权。软件著作权的

---

① 参见新加坡知识产权局官方网站，https://www.ipos.gov.sg，2025 年 3 月 20 日访问。

核心在于软件的代码或其他表达形式的原创性，而并不保护算法本身或抽象的功能。软件的著作权保护不仅涵盖了源代码和目标代码的表达，还包括用户界面、图形界面等非功能性元素。① 因此，软件著作权纠纷案件通常围绕着程序代码的复制、修改、传播等行为展开。其中，最常见的著作权纠纷类型之一是软件的侵权复制和盗版。软件开发者通过创作软件程序产生了著作权，但在没有授权的情况下，第三方可能将该软件非法复制或修改后进行销售和传播。由于软件代码的特殊性，侵权行为往往难以察觉，且侵权复制的成本较低，使得著作权侵权成为软件行业的重大问题。例如，一些软件盗版者将正版软件经过破解后加以销售，或者将软件源代码修改后再进行分发。这些行为不仅侵害软件开发者的著作权，同时也削弱了软件市场的正常竞争秩序。此外，著作权纠纷中还涉及开源软件的授权问题。开源软件通常在特定许可协议下发布，用户可以在遵守协议的前提下自由使用、修改和分发代码。然而，随着开源软件在商业软件中的广泛应用，一些企业因未遵守开源协议条款而引发了法律纠纷。例如，某些企业在使用开源软件时，未向原作者提供源代码或未在其商业软件中注明开源软件的使用来源，导致著作权持有者提起诉讼。开源软件的授权条款复杂且多样，涉及GNU通用公共许可证（GPL）、Apache许可证、MIT许可证等，如何准确理解和执行这些协议，避免著作权纠纷，是软件企业亟待解决的问题。②

除著作权外，专利权是另一个与软件行业紧密相关的知识产权保护形式。与著作权不同，专利权保护的是软件的技术创新，特别是软件实现中的算法、方法、流程等。软件专利主要涉及算法专利、功能专利以及系统专利等内容。软件的专利申请通常基于其在技术层面的创新性，然而，软件专利的申请和审批标准与其他技术领域的专利存在显著差异，尤其是“抽象思想”是否能申请专利一直是学界和法律界的争议焦点。软件专利纠纷最常见的表现是专利侵权诉讼。这类专利诉讼案件通常涉及软件产品中具体的技术方法、算法或功能的专利权。从美国等发达国家的法律实践来看，一些情况下，专利权人并不一定

---

① 参见廖继博：《计算机软件著作权纠纷案件审判中的几个问题——〈最高人民法院知识产权法庭裁判要旨（2021）〉相关计算机软件著作权案件简要解读》，载《中国版权》2022年第3期。

② 参见徐美玲：《软件著作权侵权“开源抗辩”解析》，载《知识产权》2024年第6期。

在自己的软件产品中实际使用该技术，而是通过专利来进行“专利诉讼营销”（Patent Trolls），即通过频繁提起诉讼获取赔偿和市场优势。这种行为不仅增加了软件企业的法律风险，也可能导致技术创新的“专利围堵”，从而影响整个行业的竞争环境。尽管专利保护可以为软件创新提供法律保障，但也带来了一些负面影响。首先，软件专利的广泛应用可能导致专利池和专利大战，进而使中小型软件公司难以承受高额的专利许可费和诉讼费用。其次，软件领域的专利标准尚未完全统一，不同国家的专利审查标准差异较大，这为跨国企业带来了较大的合规风险。例如，在某些国家，软件算法和数学公式被认定为不具备专利性，而在另一些国家，特定的软件创新可能被认为具有专利性，从而导致跨国法律纠纷。

商标是软件企业在市场竞争中用来识别自己产品的标识，其法律保护主要通过商标法实现。在软件行业，商标纠纷通常涉及软件产品名称、图标、品牌标识的使用与侵权。商标纠纷的焦点往往集中在商标侵权和商标近似问题上。由于软件市场竞争激烈，一些企业可能会通过使用类似的商标、图标或产品名称来获取不正当竞争优势，导致消费者混淆，从而损害其他企业的品牌价值和市场地位。例如，某些企业在发布新软件产品时，故意使用与知名软件产品相似的名称或 LOGO，以便借用知名品牌的影响力，诱使消费者误认为其产品是正品或与知名软件公司有合作关系。此类行为构成商标侵权，受害方可以通过诉讼要求停止侵权、赔偿损失并更改侵权商标。此外，在某些情况下，商标纠纷还涉及“商标抢注”问题。由于商标的注册基于“先申请，先注册”原则，一些不法企业通过抢注他人未注册的商标来恶意牟利，从而引发商标在先使用人提起诉讼，要求撤销抢注或追究侵权责任。

在软件行业中，商业秘密（如源代码、算法、客户数据、市场策略等）往往是企业核心竞争力的体现。商业秘密保护成为软件企业维护其创新成果和技术优势的重要手段。软件企业往往依赖于独特的算法、代码和技术诀窍来维持市场领先地位，而这些信息如果遭到泄露或盗用，将对企业造成极大损失。因此，商业秘密侵权纠纷在软件行业较为常见。针对商业秘密的侵权形式通常表现为不正当获取、披露或使用商业秘密。例如，某些前员工或竞争对手通过不正当手段获取了其他企业的源代码或技术文档，并将其用于自己的软件开发中。商业秘密的保护具有时间和空间的复杂性，如何界定“商业秘密”的范围以及如何判断是否构成侵权，往往需要依赖精密的技术鉴定和证据收集。[①] 此外，随着云计算、大数据等新兴技术的普及，如何在跨境环境下保护软件企业的商业秘密，也成为全球化背景下的新问题。例如，某些企业在全球范围内运营，但不同国家和地区对商业秘密保护的法律规定存在差异，可能导致企业在跨国经营中面临商业秘密泄露的风险。

其次，合同纠纷是软件行业法律问题的另一高发领域。在软件开发、许可、维护和服务的各个环节中，合同的履行和解释往往成为纠纷的核心。软件开发合同纠纷通常集中在开发成果的交付、质量瑕疵以及技术标准的达成上。由于软件开发具有高度的不确定性，需求变更、进度延误以及成果不符合预期的情况屡见不鲜，而这些问题最终可能演变为法律争议。在软件许可领域，纠纷则多涉及授权范围的界定。例如，某些企业购买了软件的单一用户授权，却在内部大范围共享使用，这一行为可能被视为超出授权范围的使用行为，进而构成违约。此外，软件服务合同纠纷主要集中在服务未达标、技术支持不到位以及未履行升级义务等方面。这类纠纷尤其需要界定合同双方的权利义务和标准条款，对裁决者的法律文本解释能力提出了较高要求。

再次，随着大数据和人工智能技术的普及，数据相关纠纷逐渐成为软件行业的重要纠纷类型。许多软件产品通过收集、处理和分析用户数据来实现商业化，这一过程中往往涉及隐私权和数据保护的法律争议。在国内，随着《个人信息保护法》《数据安全法》的实施，企业在数据收集、存储和传输中的合规风险显著提高。一些企业因未依法告知用户数据用途或未采取充分的安全措施导致数据泄露而面临行政处罚甚至民事诉讼。此外，在跨境数据流动中，不同国家和地区的数据保护规则如欧盟《通用数据保护条例》（General Data Protection Regulation，GDPR），对中国企业提出了更高的合规要求，国际数据纠纷逐渐增多。例如，某些软件企业将用户数据存储在境外服务器上，可能被认定为

---

① 参见黎华献：《商业秘密保密措施之合理性判断标准》，载《中外法学》2024年第6期。

非法跨境传输，从而引起跨境法律争端。这些问题显示出数据保护立法的区域化特征与软件行业的全球化运作之间的矛盾。

反垄断与不正当竞争纠纷是软件行业近年来备受关注的另一重要领域。随着软件行业的高度集中化，一些龙头企业利用其市场主导地位进行排他性行为，引发了广泛的法律争议。例如，在操作系统、应用程序商店以及云服务等领域，大型企业通过技术手段限制第三方软件的接入，或以低价倾销策略排挤竞争对手，则可能涉嫌违反反垄断法的相关规定。在中国，反垄断执法部门已将平台经济列为监管重点，对大型软件企业的商业模式提出了合规要求。此外，除侵犯商业秘密行为外，不正当竞争纠纷主要表现为虚假宣传、商业诋毁以及非法数据爬取等行为。例如，一些企业利用技术手段非法抓取竞争对手的数据，可能被认定为构成不正当竞争行为。

消费者权益保护纠纷也是软件行业不可忽视的法律问题。随着移动互联网的普及，软件产品的用户群体日益庞大，而消费者对软件质量和服务的要求不断提高。一些软件产品因功能缺陷、虚假宣传或服务不到位而引发消费者投诉甚至诉讼。例如，某些游戏软件存在虚拟物品设计不合理问题，导致用户经济损失或体验受损，从而引发赔偿纠纷。此外，部分软件在用户不知情的情况下捆绑安装其他程序或擅自收集用户数据，可能被视为侵犯消费者的知情权和选择权。这类案件体现了软件行业服务合同与消费者权益保护法之间的交叉问题。

最后，跨国法律纠纷日益增多，成为软件行业法律问题的一个重要特点。软件行业具有全球化的市场和技术特性，许多纠纷涉及多个国家和地区的法律适用与管辖权问题。例如，中国软件企业在国际市场上因专利侵权、商标冲突或合同履约等问题而遭遇诉讼的情况并不罕见。这些纠纷往往需要在不同法律体系之间进行协调，国际仲裁和诉讼程序中的法律冲突与政治因素也为案件的解决带来了额外复杂性。例如，部分中国企业被美国政府列入“实体清单”，导致软件出口受到限制，由此引发了一系列法律争议。[①] 这些案件不仅涉及企

① 参见《商务部新闻发言人就美将多家中国实体列入出口管制“实体清单”事答记者问》，载商务部官方网站，https://www.mofcom.gov.cn/xwfb/xwfyrth/art/2025/art_c5ca7731bb8a435e8b7a5d64afaf5e3e.html，2025 年 3 月 20 日访问。

业利益，还关乎国家经济安全，法律解决方案需要在商业利益与政治博弈之间取得平衡。

综上所述，软件行业的法律纠纷以多样性、复杂性和国际化为主要特点，涵盖知识产权、合同履行、数据保护、反垄断、不正当竞争、消费者权益以及跨国纠纷等多个领域。这些纠纷既反映了行业发展的特定阶段性问题，也揭示了法律制度在应对新技术和新商业模式方面的滞后性。在全球数字经济不断深化的背景下，如何通过完善立法、强化执法以及推动国际合作来应对这些挑战，将成为未来软件行业法律治理的重要方向。法律不仅是行业发展的“底线”，也是创新与竞争的“保障线”。只有通过规范行业行为，化解法律争端，软件行业才能在法治的护航下实现更加健康、可持续的发展。

二、仲裁已成为软件行业法律纠纷的优选解决方式

在当今全球化和数字化迅速发展的背景下，软件行业作为技术密集型和知识密集型的领域，其商业活动和技术应用广泛涉及知识产权、合同履行、数据保护和跨境合作等多个法律领域，由此产生的纠纷类型复杂、数量庞大且影响深远。与传统行业不同，软件行业法律纠纷呈现出高技术含量、国际化、多样化的特点，解决这些纠纷的方式需要既高效又能够适应行业的特殊需求。在众多纠纷解决方式中，仲裁因其灵活性、专业性、保密性和国际适用性，逐渐成为软件行业法律纠纷的优选解决方式。以下将围绕仲裁在解决软件行业法律纠纷中的优势及其在实践中的应用展开详细论述。

仲裁之所以在解决软件行业法律纠纷中占据重要地位，与软件行业的特殊性密切相关。软件行业的商业模式依赖于技术创新和知识产权的商业化，这些均涉及复杂的法律关系和高专业性的技术事实。例如，知识产权纠纷通常需要技术鉴定，涉及代码相似性分析、专利创新性判断以及开源协议条款解释等。合同纠纷则常常与软件开发的动态性、交付标准的不确定性以及技术标准的快速演变相关。传统诉讼程序在处理这些问题时，往往可能因法官对技术的理解不足或诉讼周期过长而显得力不从心，而仲裁作为一种灵活且高效的争议解决机制，能够更好地满足软件行业的需求。

首先，仲裁的灵活性是其成为软件行业法律纠纷优选方式的关键因素之一。传统诉讼程序通常受到固定的程序性规则限制，而仲裁允许当事人根据具体纠纷的特点选择仲裁机构、仲裁员、适用的程序规则以及争议解决的地点等。这种灵活性使得仲裁能够为软件行业复杂且多样化的纠纷量身定制解决方案。例如，在涉及跨国软件交易的知识产权纠纷中，当事人可以选择一位既了解软件行业技术背景，又熟悉相关法律体系的仲裁员参与审理，以确保仲裁程序的专业性和高效性。此外，仲裁允许当事人约定是否适用某些特殊规则，例如快速仲裁程序或在线仲裁，这对于具有快速解决技术争端或降低成本诉求的当事人尤为有利。

其次，仲裁的专业性使其在处理软件行业法律纠纷时具有明显优势。软件行业纠纷通常涉及大量复杂的技术事实，例如源代码的相似性分析、软件功能的专利性判断、开源协议条款的合规性等，这些问题需要高度专业化的知识背景才能准确判断。在传统诉讼中，随机分案机制下确定的承办法官可能缺乏相关技术背景，需要依赖于专家证人或技术顾问的意见，由此可能导致审理周期延长甚至事实认定的偏差。而仲裁员的选择通常具有高度的自主性和针对性，当事人可以共同挑选熟悉软件技术或特定行业规则的仲裁员，确保争议解决过程中对技术事实的认定更加准确。此外，一些国际仲裁机构（如国际商会仲裁院、伦敦国际仲裁院以及新加坡国际仲裁中心）设立了专门针对技术和知识产权争议的仲裁规则，进一步增强了仲裁在软件行业法律纠纷中的适用性。

仲裁的保密性也是其受到软件行业青睐的重要原因之一。软件行业高度重视核心技术和商业秘密保护，而纠纷过程中常常涉及源代码、算法、专利技术以及商业合同等敏感信息。在传统诉讼中，公开审理的原则化处理可能导致商业秘密的泄露，不仅可能损害企业的竞争优势，也可能对企业声誉产生负面影响。相比之下，仲裁程序通常具有严格的保密性，当事人可以通过仲裁协议约定仲裁的所有内容，包括程序记录、证据材料以及裁决结果均不对外公开。这种保密性为软件行业企业提供了更为安全的法律保护环境，避免因信息泄露而引发的额外风险。例如，在一起涉及跨国软件许可的纠纷中，当事人通过仲裁程序有效地保护了涉及的数据算法和商业条款未被公开，从而维护其在市场中的竞争地位。

此外，仲裁的国际适用性是其能够成为软件行业跨境法律纠纷优选解决方式的又一重要优势。仲裁的国际适用性在软件行业的法律纠纷中具有突出的重要性。作为一个高度全球化的产业，软件行业涉及复杂的跨国商业交易和技术合作，这些活动不可避免地伴随着法律纠纷的产生，包括知识产权保护、合同履行、数据跨境传输以及技术服务争议等问题。传统的国家诉讼程序由于其法域限制、程序复杂以及跨境执行的困难，难以有效应对这些纠纷。而仲裁以其灵活性、专业性、保密性和跨国可执行性，成为解决国际软件行业纠纷的首选机制。仲裁的国际适用性在软件行业中展现了极大的实践价值，为该领域的企业提供了更加有效的争议解决手段。第一，仲裁的国际适用性表现在其裁决的“跨国执行效力”。软件行业的国际化特性决定了法律纠纷往往跨越多个国家的法律体系。例如，一家美国软件公司与一家欧洲客户签订的合同可能规定交付、验收和支付在不同国家进行。这种跨国业务模式使得纠纷的解决具有高度复杂性。如果通过诉讼方式解决，当事人需要面对不同国家的司法管辖权争议、法律适用冲突以及执行问题，往往导致诉讼时间延长、成本增加，甚至可能无法有效解决争议。然而，仲裁因 1958 年《纽约公约》的广泛适用，能够为此提供强有力的法律保障。截至 2024 年，全球已有 170 多个国家和地区加入《纽约公约》，意味着在这些国家内，仲裁裁决能够得到普遍承认和执行。[①] 第二，仲裁的国际适用性得益于其程序的灵活性和自主性。软件行业法律纠纷往往涉及技术复杂性和商业敏感性，传统诉讼程序通常需要适用法院所在地的强制性程序规则，而这些规则可能并不适应软件行业的特殊需求。例如，在知识产权纠纷中，如何确定软件代码的相似性，如何解释开源许可协议，或如何界定专利技术的范围，这些问题可能需要高度专业化的技术认定和快速高效的处理方式。而仲裁允许当事人根据纠纷的具体情况灵活设计程序规则，包括选择仲裁员的专业背景、确定争议解决的地点和语言以及适用特定的仲裁规则。例如，在某

---

① See United Nations Treaty Collection：Status of Convention on the Recognition and Enforcement of Foreign Arbitral Awards，载联合国条约数据库官方网站，https：//treaties. un. org/pages/ViewDetails. aspx？src = TREATY&mtdsg_no = XXII-1&chapter = 22&clang = _en（Last visited on March 27，2025）.

些涉及人工智能算法的专利纠纷案件中，双方当事人可以选择一名既熟悉人工智能技术又具备专利法律背景的仲裁员，这种程序安排能够确保争议解决的专业性和高效性。与传统诉讼相比，仲裁程序更加契合软件行业快速变化和技术密集的特点。第三，仲裁的国际适用性还体现在其保密性对软件行业的特殊保护作用。软件行业高度依赖核心技术、商业秘密和知识产权，企业的竞争优势往往体现在代码、算法以及商业策略中。纠纷解决过程中如果采用传统诉讼程序，公开审理的原则可能导致敏感信息的披露，从而对企业造成难以弥补的损害。而仲裁程序以其严格的保密性为基础，当事人可以约定程序的非公开性，包括证据材料、程序记录以及裁决结果均不得对外公开。例如，在涉及跨国技术转让的争议中，双方可以通过仲裁协议确保核心算法和商业条款不被泄露，从而有效维护企业的市场竞争力和技术领先地位。这种保密性对软件行业尤其重要，能够有效规避因纠纷解决导致的附加风险。此外，仲裁的国际适用性为软件行业提供了多边和跨文化争议解决的便利。由于软件行业的国际化，许多纠纷可能涉及多个国家和地区的法律文化差异。不同国家和地区的法律对知识产权保护、合同解释以及数据保护的标准和要求可能存在显著差异，例如美国的专利保护制度相较于欧盟更为宽泛，而中国对开源协议的适用则具有独特的法律解释。在这种情况下，在不同国家和地区进行的诉讼可能导致裁决结果因法域差异而难以协调。而仲裁允许当事人选择中立的地点、共同认可的法律规则以及熟悉国际法律和文化差异的仲裁员。例如，在一起涉及欧洲企业和亚洲企业的数据安全争议中，双方通过选择新加坡国际仲裁中心作为仲裁机构，①并适用《联合国国际贸易法委员会仲裁规则》，有效克服了不同法域间的文化和法律冲突。这种灵活的选择权不仅提高了争议解决的公平性，也增强了仲裁结果的可接受性。值得注意的是，仲裁的国际适用性在软件行业的快速发展中也面临一定挑战。例如，软件行业中出现了许多新兴的技术和商业模式，如云计算、人工智能和区块链，这些技术带来的法律问题可能超出现有法律框架的适用范围。在此背景下，仲裁的规则设计和仲裁员的专业能力需要不断提升，

---

① Ng-Loy Wee Loon, Law of Intellectual Property of Singapore (3rd Ed), Sweet & Maxwell 2021.

以适应新兴技术引发的争议。例如，人工智能算法的专利性判断、区块链技术的知识产权归属以及跨境数据流动的法律合规性，这些问题需要更加细化和技术导向的仲裁规则。此外，尽管仲裁裁决具有普遍的跨境执行力，但在某些特殊情况下，仲裁裁决可能会因公共政策、强制性法律的冲突而难以执行。例如，一些国家和地区对特定知识产权领域（如软件算法专利）的法律保护有限，可能导致仲裁裁决在这些国家和地区面临执行障碍。总之，仲裁因其跨国适用性、高效性和灵活性，成为解决软件行业国际法律纠纷的理想方式。在全球经济一体化的背景下，仲裁通过《纽约公约》等国际法律框架的保障，为软件行业的企业提供了一个能够克服法律冲突和文化差异的争议解决平台。然而，随着软件行业技术的发展和商业模式的创新，仲裁机构也需要不断优化其规则和程序，以适应新兴技术和复杂法律环境的需求。未来，通过加强国际仲裁机构的合作，提升仲裁员的技术能力以及完善仲裁裁决的执行机制，仲裁将在软件行业国际法律纠纷中发挥更加重要的作用。

实践中，仲裁在软件行业法律纠纷中的应用也体现了其高效性和适用性。以中国为例，近年来仲裁在处理软件行业纠纷中的作用也越发显著。根据贸仲的统计数据，2022 年涉及软件开发、技术转让和知识产权许可的仲裁案件数量同比增长了 32%，案件审理时间较传统诉讼缩短了 40%以上，[①] 显示出仲裁在时间效率和成本控制方面的显著优势。

综上所述，仲裁因其灵活性、专业性、保密性和国际适用性，逐渐成为软件行业法律纠纷解决的优选方式。在技术日新月异、法律规则不断完善的背景下，仲裁以其高效和公正的特点，为软件行业的健康发展提供了重要的法律保障。然而，仲裁的适用并非一成不变，其在具体纠纷中的适用效果取决于当事人的实际需求和仲裁机构的专业能力。未来，随着全球仲裁规则的进一步优化，以及软件行业对法律服务需求的不断增加，仲裁将在更广泛的领域中发挥更加重要的作用。

---

① 参见《中国国际经济贸易委员会 2023 年工作报告》，载中国国际经济贸易委员会官方网站，http：//www.cietac-sc.org/articles/20121，2025 年 3 月 20 日访问。

三、典型案例：仲裁解决软件行业法律纠纷的优势

为更直观地分析软件行业相关法律纠纷的仲裁解决实践，本小节结合贸仲近年来处理的软件行业的法律纠纷，摘选典型案例进行专门的案例分析。通过对软件行业各类案件具体特点的分析，结合仲裁独有的优势，阐述软件行业相关法律纠纷对仲裁这一争议解决方式的高适用性。

（一）软件行业仲裁实践概况

目前，贸仲关于软件行业的仲裁案例主要集中表现为合同纠纷，合同类型包括但不限于软件开发合同、软件服务合同等，争议焦点包括但不限于延迟交付违约、延迟验收违约以及价款支付延迟等。软件行业的合同争议往往涉及复杂的技术问题，如软件开发、技术转让、知识产权等。仲裁机构可以根据案件的具体情况，选择具有相关专业背景的仲裁员，确保对技术细节的准确理解和判断。与传统民商事争议不同，软件行业的合同以及交易牵涉过程较为复杂，不仅需要经过较长时间的软件开发，在开发完成并交付后，还需要对软件的运行管理进行测试验收，该过程可能会导致交易产生较大的不稳定性。以下选取两个相对典型的案例，阐述在软件行业的仲裁案例中，仲裁以其独有的高效率性以及程序简易性，维护市场交易预期的稳定性，进而促进了软件行业的规范发展。

（二）典型仲裁案例

1. 典型案例一

（1）基本案情

申请人与被申请人于 2018 年 9 月签订《技术开发合同》，双方就“C 农作物卫星遥感监测平台及数据服务”项目的软件开发事宜进行了约定。该合同总价款为人民币 550 万元，分两次支付。合同签订后，申请人按照被申请人的需求及双方合同约定的时间，进行了软件开发工作，并进行了交付，包括源代码、软件调试、软件说明书及其他相关的资料。此后，该项目的软件如期上线，系统运行稳定。合同第七条有关验收的条款约定如下：“乙方提供验收文件，甲方应及时组织验收，如 10 个工作日内未予答复，乙方应当催告，催告两次仍不答

复则视为验收合格。”据此申请人于2018年12月向被申请人交付验收资料，并一直向被申请人催促验收事宜，但是被申请人一直未予验收。申请人多次通过电话、对账单等方式催要货款，并主张根据合同约定，应视为验收合格，被申请人有义务向申请人支付剩余尾款。被申请人拒不履行合同规定的付款义务，已经构成严重违约。因被申请人并无诚意支付尾款，一直拖欠，无奈恳请仲裁庭给予裁决，支持申请人的请求。

仲裁庭认为，《技术开发合同》关于被申请人迟延付款违约金作出了明确而具体的约定，系当事人双方经平等协商，在真实、充分地表达各自意愿的基础上达成的合意，不论约定的金额还是计算方法均不存在导致“约定的违约金过低”的问题，故合同合法有效，双方均应尊重合同的约定。据此，仲裁庭支持了申请人关于合同应视为验收合同、被申请人应支付合同尾款的主张。

（2）纠纷观察与实务建议

本案中的《技术开发合同》明确约定了验收程序和期限，包括催告机制及“视为验收合格”的条款。这一约定有效避免了被申请人因故意拖延验收而拒绝付款的问题，为合同双方明确了责任边界。本案中，涉案软件开发及验收方式涉及大量商业秘密，仲裁程序能够快速解决尾款支付问题，并避免公开审理带来的商业秘密泄露风险。仲裁程序对于技术合同争议，尤其涉及源代码、功能性验收等复杂技术问题时，展现出了专业和高效的优势。本案带给软件开发企业的启示在于：在软件开发协议中，软件开发企业应明确验收标准、验收程序及逾期处理方式，以保障其作为开发者的合法权益。

2. 典型案例二

（1）基本案情

申请人A软件公司与被申请人B保险公司于2017年10月签订的《B保险公司软件开发合同》，约定由申请人为被申请人开发核算交易系统项目（即应用软件），被申请人按照合同的约定向申请人支付合同款，合同总价款约人民币200万元。合同签订后，申请人按照合同的约定以及被申请人的要求开发了涉案核算交易系统项目，并上线使用且平稳运行。系统上线后，申请人亦根据被申请人的要求以及客户的反馈对系统进行维护。申请人多次与被申请人沟通，请求被申请人对涉案项目进行验收确认，被申请人以各种理由推脱，未对涉案核算交易系统项目验收，亦未按照合同约定向申请人支付合同剩余款项。

针对合同款支付问题，仲裁庭审查了申请人是否按照原合同及补充协议履行了约定义务。仲裁庭作出裁决，被申请人支付申请人剩余合同款及相应利息。

（2）纠纷观察与实务建议

本案本质上系因政策变化导致软件项目合同履行受阻，并由此引发合同剩余款项及相关费用的支付争议。申请人与被申请人之间原本是基于 2017 年招标合同展开合作，合同明确约定了项目范围、价款构成及支付方式等。然而，在项目实施过程中，保险监管政策的改变导致合同大部分功能失去继续履行的意义。虽然双方一度就部分功能的开发和支付尝试达成补充协议，但最终因款项结算问题引发纠纷。这一案例突出了软件行业合同争议的类型化问题，即政策环境变化对合同履行的影响、需求变更导致的履约争议以及款项支付纠纷。在此类案件中，仲裁作为争议解决的方式亦展现出了独特的优势。

第一，仲裁机构在技术背景上的专业性使其能够有效应对软件行业合同争议中涉及的技术问题。比如，本案中涉及的软件功能开发及需求文档问题，是合同双方当事人争议的核心问题。仲裁庭可以根据争议的专业性选择具备软件行业背景的专家担任仲裁员，确保对技术问题的充分理解和专业评估。同时，仲裁员可以通过对合同内容、履约情况及补充协议的分析，全面评估申请人和被申请人在合同履行过程中的责任承担。

第二，仲裁程序的灵活性和对商业实践的尊重使其能够更好地适应政策环境的变化。案例中，政策变动直接影响了合同的履行。仲裁庭需要基于公平原则，评估双方在政策变化后的行为是否合理，并在仲裁裁决中适当考虑政策变动对合同履行的不可抗力因素。此外，仲裁庭能够针对补充协议的实际履行情况进行审查，明确其对原合同的补充作用及效力，避免因缺乏协议变更机制导致争议。

第三，仲裁程序的保密性对商业信息的保护尤为重要。软件行业的合同纠纷往往涉及敏感的技术和商业信息。本案中，合同范围内涉及核心功能开发及接口设计的具体细节，这些信息属于被申请人的商业秘密，通过仲裁解决可以有效避免信息泄露的风险。

本案反映了软件行业合同争议的典型特点，如技术复杂性、政策影响及履约分歧等。在解决此类争议时，仲裁机制以其专业性、灵活性、保密性，成为行业内高效解决纠纷的重要方式。未来，随着仲裁规则的进一步完善及仲裁员专业化水平的提升，仲裁在解决软件行业合同争议中的优势将更加突出。

四、软件行业法律纠纷仲裁解决机制的完善建议与前景展望

软件行业作为当代经济和科技发展的重要驱动力，其跨国性、技术复杂性和商业模式的多样性使得行业中的法律纠纷呈现出独有的特征。随着全球数字经济的蓬勃发展，软件行业的法律纠纷数量将不断上升，涉及范围也越发广泛，包括知识产权争议、合同履行、技术转让、数据保护以及跨境服务纠纷等。仲裁作为一种高效、灵活和国际适用的争议解决机制，在解决软件行业法律纠纷方面展现了显著优势。然而，随着技术进步和市场需求的变化，现有的仲裁机制在应对新兴法律问题时仍存在一些不足，亟须进一步完善。本文旨在结合现有数据和实践，对软件行业法律纠纷仲裁解决机制的完善建议与未来发展前景作进一步分析。

从目前的实践来看，仲裁在软件行业法律纠纷中的应用呈现出快速增长的趋势，这主要得益于仲裁的专业性、保密性以及其裁决的国际可执行性。贸仲的数据显示，近年来涉及软件开发、技术转让和知识产权许可的仲裁案件亦呈现出明显的增长趋势。这一趋势表明，仲裁已经成为软件行业企业解决法律争议的重要选择。然而，行业快速发展的同时也暴露出仲裁机制的一些不足。例如，现有仲裁员的专业背景可能难以完全覆盖新兴技术领域，仲裁程序的成本和时间仍然对中小型企业构成一定压力，跨国仲裁裁决的执行在某些特殊法域仍面临障碍。因此，如何针对这些问题进一步优化仲裁机制，提升其在软件行业的适用性和效率，是行业发展亟待解决的关键性问题。

首先，完善仲裁机制需要进一步增强仲裁员队伍的专业能力，尤其是在软件行业中涉及的新兴技术领域。软件行业法律纠纷的技术复杂性要求仲裁员具备相当程度的技术理解能力。例如，涉及人工智能算法专利的纠纷，仲裁员需

要了解算法的技术特性和创新点；涉及区块链技术的知识产权争议，仲裁员需要熟悉分布式账本技术和智能合约的运行逻辑。然而，目前许多仲裁员的技术背景主要集中在传统行业领域，在应对这些前沿技术时可能存在不足。因此，建议仲裁机构建立更加完善的仲裁员培训和选拔机制，吸纳具有软件工程、人工智能、区块链等技术背景的专家加入仲裁员队伍。同时，应鼓励仲裁机构与高校、科研机构和行业协会合作，开展技术与法律交叉领域的研究和培训，以提升仲裁员的综合能力。

其次，针对仲裁成本和时间问题，需要进一步优化仲裁程序，以降低中小型软件企业的经济负担。虽然仲裁在程序灵活性和效率上优于传统诉讼，但高昂的仲裁费用仍对资源有限的企业构成障碍。例如，小型软件开发公司在与大型科技企业的合同纠纷中，往往因无法承担仲裁费用而被迫选择妥协。为解决这一问题，可以考虑在仲裁机构内设立专门针对中小企业的“快速仲裁程序”或“低成本仲裁通道”，通过简化程序、减少庭审次数以及推行在线仲裁等方式降低费用。此外，仲裁机构还可以建立费用分担机制，通过政府补贴、行业基金支持等方式为中小企业提供经济援助，以确保其能够平等地利用仲裁解决争议。

与此同时，进一步推动国际仲裁裁决的执行便利化也是完善仲裁机制的重要方向之一。虽然《纽约公约》为仲裁裁决的跨国执行提供了坚实的法律基础，但在实践中仍然存在一些国家和地区对仲裁裁决执行设置障碍的情况。例如，一些国家和地区可能以“公共政策例外”为由拒绝承认特定领域的仲裁裁决，这在涉及知识产权或数据保护的纠纷中尤为突出。此外，对于某些复杂的技术性争议，仲裁裁决可能因语言差异或法律解释上的分歧而在执行过程中遭遇困难。为解决这些问题，可以通过加强国际合作和协调，进一步统一仲裁裁决的执行标准。例如，在现有《纽约公约》基础上，探索制定更为具体的技术性争议执行规则，以减少因法律适用差异导致的执行障碍。同时，可以推动区域性国际仲裁合作机制的建立，例如在亚太地区通过亚太经济合作组织（Asia-Pacific Economic Cooperation，APEC）框架下加强仲裁执行的协调，以增强区域内仲裁裁决的流动性和可执行性。

此外，技术手段的引入也是提升仲裁效率和透明度的重要途径。随着人工智能、大数据和区块链技术的发展，仲裁机构可以充分利用这些技术优化仲裁流程。例如，通过大数据分析建立行业纠纷解决数据库，为仲裁员提供类似案件的参考数据；利用人工智能辅助仲裁员进行证据审查和裁决分析；通过区块链技术确保仲裁程序的透明性和结果的不可篡改性。特别是在软件行业，在线仲裁平台的推广具有重要意义。例如，中国多个仲裁机构已经上线了基于区块链的在线仲裁平台，实现了从证据提交到裁决作出的全流程数字化管理。这种创新模式不仅提高了效率，也为跨境仲裁提供了更加便捷的解决方案。

展望未来，随着软件行业的不断发展和法律纠纷类型的持续演变，仲裁作为争议解决机制将在全球范围内发挥更加重要的作用。一方面，国际仲裁机构需要继续完善针对软件行业的专业仲裁规则，例如为开源软件协议、数据跨境传输、人工智能算法专利等新型纠纷制定更具针对性的规则；另一方面，各国和地区需要在仲裁裁决的跨国承认与执行方面进一步加强合作，以确保仲裁结果能够真正落地并实现法律效力。与此同时，随着软件行业对仲裁需求的增加，仲裁机构之间的竞争也将进一步加剧。如何在规则创新、专业服务和技术应用方面占据优势，将成为仲裁机构未来发展的关键。

总之，软件行业法律纠纷仲裁解决机制的完善，不仅需要在规则设计和程序优化上持续改进，还需要结合行业特点和技术发展趋势，推进仲裁机制的创新和国际化进程。通过增强仲裁员的专业能力、降低仲裁成本、推动国际合作以及引入技术手段，仲裁将更加有效地满足软件行业的争议解决需求，为软件行业和数字经济的健康发展提供强有力的法律保障。

第五章

数字产业的知识产权仲裁案例分析

第一节　数字产业整体发展及知识产权纠纷情况概述

随着全球进入信息网络时代，以电子商务、自动驾驶、人工智能、大数据以及云计算等为代表的新型数字技术已成为主导社会经济发展的主要因素之一，传统产业向数字化转型的需求日益增加，数字经济成为创新性最强、发展速度最快、涉及面最广的经济模式。网游业、影视业和电商业，作为我国当前迅速发展的新兴数字产业的代表，呈现出广阔的未来发展空间。

本章尝试从网游业、影视业、电商业这三个新兴数字产业入手，对其基本情况、法律保护现状和困境以及法律纠纷的特征进行梳理总结，并通过研究网游业、影视业、电商业法律纠纷典型仲裁案例，提出网游业、影视业和电商业法律纠纷仲裁解决机制的完善建议与前景展望。

一、网游业整体发展及知识产权纠纷情况概述

（一）网游业著作权纠纷基本情况

近年来中国游戏产业一直处在快速发展期，游戏产业在海内外的影响力逐渐增强，有越来越多的游戏原创公司源源不断地涌现，激发着国内整个游戏产业的活力。2024 年，国内游戏市场实际销售收入 3257.83 亿元，同比增长 7.53%，再创新高。游戏用户规模 6.74 亿人，同比增长 0.94%。[①] 游戏产业规模企稳回升，内容质量显著提高，科技创新不断提速，海外市场持续开拓，为优化文化供给、促进科技创新应用、赋能经济社会发展和中华文化海外传播作出了积极贡献。

中国的游戏产业在快速发展的同时，也面临着许多严峻的挑战，很多关于

---

① 参见《〈2024 年中国游戏产业报告〉正式发布》，载新华网，https：//www.cgigc.com.cn/details.html? id=08dd2ada-5934-4680-892e-63760092eef9&tp=news，2025 年 2 月 16 日访问。

游戏著作权的案件相继出现，并且在数量和形式上都呈现上升的趋势。网络游戏具有复合性特征，由游戏动态画面、计算机软件、游戏规则、场景地图、人物形象、文字介绍以及背景音乐等诸多元素构成。近年来，围绕上述游戏元素，网游业在游戏视听作品保护、游戏直播侵权、“换皮”游戏侵权、游戏短视频合理使用以及云游戏侵权等具体问题领域诉讼案件不断。

目前，《著作权法》对游戏产业的保护主要通过拆分保护和整体保护两种模式进行，① 法院根据权利人的选择进行相应的判定。权利人既可主张拆分后的游戏元素构成作品而要求相应保护，② 也可主张游戏连续动态画面构成类电影作品而获得著作权法保护。③ 2020 年 4 月广东省高级人民法院发布的《关于网络游戏知识产权民事纠纷案件的审判指引（试行）》第六条第一款规定，原告可以主张他人侵害网络游戏整体内容的相关权益，也可以主张他人侵害网络游戏特定部分或游戏元素的相关权益。即对两种保护模式均予以了认可。

（二）网游业的法律保护现状

目前中国还没有形成完善的游戏产业的著作权保护体系和制度，游戏同质化的问题越来越严重，游戏侵权行为可以带来巨大的利润，令游戏著作权侵权纠纷日益增多，但是国内在司法实践过程中对游戏的保护力度未达到其对应的水平。

第一，对电子游戏保护的相关法律条文分散在各个法律法规中，主要有《著作权法》《计算机软件保护条例》《电子出版物出版管理规定》《著作权法实施条例》。针对游戏侵权，则主要由《民法典》《刑法》等法律来确定相应法

---

① 参见刘名洋：《电子游戏的著作权保护研究》，西南政法大学 2022 年博士学位论文。

② 网络游戏具有复合性，由计算机程序、游戏名称、游戏标识、游戏规则、故事情节、场景地图、人物形象、文字介绍、对话旁白、背景音乐等元素组合而成，而这些元素可能分别落入计算机程序、文字、美术、音乐、电影等作品类别之中。需判断这些元素是否形成具有独创性的表达，进而确定是否予以著作权法保护。

③ 对网络游戏进行整体保护，通常涉及游戏连续动态画面的著作权法定性问题。游戏连续动态画面的独立作品属性已得到多数学者和司法实践的认同。《北京市高级人民法院侵害著作权案件审理指南》第 2.14 条规定，运行网络游戏产生的连续动态游戏画面，符合以类似摄制电影的方法创作的作品构成要件的，受著作权法保护。《广东省高级人民法院关于网络游戏知识产权民事纠纷案件的审判指引（试行）》第十七条第三款规定，运行网络游戏某一时段所形成的连续动态画面，符合以类似摄制电影的方法创作的作品构成要件的，应予保护。

律责任。关于游戏名称、游戏规则、游戏程序等还有可能会涉及《商标法》《专利法》《反不正当竞争法》等。另外还有一些法律法规虽然涉及保护电子游戏，但是与著作权关系不大，如《互联网文化管理暂行规定》《关于开展对“私服”、“外挂”专项治理的通知》《互联网信息服务管理办法》《互联网著作权行政保护办法》《信息网络传播权保护条例》等。需要特别指出的是，2010年原文化部出台了《网络游戏管理暂行办法》，这是我国第一部专门针对网络游戏进行管理和规范的部门规章，但是该暂行办法于2019年7月10日废止。①

第二，在网游业较为发达、纠纷也更为频发的北京和广东两地，法院系统相继出台了《涉及网络知识产权案件审理指南》和《关于网络游戏知识产权民事纠纷案件的审判指引（试行）》（以下简称《审判指引》）。上述规范指引为统一网络游戏案件裁判标准、妥善处理网络游戏行业纠纷，从司法审判角度进行了有效回应。其中，广东出台的《审判指引》全文共有40条，涵盖了审理网络游戏类案件的指导原则、行为保全、著作权纠纷、商标权与不正当竞争纠纷、民事责任等5个主要方面，对目前法院审理网络游戏类案件过程中所面临的行为保全的要件、网络游戏作品的定性、游戏画面和游戏直播画面的法律属性等难点问题进行了一一回应，亦在现有法律框架内对涉及网络游戏的相关问题进行了进一步细化和明确。② 作为全国首个总结网络游戏知识产权审判经验的地方性司法规范，该《审判指引》体现了广东法院在网络游戏行业司法保护的趋势，同时也为广东省内各级法院审理网络游戏知识产权案件提供了重要指导。

（三）网游业著作权面临的困境

随着游戏产业的快速发展，网络游戏的著作权侵权问题也凸显出来。网络游戏的知识产权领域侵权问题日趋严重，相关案件的数量在不断增多，特别是游戏同质化现象频发，由于立法的滞后性，我国在对网络游戏著作权保护存在

---

① 参见中国政府网，https：//www.gov.cn/zhengce/zhengceku/2019－12/02/content_5457656.htm，2024年11月16日访问。

② 参见《广东高院发布网络游戏领域知识产权案件审判指引》，载中央网络安全和信息网络办公室官方网站，http：//www.cac.gov.cn/2020-04/15/c_1588496207537941.htm，2024年11月16日访问。

的短板也日益明显。随着自主研发游戏进入国际市场，我们更应尊重和研究知识产权的保护，从而使我国可以提供一个统一、稳定的环境为游戏著作权保驾护航。我国网络游戏著作权保护主要面临以下问题。

第一，《著作权法》并没有厘清网络游戏作品属性。我国并未以专门立法的形式保护游戏作品，目前主要通过《著作权法》及其实施条例、《计算机软件保护条例》、《民法典》侵权责任编等来进行简单的拆分保护，无法体现电子游戏作为有机整体的价值。司法实践中，在关于游戏的著作权侵权案件中，由于缺乏专门的立法，司法实践的过程中不能依据相关的法律条文进行裁定，法院没有明确的法律依据可以适用。随着游戏产业的蓬勃发展，网络游戏所涉及的著作权、商标、不正当竞争等各方面法律问题日渐突出，但现行法律法规在网络游戏相关领域的缺失以及部分法律法规的滞后，给游戏类案件的知识产权领域审判带来了极大的挑战。

第二，网络游戏的著作权侵权赔偿制度不明确。我国立法并未明确著作权侵权认定规则，司法实践中各法院采用的侵权认定标准也不一致，加上网络游戏的专业性，导致网络游戏侵权案件认定复杂。目前，侵权所依据的赔偿制度有 3 个标准，分别是以被侵权人所损失的多少对侵权人要求进行赔偿、根据侵权人自身的获利或对侵权行为的影响进行裁决以及法定赔偿标准。在一般情况下，前两个赔偿标准很难准确地计算出应赔金额，因此在著作权侵权的案例中，最常见到的赔偿制度就是法定赔偿制度，但是法定赔偿标准相对侵权者在侵权的过程中所获得的利润来说，如同九牛一毛，并不能对其起到警示的作用。

（四）网游业著作权保护的完善建议

第一，在《著作权法》的相关司法解释中明确网络游戏的作品属性，将其纳入著作权法保护的客体范围。从电子游戏作品体现的有机统一整体价值角度来看，在目前的条件下可以从立法上对《著作权法》予以修改完善，[①] 增加一类“游戏作品”，即将电子游戏作品纳入著作权法保护的客体中，明确其法律地位。网络游戏作为一个在计算机软件设定下产生的包括文字、美术、音频等

---

① 参见李宏伟：《电子游戏的著作权保护问题探究》，广西师范大学 2018 年硕士学位论文。

多种作品为一体的综合性智力成果，其整体的设计体现了游戏开发者有意的取舍、设计和安排，反映出作者的独特个性，且可以通过一定的形式表现，具有作品属性，应当通过立法的方式受到著作权法保护。

第二，完善网络游戏著作权的侵权认定规则。在《网络游戏管理办法》的正式稿中规范网络游戏著作权侵权认定，首先，在判断网络游戏著作权侵权问题时，先利用思想与表达二分法对网络游戏的保护范围进行划分，如将游戏中的人物设计、地图设计、配乐音效、故事情节等具体游戏表达，纳入游戏著作权保护的范围。其次，明确侵权行为的类型，网络游戏的侵权类型多样，从原先的盗版、私服、外挂扩展到如今对游戏元素、游戏画面、游戏规则等游戏内容的侵权。最后，综合使用侵权认定的方法。对于网络游戏著作权侵权认定时，不能仅依靠一种判定方法，应当综合适用多种判定方法来判断侵权事实的成立。①

二、影视业整体发展及知识产权纠纷情况概述

（一）影视业著作权纠纷基本情况

随着科技的飞速发展和观众需求的多样化，影视业市场规模不断扩大，成为全球经济的重要组成部分。特别是在中国，影视业市场规模的增长尤为显著。影视业作为文化产业的重要组成部分，近年来在全球范围内经历了数字化、网络化和多元化的深刻变革。流媒体平台的兴起，改变了影视作品的分发模式，为创作者提供了更广阔的空间。同时，高质量的制作技术和创新的叙事手法，推动了影视作品的艺术性和商业性的双重提升。然而，著作权保护、内容同质化和市场饱和是影视业面临的挑战。

根据《2024—2029 年中国影视传媒行业竞争格局及投资规划深度研究分析报告》，2023 年我国影视市场规模达到 2349 亿元，同比增长 23.2%，2019—2023 年的复合增长率为 7.9%。这一增长主要得益于国内消费能力的提升以及文化娱乐需求的增长。从细分市场来看，2023 年我国电影市场展现出强劲的复

① 参见张倩：《网络游戏著作权法律问题研究》，湖南师范大学 2021 年硕士学位论文。

苏态势、全年总票房达到549.15亿元，观影人次达到12.99亿，创下近4年来的新高。国产电影以83.8%的票房贡献率成为市场的主导力量，此外，随着互联网技术的发展，网络影视内容的制作与分发也成为市场的重要组成部分，尤其是短视频和网络大电影的兴起，为行业带来了新的增长点。①

从分类角度来看，影视行业可以按照不同的标准进行分类。按照载体分类，影视行业可以分为电影、电视、网络、动画等；按照经营范围分类，则包括制片、发行、播出、展览、投资等多个环节；而从产业链的角度，可以划分为内容制作、内容传播和内容消费三大板块。② 从进出口来看，我国影视行业也在逐步拓展国际市场。一方面，国内优秀的影视作品开始走出国门、在国际市场上获得了一定的知名度和影响力；另一方面、我国影视企业也积极引进海外优秀的影视作品和先进技术，推动行业的国际化发展。

网络视频行业的高速发展，不仅带来了高额的经济利益，同时关于网络视频的著作权侵权问题也日益严重。目前我国涉及侵权的网络视频主要有三种形式：一是将他人制作的视频直接发布到网络上进行传播；二是利用他人作品通过表演等方式制作视频；三是利用他人制作完成的视频或作品进行重新组合，制作视频发布到网络上进行传播等。③侵权乱象背后反映出网络视频著作权保护所面临的困境，2020年修正的《著作权法》虽然在一定程度缓解了网络视频著作权保护存在的部分争议，但随着移动互联网技术的快速发展，网络侵权行为也会因技术的改变出现侵权手段隐蔽化、多元化的问题。作为一种近几年兴起的新型表达方式，网络视频著作权保护与其他作品相比，有自身的不同之处。梳理现有立法规定及司法解释后发现，我国《著作权法》及其他相关法律规范性文件的部分规定并不能完全适用于当前网络视频著作权保护，相关的理论和制度仍然存在些许不足之处，需要进行细化完善。

---

① 参见《2024年影视传媒市场规模分析：我国影视市场规模达到2349亿元》，载中国报告大厅网，https：//m. chinabgao. com/freereport/95601. html，2025年1月16日访问。

② 参见《2024年影视行业发展现状分析》，https：//m. chinabgao. com/info/1252543. html，载中国报告大厅网，2025年1月16日访问。

③ 参见《北京知识产权法院召开"短视频著作权案件审判情况"新闻通报会》，载北京政法网，https：//www. bj148. org/wq/szfdw/bjsfy/202008/t20200824_1581733. html，2025年3月21日访问。

（二）影视业的法律保护现状

第一，《民法典》对影视业的法律保护。我国《民法典》侵权责任编第一千一百九十五条明确了权利人对行为人实施网络侵权行为时所能采取的维权方式，以及网络服务提供者面对权利人维权时所要履行的通知和采取必要措施的义务。[①] 具体而言，当权利人在网络视频平台发现行为人利用网络服务对自己实施侵权行为时，权利人可以向平台进行申诉维权。网络服务提供者在收到权利人的维权通知后，应当及时将权利人的维权通知内容转发给行为人，并同时根据实际情况采取删除、屏蔽、断开链接等必要措施以防止损失进一步扩大。[②] 如果网络服务提供者因未及时采取必要措施或者错误通知致使行为人或权利人损害的，网络服务提供者对此应当承担侵权责任。此外，《民法典》第一千一百九十七条也规定了网络视频平台的注意义务，[③] 该条款是“通知—删除”规则的例外规定，如果网络视频平台疏于监管或者明知、应知用户存在侵权行为而予以放任，网络视频平台应当与侵权用户承担连带责任。当然，如果有证据证明平台已经采取了合理、有效的技术措施，但仍然难以发现用户侵权行为的，则不能认定平台存在主观过错，要求其承担连带责任。

第二，《著作权法》及其实施条例对网络视频的著作权保护。2020 年《著作权法》引入了“视听作品”概念，将“电影作品和以类似摄制电影的方法创作的作品”修改为“视听作品”。2020 年《著作权法》第五十二条列明了侵害

---

① 《民法典》第一千一百九十五条规定：“网络用户利用网络服务实施侵权行为的，权利人有权通知网络服务提供者采取删除、屏蔽、断开链接等必要措施。通知应当包括构成侵权的初步证据及权利人的真实身份信息。网络服务提供者接到通知后，应当及时将该通知转送相关网络用户，并根据构成侵权的初步证据和服务类型采取必要措施；未及时采取必要措施的，对损害的扩大部分与该网络用户承担连带责任。权利人因错误通知造成网络用户或者网络服务提供者损害的，应当承担侵权责任。法律另有规定的，依照其规定。”

② 参见焦香豫：《网络短视频著作权保护研究》，西南大学 2022 年硕士学位论文。

③ 《民法典》第一千一百九十七条规定：“网络服务提供者知道或者应当知道网络用户利用其网络服务侵害他人民事权益，未采取必要措施的，与该网络用户承担连带责任。”

作品著作权的11种行为方式和4种民事责任,[①] 第五十三条经过修改，大幅度提高了对严重侵权行为的惩罚性赔偿标准。[②]《著作权法》第五十二条和第五十三条以明确侵权行为内容和提高侵权成本的方式为网络视频著作权提供有效保护。

第三，其他规范性法律文件关于网络视频著作权保护。除《民法典》《著作权法》及其实施条例对网络视频的著作权侵权问题提供保护途径外，我国其他规范性法律文件，如《互联网著作权行政保护办法》《著作权行政处罚实施办法》《信息网络传播权保护条例》以及《最高人民法院关于审理侵害信息网络传播权民事纠纷案件适用法律若干问题的规定》也对网络视频的著作权侵权问题明确了救济途径。2005年国家版权局发布的《互联网著作权行政保护办

---

① 《著作权法》第五十二条规定:“有下列侵权行为的，应当根据情况，承担停止侵害、消除影响、赔礼道歉、赔偿损失等民事责任:(一)未经著作权人许可，发表其作品的;(二)未经合作作者许可，将与他人合作创作的作品当作自己单独创作的作品发表的;(三)没有参加创作，为谋取个人名利，在他人作品上署名的;(四)歪曲、篡改他人作品的;(五)剽窃他人作品的;(六)未经著作权人许可，以展览、摄制视听作品的方法使用作品，或者以改编、翻译、注释等方式使用作品的，本法另有规定的除外;(七)使用他人作品，应当支付报酬而未支付的;(八)未经视听作品、计算机软件、录音录像制品的著作权人、表演者或者录音录像制作者许可，出租其作品或者录音录像制品的原件或者复制件的，本法另有规定的除外;(九)未经出版者许可，使用其出版的图书、期刊的版式设计的;(十)未经表演者许可，从现场直播或者公开传送其现场表演，或者录制其表演的;(十一)其他侵犯著作权以及与著作权有关的权利的行为。”

② 《著作权法》第五十三条规定:“有下列侵权行为的，应当根据情况，承担本法第五十二条规定的民事责任;侵权行为同时损害公共利益的，由主管著作权的部门责令停止侵权行为，予以警告，没收违法所得，没收、无害化销毁处理侵权复制品以及主要用于制作侵权复制品的材料、工具、设备等，违法经营额五万元以上的，可以并处违法经营额一倍以上五倍以下的罚款;没有违法经营额、违法经营额难以计算或者不足五万元的，可以并处二十五万元以下的罚款;构成犯罪的，依法追究刑事责任:(一)未经著作权人许可，复制、发行、表演、放映、广播、汇编、通过信息网络向公众传播其作品的，本法另有规定的除外;(二)出版他人享有专有出版权的图书的;(三)未经表演者许可，复制、发行录有其表演的录音录像制品，或者通过信息网络向公众传播其表演的，本法另有规定的除外;(四)未经录音录像制作者许可，复制、发行、通过信息网络向公众传播其制作的录音录像制品的，本法另有规定的除外;(五)未经许可，播放、复制或者通过信息网络向公众传播广播、电视的，本法另有规定的除外;(六)未经著作权人或者与著作权有关的权利人许可，故意避开或者破坏技术措施的，故意制造、进口或者向他人提供主要用于避开、破坏技术措施的装置或者部件的，或者故意为他人避开或者破坏技术措施提供技术服务的，法律、行政法规另有规定的除外;(七)未经著作权人或者与著作权有关的权利人许可，故意删除或者改变作品、版式设计、表演、录音录像制品或者广播、电视上的权利管理信息的，知道或者应当知道作品、版式设计、表演、录音录像制品或者广播、电视上的权利管理信息未经许可被删除或者改变，仍然向公众提供的，法律、行政法规另有规定的除外;(八)制作、出售假冒他人署名的作品的。”

法》第十一条明确了著作权行政管理部门可以对网络服务提供者存在的侵权行为予以行政处罚的规定。2009 年国家版权局发布的《著作权行政处罚实施办法》第四条明确了网络服务提供者实施侵权行为时，著作权行政管理部门可以依法实施的行政处罚种类。两部部门规章都为网络视频著作权保护提供行政处罚保护机制，即当网络视频平台不履行规章所规定的积极义务时，其不仅要承担因侵权行为而带来的民事责任，同时也要承担部分行政责任。2013 年国务院发布的《信息网络传播权保护条例》也为网络视频的著作权提供了行政保护途径，该条例第十四条对权利人所提交的救济通知书内容作出了具体规定，明确通知书所要载明的内容，提高权利人依法维权的效率。除此之外，为了促进信息网络产业的健康良性发展，更好地维护权利人的合法权益和社会公共利益，2020 年 12 月 29 日最高人民法院发布了新修正的《最高人民法院关于审理侵害信息网络传播权民事纠纷案件适用法律若干问题的规定》，其第十三条指出权利人除了要向网络服务提供者提交侵权通知外，还应当提交行为人侵权行为的初步证据，如果网络服务提供者没有及时履行通知义务并采取必要措施的，可推定网络服务提供者主观过错为明知。[①] 2023 年 9 月 5 日，国家广播电视总局发布新修订的《广播电视和网络视听标准化管理办法》（以下简称新《管理办法》），该办法自发布之日起施行。相较于 2021 年《管理办法》，新《管理办法》注重标准国际化、先进性与创新贡献。新《管理办法》鼓励广播电视和网络视听领域相关单位积极参与制定国际标准，推进国家标准和行业标准的国际化。根据新《管理办法》，国家广播电视总局定期开展标准典型案例征集，发挥先进典型案例的示范和带动作用。此外，新《管理办法》还特别强调知识产权保护，支持相关单位构建技术、标准、专利联动创新体系，同步推进科技研发和标准研制，加强标准制定过程中知识产权保护，促进创新成果产业化应用。2023 年，最高人民法院发出《关于加强知识产权保护服务推动电影产业高质量发展的司法建议书》（以下简称《司法建议书》），并发布 8 件电影知识产权保

① 参见焦香豫：《网络短视频著作权保护研究》，西南大学 2022 年硕士学位论文。

护典型案例。[①] 针对涉电影作品纠纷案件多发的现状，《司法建议书》指出了当前影视行业在从业者法治意识、作者权利保护制度建设、作品署名规范、应对新技术新业态能力方面的问题，并从涉电影作品纠纷案件的特点和成因出发，提出了四点建议。其中，对相关主体著作权保护的强化值得重点关注。具体来讲，《司法建议书》倡导在全行业强化尊重编剧、导演、摄影、词曲作者及表演者等主体的权利，妥善处理其在作品形成各环节的署名诉求，规范署名范围、署名顺序，统一电影作品著作权人的称谓，正确、清晰表达电影作品著作权归属。此外，《司法建议书》还鼓励用技术措施从源头上减少侵权行为，提出采用区块链、数字水印等技术，做好电影著作权的技术保护。

（三）影视业著作权保护面临的困境

第一，作品认定存在争议。出现网络视频这一新事物后，相关著作权保护法律法规并未跟上。针对当前发生的种种网络视频侵权行为，没有可适用的对应法律条款，缺少明确的网络视频侵权法律责任、法律概念及处罚措施，而这会给影视业的健康发展形成很大制约。《著作权法》修改后，用"视听作品"替代了"电影作品和以类似摄制电影的方法创作的作品"这一说法，但并未具体阐述"视听作品"的概念。如此一来，就造成司法实践中，对于"视听作品"，不同主体的理解不同，如此则会影响某类作品的独创性认定。[②]

第二，合理使用认定困难。我国《著作权法》第二十四条，针对著作权合理使用有13项情形的规定，但客观来讲合理使用情况的列举仍较模糊，虽然采用了较为开放的一种叙述模式，合理使用判断标准依然不明。[③] 倘若不在规定13项情形之列，但应被认定为合理使用，则不能援引法律中的确切规定，需要法官行使自由裁量权完成判断。并且，实务中有两种判断网络视频合理使用的标准，即"三步检验法"与"四要素"，案件不同所选择的标准也不同，如此

---

① 参见《最高人民法院发布电影知识产权保护典型案例》，载最高人民法院官方网站，https://www.court.gov.cn/zixun/xiangqing/416612.html，2025年3月21日访问。

② 参见沈守华：《短视频著作权保护问题研究》，载《大陆桥视野》2022年第6期。

③ 《著作权法》中合理使用条款规定"为介绍、评论某一作品或者说明某一问题，在作品中适当引用他人已经发表的作品"。其中的"适当引用"，由于没有具体可操作性的标准，仍存在界定模糊的问题。

就使得整个制度不统一，不能凸显我国特色的法律体系。

第三，平台侵权存在认定困难。《民法典》规定了避风港原则①，在网络平台用户上传视频时平台不承担著作权审查义务，只有在事先明知或接到通知后未及时删除的情况下，网络服务提供者才构成间接侵权，需要承担赔偿责任。②对网络视频平台侵权责任进行追究时，网络视频平台多以自身是提供信息存储服务，同时提供上传用户 IP 地址、联系方式与名称等信息为由抗辩，要求对避风港原则进行适用，以达到推脱事前监管责任，免除侵权责任的目的。若平台主张自身尽到了通知删除义务，著作权侵权的责任就应免除，则会出现越来越多的网络视频平台侵权案件。

（四）影视业著作权保护的完善建议

第一，完善细化作品认定规则。网络视频作品拥有丰富、多样的内容，在判断其独创性的时候，不可将网络视频内容全都看作视听作品，也不可因为其较短的时长，就否认其独创性。应在《著作权法》中对独创性标准进行明确。若对英美法系国家“额头出汗”标准作直接适用，则与当前要求作品应是作者智力活动所创造的现状不符；若对大陆法系国家的较高独创性标准作直接适用，则可能使《著作权法》无法良好保护我国一些具有智力创造性的劳动成果。因此结合上述观点，一方面，要尊重已有现实，也就是《著作权法》已然区分了“音像制品”和“视听作品”，根据“独创性”有无完成对两者的区分。另一方面，要结合司法实践的实际情况，选择“个性表达”的高标准或是“额头出汗”的低标准。笔者认为，独创性标准应具有能被社会一般人客观识别的差异，

---

① 避风港原则是指在发生著作权侵权案件时，当网络服务提供商（Internet Service Provider，ISP）只提供空间服务，并不制作网页内容，如果 ISP 被告知侵权，则有删除的义务，否则就被视为侵权。如果侵权内容既不在 ISP 的服务器上存储，又没有被告知哪些内容应该删除，则 ISP 不承担侵权责任。《民法典》中有关避风港原则的规定为第一千一百九十五条与第一千一百九十六条。其中，第一千一百九十五条的第一款对于权利人的通知内容与网络服务提供者应采取的必要措施作出了规定；第二款规定了网络服务提供者接到通知后应转通知并采取必要措施，并对采取必要措施的标准作出了原则性规定，同时亦对网络服务提供者未采取必要措施时应承担的责任予以明确；第三款规定了权利人错误通知时应承担的责任。第一千一百九十六条第一款对于网络用户的不侵权声明内容作出了规定；第二款的规定包括网络服务提供者接到声明后的转通知，权利人维权告知，以及终止必要措施及终止前的等待期。

② 参见梅傲、侯之帅：《短视频著作权保护的现实困境及完善进路》，载《大连理工大学学报（社会科学版）》2022 年第 6 期。

所以应在英美法系低标准与大陆法系高标准之间，“存在一定的高度”。如此不仅能对制作人的创作积极性形成良好保护，也不会造成影视业在过分宽泛的保护下，发展受阻。所以，为了更好认定网络视频独创性，避免网络视频侵权纠纷的出现，应在立法上明确界定独创性标准。

第二，完善合理使用的判断标准。关于合理使用的判断，一些特殊之处需留意。比如，作品使用者目的地判断存在困难，很多时候无法及时看出其是否具有营利目的。比如，一些视频创作者会在一些平台收集具有较多播放量、较高质量的网络视频，然后发在自身账号内。而伴随越来越多用户关注，其会获得一些商业广告，根据点击量或播放量，衡量应得报酬。所以，在其接受商家请求后，就转变了其视频发布的主观目的，故此，合理使用的判断标准不宜选择目的。结合网络视频著作权特点，对于合理使用行为的判断，可采用一种客观性的标准。一是对该使用行为是否会增加使用人利益，损害权利人利益展开判断；二是对使用人获益和权利人受损是否存在联系进行判断；三是对使用人抗辩是否合理进行判断。若行为人行为与上述三点不符，就可判断其行为构成侵权。

第三，完善避风港原则的法律适用。单纯提供“信息存储服务”的网络视频平台，无疑能对避风港原则直接适用，以免除法律责任。然而现实中部分网络视频平台为了实现利益的获取，时常会主动介入视频传播，并非只提供信息存储服务。例如，两 APP 为实现流量收益的获取，诱导用户上传网络游戏的侵权视频。[①] 这时，如果网络视频平台只履行通知删除的义务，就将责任免除，则会由于侵权成本过低，而使此类行为不断出现。所以，法院对于平台避风港原则是否适用的判定，不可单一凭借“通知—删除”的形式要件，还应考虑是否满足“不知道也没合理理由应当知道”的实质要件，结合个案中平台的系列操作与表现完成更合理的判断。同时，《民法典》第一千一百九十五条、第一千一百九十六条的第一款，未举出封闭式的具体规定，只规定了应完成“不侵权和侵权初步证据”的提交。所以，建议法院对于“初步证据”，应充分考虑

① 参见《〈王者荣耀〉短视频侵权案宣判：腾讯获赔 60 万，抖音上诉》，载南方都市报官方网站，https：//news. southcn. com/node_ cde6f9580c/ddf8e77bcf. shtml，2025 年 2 月 16 日访问。

个案的实际情况，应提供的证据具体包含哪些，并且为了不给侵权人更多时间进行利益的获取，及时删除网络视频，平台需要做好初步证据的快速审查，以免著作权人维权效果降低。此外，虽然平台没有事先审查义务，更多是进行通知删除的事后治理，但可把事先审查视为主观过程认定的一项因素。我国有着庞大的网络视频市场体量，同时正在不断增加网络视频侵权案件数量，为了促进网络视频的创作和传播，可适当参考欧盟新规于平台设置事前过滤机制的做法，作为认定网络视频侵权的辅助因素，并将过滤的“度”把控好。并且不能忽视过滤技术的成本，要结合平台的实际规模，适当施为。如此良好结合通知删除的事后治理，能更有效认定网络视频平台侵权与否，从而使侵权内容的传播在源头上被遏制，确保著作权人合法权益不受损害。

三、电商业整体发展及知识产权纠纷情况概述

（一）电商业知识产权纠纷基本情况

“互联网+”时代背景下，智能手机以及电脑设备的普及，电子商务的兴起，促使经济步入转型发展阶段，网上购物成交量不断增加，为我国市场经济注入新动力。2025 年 1 月，商务部电子商务司负责人指出，2024 年全年网上零售额增长 7.2%，实物网上零售（网零）拉动社会消费品零售（社零）增长 1.7 个百分点。以旧换新成效显著，重点商品以旧换新拉动实物网零增长 1.3 个百分点。数字消费不断壮大，智能家居系统增长 22.9%，网络服务消费快速增长，在线旅游增长 48.6%，在线餐饮增长 17.4%。新业态新热点持续涌现，即时零售向万物到家拓展，AI 应用领域由提升消费体验、供给侧降本增效向检测商品品质等深度延伸。① 根据中国网络社会组织联合会与中国国际电子商务中心联合发布的《中国新电商发展报告 2024》，直播电商作为新电商的中坚力量，市场规模已达 4.9 万亿元，同比增速达 35.2%，在业态融合和技术创新的双重推动下，新电商领域不断扩大，形成了“电商+教育”“电商+娱乐”“电商+健

---

① 参见《商务部电子商务司负责人介绍 2024 年我国电子商务发展情况》，载商务部官方网站，https://www.mofcom.gov.cn/xwfb/sjfzrfb/art/2025/art_667f7eec3e4d49ffab30b886f51a669e.html，2025 年 2 月 16 日访问。

康”等多元化服务生态。①

正是由于电子商务行业的蓬勃发展，使得越来越多的市场主体参与其中，配套存在的各类电子商务平台也在不断发展壮大，电商平台已经成为保护原创、培育自主品牌推动知识产权创新与发展的重要平台。在电商交易的过程中，最为突出的侵权问题是进行网络交易行为时侵犯他人的知识产权。由于电商平台知识产权侵权与一般的民事侵权不同，其侵权门槛低、传播速度快、侵权形式多样化等特点，② 一方面导致知识产权权利人的权利遭受严重损害，另一方面也对网络交易中的经济利益产生了较大的影响，对我国的知识产权发展十分不利。

（二）电商业知识产权的法律保护现状

我国现行法律体系中能够规范电商业的规范性文件主要包含法律、行政法规、部门规章等。

第一，由全国人民代表大会及其常务委员会制定的法律，涉及电子商务知识产权的主要有《民法典》《电子商务法》等，《民法典》第一千一百九十五条、《电子商务法》第四十二条等对电商涉及知识产权侵权纠纷的相关问题作出了规定。③《电子商务法》为我国电商行业规范发展提供了法律上的指引，也为加强电商知识产权保护提供了法律上的保障。《电子商务法》第五条对电商领域的知识产权保护有了具体的规定，强调电子商务经营者要积极履行知识产权保护义务，接受监督，做好知识产权保护工作。④《电子商务法》第四十一条

---

① 参见《〈中国新电商发展报告 2024〉发布 加速推动新电商与前沿技术融合应用》，载中国通信企业协会官方网站，https：//www. cace. org. cn/NEWS/COUNT? a=5845，2025 年 2 月 16 日访问。

② 参见宋茜楠：《电商平台知识产权侵权注意义务研究》，贵州大学 2024 年硕士学位论文。

③ 《民法典》第一千一百九十五条规定：“网络用户利用网络服务实施侵权行为的，权利人有权通知网络服务提供者采取删除、屏蔽、断开链接等必要措施。通知应当包括构成侵权的初步证据及权利人的真实身份信息。网络服务提供者接到通知后，应当及时将该通知转送相关网络用户，并根据构成侵权的初步证据和服务类型采取必要措施；未及时采取必要措施的，对损害的扩大部分与该网络用户承担连带责任。权利人因错误通知造成网络用户或者网络服务提供者损害的，应当承担侵权责任。法律另有规定的，依照其规定。”

④ 《电子商务法》第五条规定：“电子商务经营者从事经营活动，应当遵循自愿、平等、公平、诚信的原则，遵守法律和商业道德，公平参与市场竞争，履行消费者权益保护、环境保护、知识产权保护、网络安全与个人信息保护等方面的义务，承担产品和服务质量责任，接受政府和社会的监督。”

至第四十五条进一步规定了电商平台在电子商务经营活动中的具体义务。首先，第四十一条强调电商平台不仅负有建立知识产权保护规则的义务，还要加强与权利人的合作，共同保护我国知识产权。[①] 这一规则对电商平台具有非常重要的指导意义，目的在于强调“平台自治”的作用。[②] 其次，《电子商务法》第四十二条和第四十三条，借鉴了源自美国《数字千年版权法》的“通知—删除”规则，根据该规则的规定，权利人在自认为其权利受到侵犯时，可以向电商平台发出侵权通知，并提供其权利受到侵害的初步证据，电商平台则应当及时地采取断开链接、删除等必要措施，防止损失进一步扩大；相对应的，对于平台内的经营者来说，则可以行使反通知的权利。[③] 在这一“通知—采取必要措施—反通知”流程中，电商平台负有转送通知、采取措施并将结果进行公示的义务，是连接权利人和商家之间的信息流通纽带，担任着侵权判定的“裁判官”角色。另外，为督促电商平台积极履行监管义务，在避风港原则下，《电子商务法》还专门规定了红旗原则作为例外适用。根据第四十五条的规定，电商平台知道或者应当知道商家的侵权行为，应当采取必要的措施；否则，需要和侵权人共同承担连带责任。[④]

第二，由国务院制定的行政法规或有关部门制定的部门规章。2013 年，国务院发布的《信息网络传播权保护条例》规定了所谓的避风港原则，该条例对

---

① 《电子商务法》第四十一条规定：“电子商务平台经营者应当建立知识产权保护规则，与知识产权权利人加强合作，依法保护知识产权。”

② 参见耿丹：《电商领域知识产权保护研究》，载《经济导论研究》2022 年第 24 期。

③ 《电子商务法》第四十二条规定：“知识产权权利人认为其知识产权受到侵害的，有权通知电子商务平台经营者采取删除、屏蔽、断开链接、终止交易和服务等必要措施。通知应当包括构成侵权的初步证据。电子商务平台经营者接到通知后，应当及时采取必要措施，并将该通知转送平台内经营者；未及时采取必要措施的，对损害的扩大部分与平台内经营者承担连带责任。因通知错误造成平台内经营者损害的，依法承担民事责任。恶意发出错误通知，造成平台内经营者损失的，加倍承担赔偿责任。”第四十三条规定：“平台内经营者接到转送的通知后，可以向电子商务平台经营者提交不存在侵权行为的声明。声明应当包括不存在侵权行为的初步证据。电子商务平台经营者接到声明后，应当将该声明转送发出通知的知识产权权利人，并告知其可以向有关主管部门投诉或者向人民法院起诉。电子商务平台经营者在转送声明到达知识产权权利人后十五日内，未收到权利人已经投诉或者起诉通知的，应当及时终止所采取的措施。”

④ 《电子商务法》第四十五条规定：“电子商务平台经营者知道或者应当知道平台内经营者侵犯知识产权的，应当采取删除、屏蔽、断开链接、终止交易和服务等必要措施；未采取必要措施的，与侵权人承担连带责任。”

具体四种不同类型的网络信息传播权侵权行为及免责机制进行了规制。[①] 2015年5月，国家知识产权局发布新修正的《专利行政执法办法》，对行政机关电子商务知识产权领域的执法内容进行了规定，此外还对电子商务专利侵权的在线处理办法进行了明确。[②] 2016年8月，由商务部发布的《第三方电子商务交易平台服务规范》，既对第三方电子商务平台进行交易的信息审查义务制定了硬性规定，也对电子商务平台知识产权有关侵权行为进行了规制，要求电子商务平台运营商家在收到权利人通知之时，应明确告知被投诉人，在此基础上应当积极行动，采用必要方法和措施，保障权益人的权利损害最小化。[③]

第三，在相关的地方性法规中，最具代表性的是2015年9月浙江省人民代表大会常务委员会发布的《浙江省专利条例》。该条例规定了电子商务平台运营商对专利侵权和假冒专利的事前审查义务和事后保护要求。[④] 另外，还完善了电子商务领域专利侵权纠纷的“通知”“反通知”和处理办法，要求设立专

---

① 《信息网络传播权保护条例》第十八条规定：“违反本条例规定，有下列侵权行为之一的，根据情况承担停止侵害、消除影响、赔礼道歉、赔偿损失等民事责任；同时损害公共利益的，可以由著作权行政管理部门责令停止侵权行为，没收违法所得，非法经营额5万元以上的，可处非法经营额1倍以上5倍以下的罚款；没有非法经营额或者非法经营额5万元以下的，根据情节轻重，可处25万元以下的罚款；情节严重的，著作权行政管理部门可以没收主要用于提供网络服务的计算机等设备；构成犯罪的，依法追究刑事责任：（一）通过信息网络擅自向公众提供他人的作品、表演、录音录像制品的；（二）故意避开或者破坏技术措施的；（三）故意删除或者改变通过信息网络向公众提供的作品、表演、录音录像制品的权利管理电子信息，或者通过信息网络向公众提供明知或者应知未经权利人许可而被删除或者改变权利管理电子信息的作品、表演、录音录像制品的；（四）为扶助贫困通过信息网络向农村地区提供作品、表演、录音录像制品超过规定范围，或者未按照公告的标准支付报酬，或者在权利人不同意提供其作品、表演、录音录像制品后未立即删除的；（五）通过信息网络提供他人的作品、表演、录音录像制品，未指明作品、表演、录音录像制品的名称或者作者、表演者、录音录像制作者的姓名（名称），或者未支付报酬，或者未依照本条例规定采取技术措施防止服务对象以外的其他人获得他人的作品、表演、录音录像制品，或者未防止服务对象的复制行为对权利人利益造成实质性损害的。”

② 《专利行政执法办法》第八条规定：“管理专利工作的部门应当加强展会和电子商务领域的行政执法，快速调解、处理展会期间和电子商务平台上的专利侵权纠纷，及时查处假冒专利行为。”

③ 《第三方电子商务交易平台服务规范》第6.8条规定：“平台经营者应当建立适当的工作机制，依法保护知识产权。对于权利人附有证据并通知具体地址的侵权页面、文件或链接，平台经营者应通知被投诉人，同时采取必要措施保护权利人合法权益。法律法规另有规定的除外。平台经营者应通过合同或其他方式要求站内经营者遵守《商标法》、《反不正当竞争法》、《企业名称登记管理规定》等法律、法规、规章的规定，不得侵犯他人的注册商标专用权、企业名称权等权利。”

④ 《浙江省专利条例》第三十三条规定：“网络、电视等交易平台提供者应当建立健全专利权保护和管理制度以及专利侵权、假冒专利的投诉处理机制，在经营者入网经营时明确其专利权保护责任；发现假冒专利或者专利侵权行为的，应当及时采取措施予以制止。”

利行政部门和知识产权援助中心，帮助电子商务平台运营商判断复杂困难的专利侵权行为，高效快速识别假冒专利行为。[①] 最后，还规定了专利行政部门有权对违反上述规定的电子商务平台经营者实施行政处罚等。

（三）电商业知识产权保护面临的困境

《电子商务法》施行以来，为维护电商业权利人的利益作出了巨大贡献，但《电子商务法》确立的电商业知识产权保护规则在维护权利人利益的同时，也面临以下难题。

第一，立法上的问题：一是立法尚未健全。不管是《民法典》，还是《电子商务法》，都未针对电子商务平台知识产权侵权问题作出明确规定，从《电子商务法》的具体内容来看，对于电商平台知识产权保护是遵循避风港原则，具体的规定比较模糊，缺乏客观标准。除此之外，关于通知义务履行的界定也不够明确，存在法律漏洞。二是法律条款缺乏可操作性。在《民法典》《电子商务法》以及平台购买协议之中，对于电子商务平台知识产权保护的规定都比较模糊，从《民法典》和平台购买协议的规定来看，两者标准不一。而《电子商务法》的规定也比较笼统、简单，对于电子商务平台知识产权保护的可操作性较差，举证难度也较高。三是维权成本高企，权利人维权门槛过高。《电子商务法》第四十二条虽确立了“通知—删除”规则，但未配套建立低成本、高效率的维权通道。权利人为证明侵权需承担繁重的举证责任，需自行收集证据（如侵权链接、权属证明、比对分析等），尤其对跨平台、大规模侵权案件，权利人的取证成本剧增，从发起通知、平台审核到最终诉讼，周期漫长，且无小额侵权快速处理机制。

第二，执法上的问题：一是举证困难。电子商务是在网络环境下进行，侵权的行为人大多分散在不同地域，并且很多情况下没有使用实名制登录网站，无法核实侵权人真实信息。此外，互联网环境也会使证据形式出现明显变化，

---

① 《浙江省专利条例》第四十条规定：“县级以上人民政府应当建立健全社会化专利维权援助机制，鼓励知识产权维权援助机构、法律服务机构、专利中介服务组织、人民调解组织等通过多种方式，依法开展专利维权服务。鼓励企业、行业协会建立区域性、专业性专利保护联盟和协作机制，组织企业在国内外贸易和投资中开展集体维权。”

大多是以电子形式存在，证据容易被修改、删除，由此导致在发生知识产权侵权时举证难度非常高。二是救济周期长。从司法实践来看，关于电子商务平台知识产权侵权案件的审理周期较长，案件审理中止的问题也时有发生，并且在侵权案件中涉及的内容专业性较高，复杂程度各有差异，在审理时需要委托专家进行咨询，导致调查时间也会相对延长。此外，尽管人民法院在积极探索知识产权争议解决机制，但是受制于各种因素的影响，在实践中进展并不理想。

第三，执行上的问题：一是执行难度较高。电子商务的经营具有虚拟性特征，有的平台没有建立起有效的身份确认管理体系，出现侵权行为后调查取证的难度非常高，无法获取到直接证据。而且从知识产权行政部门的查处情况来看，经常出现当事人住所地与注册地不同的情况，这在无形中给调查取证增加了难度。并且，在实际执法过程中也很难对经营者的剩余库存、产品数量等进行一一核实，致使执法效果大打折扣。二是纠纷处理规则不完善。从目前各个电子商务平台的运行来看，只是针对卖家的投诉和申诉进行前期审查，在出现知识产权侵权行为时，由于侵权证据大多是以电子形式存在，很难验证证据的可靠性和真实度。在处理纠纷时，也会出现各种扯皮问题，并且目前的纠纷处理机制还不完善，就很容易出现误判。

（四）电商业知识产权保护的完善建议

第一，从立法层面来看，需要健全《电子商务法》，明确关于电子商务平台知识产权侵权的各项规定。考虑到被告的确认难度较高，对于交易行为、付款行为、收货行为不一致的情况，可规定由被侵权人所在地管辖法院负责处理，针对被告身份的确认也可遵循这样的原则。针对使用虚假信息注册经营者，可追究电商平台的法律责任，如果难以确定被告身份，则将电商平台列为被告。《民事诉讼法》对管辖权异议的规定主要见于第一百三十条第一款：“人民法院受理案件后，当事人对管辖权有异议的，应当在提交答辩状期间提出。人民法院对当事人提出的异议，应当审查。异议成立的，裁定将案件移送有管辖权的人民法院；异议不成立的，裁定驳回。”从这项具体的规定来看，人民法院在收到管辖权异议申请以后，需要对管辖权异议申请来进行核实，但是在具体的司法实践中，审理法院有无管辖权尚在不确定的状态，此时如果由其审查证据，无疑是确定其有管辖权，这与管辖权异议的立法规定不符。针对上述问题，对于个体经营者，可将营业执照登记的经营者列为被告，如果注册经营者、实际经营者存在差异，需将双方共同列为被告。如果被告欲将生产商列入诉讼中，需要征求原告的同意，如果原告不同意，法院可拒绝其请求。针对证据的审查和调查，需要贯穿于立案和案件受理全程中，在证据的认定上，需要科学界定证据认定形式，在固定证据时，可将网页浏览路径详细记录下来，尽可能收集更多的电子文件，以客观、全面地反映出电商交易过程，确保证据的真实客观。①

第二，司法层面的建议。一是提高诉讼能力。通过法律宣传增进相关人员的知识产权保护意识，鼓励电商平台提高创新能力，引导企业积极创新、提高产品价值，做好知识产权意识的建设工作，尽可能避免不法行为侵害他人的知识产权。同时，还要建立与电子商务平台知识产权相符的管理制度，相关企业要做好知识产权管理，重视对知识产权人员的培训和教育，增强其合同履行意识和风险防范能力。同时，还要提高知识产权诉讼能力，鼓励当事人委托专业律师来开展诉讼活动，为了保障自身的合法权益，诉讼人也要充分了解案情情况，确保论证充分，让诉讼活动能够顺利进行。此外，还要凸显知识产权的价值，在计算损失时，需要有明确的标准来依托，考虑到价值折损、商品信誉等因素，正确适用法律规定的赔偿。二是强化证据应用。举证难是当前电子商务平台知识产权侵权案件中普遍存在的问题，对此，需要做好调查取证工作，应用诉讼保全等措施解决举证难的问题。具体来看，需要发挥司法程序的指引作用，鼓励当事人、电商平台通过合法途径收集证据，针对当事人提出的证据，要及时申请保全，加快受理速度，对符合条件者积极开展调查取证，严格落实证据出示令合法制度。针对调查中出现的提供虚假材料、故意销毁证据等行为，要予以相应的处罚，同时还要强化执行机制的应用，利用技术认定事实的方式要保证其有效而又准确。

第三，执法层面的建议。一是强化行政监管职责。严格履行行政执法职能，

---

① 参见常聪：《电子商务平台知识产权的保护路径分析》，载《法制博览》2023年第29期。

建立关于电子商务知识产权侵权的全国统一举报平台，受理各类投诉举报线索，遵循管辖原则按照法律规定的管辖权要求来进行移交和处理，对于处理结果要及时向知识产权行政部门进行反馈，由其进行审核。此外，还要优化监督模式，利用云计算服务、人工智能分析、大数据平台等进行监督，加强源头治理，提升电商平台知识产权侵权的保护效果，减轻审查负担，建立信息管理系统，对于多平台侵权行为并且符合刑事起诉规定者，可交由司法机关处理，针对存在重复侵权的行为，要用加重处罚的方式提升震慑力。二是优化行政解决纠纷机制。在出现知识产权侵权行为之后，行政执法部门需要第一时间进行处理，采用处罚、调解等方式来解决，并将侵权问题反馈至投诉中心，根据不同的侵权情况设置对应的解决方案，切实保护当事人的合法权益。行政执法部门要加强与电子商务平台之间的深度合作，共同打击知识产权侵权行为，做到齐抓共管。

第二节 网游业知识产权仲裁案例分析[①]

中国音像与数字出版协会于2024年12月发布了《2024年中国游戏产业报告》（以下简称《报告》）。《报告》显示，2024年国内游戏市场实际销售收入3257.83亿元，同比增长7.53%；国内游戏用户规模6.74亿人，同比增长0.94%。中国自主研发游戏海外市场实际销售收入185.57亿美元，同比增长13.39%，连续五年规模超过千亿元人民币。[②] 回顾过去一年的中国网游业，依然有多平台游戏百花齐放，竞争的残酷性反推了精品游戏独领风骚。《黑神话：悟空》引爆"中国3A游戏时代"话题，让市场看到了游戏在文化产业中的地位；《绝区零》在二次元游戏大盘负增长的背景下以诚意的制作"打赢复活赛"；《无尽冬日》为代表的移动端小游戏迎来井喷并依托成熟的休闲游戏模式迅速走向全球市场……面对历史上最大规模的游戏用户，如何提升游戏公司自主创新能力、如何实现游戏开发降本增效、如何在游戏出海过程中汇聚"中国智慧"并打造文化名片，都是摆在中国游戏公司面前亟待回答的现实命题。

2024年"AI"成为最热门的年度话题之一，伽马数据《中国游戏产业新质生产力发展报告》显示，国内超99%受访者所在公司或部门已通过多种渠道引入AI技术和工具，并利用其提升生产能力，构建智能生产管线。[③] 知名游戏厂商Square Enix社长桐生隆司在"社长新年贺词"中就宣布，该公司计划在未来游戏的开发和市场营销中，大力应用AI技术。[④] 国内外游戏公司正逐渐认识到

---

① 泰和泰（北京）律师事务所合伙人赵婷、律师胡馨月对本节亦有贡献。

② 参见《游戏产业报告：今年国内游戏市场销售收入近3258亿元，创新高》，载百家号"新京报"，https：//baijiahao.baidu.com/s？id=1818291827503041133&wfr=spider&for=pc，2025年1月14日访问。

③ 参见《AI在海外网游业的实际应用及发展初探》，载微信公众号"腾讯游戏学堂"2024年12月16日，https：//mp.weixin.qq.com/s/iCByZ78x_AQC8Hc2o3D2yA，2025年1月14日访问。

④ 参见《游戏开发中应用AI，Square Enix给出破局之道》，载微信公众号"三易生活"2024年1月30日，https：//mp.weixin.qq.com/s/3wxvx7EvwuQWvFHNJDWqUw，2025年1月14日访问。

AI 的巨大发展潜力和广阔应用场景，探索引入 AI 技术充实游戏内容、丰富游戏体验、优化游戏开发流程，通过自动化内容生成、资源管理、性能调优，提高开发效率并降低成本。但伴随着 AI 技术的逐步广泛应用，潜在的法律风险亦不容忽视。随着相关领域理论研究的起步和深入以及法律法规的不断完善，对 AI 技术应用过程中哪些行为构成侵权、哪些行为存在不正当竞争风险的认定会逐渐清晰。

下文通过对贸仲近年来审理的涉及网游业知识产权的仲裁案例，以及网游业内的典型案例的分析，立足行业的发展历史及现实背景，力求勾勒网游业仲裁的典型形态及处理特点，为游戏市场主体相关仲裁争议解决机制的完善提供建设性意见和切实参考。

一、网游业知识产权纠纷相关特点

网游的运作大致可以分为"开发"（制作游戏）和"运营"（发行和推广游戏）两个相互衔接又各有特点的阶段。前者的知识产权问题涵盖核心 IP 的创制或授权、游戏内容（包括但不限于游戏剧情、游戏元素等）的合规性要求，后者则涉及游戏整体保护及游戏内要素的单独保护的协调，以及宣发过程中可能涉及的商标及不正当竞争侵权等法律问题的处置。具体而言，网游业知识产权纠纷具备以下特点：

（一）网游业知识产权纠纷与互联网深度融合

在互联网背景下，网游业侵权行为展现出侵权行为隐蔽性强、传播速度快以及维权难度大的特点。游戏侵权手段更加隐蔽和复杂，盗版游戏可能通过非官方渠道快速传播，而抄袭行为也可能在游戏设计、美术资源等多个层面进行细微改动，以规避直接的法律责任。互联网信息高速传播的特性使得网游业的侵权行为能够迅速扩散，影响范围广泛。一旦侵权游戏或内容在网络平台上发布，可能迅速吸引大量用户，对原创作品的声誉和市场造成难以估量的损害。而权利人往往在发现侵权行为时，已经错过了最佳的维权时机，面临着举证困难、赔偿追索难等问题。随着电子证据在网游业案件中的重要性日益增加，司法实践中除了依赖传统公证处公证外，通过时间戳验证等方式有效收集、固定电子证据的方式也被更广泛地采用和认可。

（二）网游业知识产权纠纷往往较为复杂

在游戏开发运营过程中，可能涉及的知识产权包括著作权（包括作品著作权和软件著作权）、商标权（包括游戏核心 IP 名称或游戏名称，游戏内要素名称等）、专利权（包括游戏底层技术架构）等知识产权典型客体，也可能涉及与游戏开发运营相关商业秘密保护、反不正当竞争等。游戏作为复杂的知识产权客体的集合，可能涉及的纠纷也自然类型多样且纷繁交织，其纠纷所指向的往往并非单一的某项权利，纠纷的解决往往需要统筹对著作权、商标权、专利权等多项权利的保护，处理难度显著高于一般的著作权或其他知识产权纠纷案件。

对于该类侵权案件，特别是涉及复杂知识产权客体的案件，一方面需要裁判者深刻理解"思想—表达二分"这一基本原则，厘清著作权法保护的客体权利边界，对于涉案游戏要素进行具体的甄别、筛选，挑选出需要保护的、符合作品特征的客体进行论证；另一方面此类案件因涉及要素类型、数量众多，往往需要极为烦琐细密的侵权比对。而侵权责任的判定更是具有极大的自由裁量权，需要参考的因素极为复杂，十分考验裁判者对于复杂市场环境下双方损失及获益的准确认知。

（三）网游业知识产权纠纷带有鲜明的行业属性

网游业知识产权纠纷可能涉及游戏的开发、运营等具有显著行业特点的全部流程。在游戏的开发、运营过程中，呈现授权类型多样、开发周期长、运营指标复杂等特点，且付款金额和付款进度往往与"转化率""留存率"和"付费率"等专业指标直接挂钩。诸如委托开发的场景下游戏质量的判断也需要极强的专业性，是否违约以及相应的违约责任的判定，都需要裁判者对于游戏本身及行业运行特点具有极强的认识，方能平衡争议各方的权责认定。而在游戏宣发过程中，还可能涉及"买量"等具有互联网特色的推广方式。在案件审理过程中，"灰色地带"的相关行为是否构成不正当竞争，往往需要裁判者立足于特别的行业背景和具体的商业惯例予以判断。

除了前述特点外，在作出案件裁判结果时，还应当充分考虑其行业影响。

一方面，裁判应体现对游戏创新精神的保护，合理界定各方权利的合法边界，避免过度解读或限制创新空间，从而维护游戏产业的创造力和竞争力。另一方面，在纠纷解决过程中还需平衡各方利益，包括但不限于游戏开发者、运营商、玩家以及社会公共利益，以确保游戏市场的公平竞争和健康发展。

二、仲裁对于网游业知识产权纠纷的解决具有独特的优势

从近年来游戏领域知识产权纠纷来看，作为网游业市场主体的对垒双方，提起知识产权纠纷案件一方面力图寻求知识产权的保护，另一方面也试图通过诉讼方式遏制竞争对手发展、争夺存量市场；而从游戏运营、开发的行业链条来看，市场格局竞争激烈必然导致游戏企业对于成本支出的精细化计算，呈现的直接结果就是在委托开发以及游戏运营领域 IP 方与外包技术方以及开发商与运营商的矛盾日益突出，细密繁杂的质量标准及运营考核要求导致各方围绕开发款项、运营分成款项的纠纷层出不穷，而仲裁对于解决游戏领域相关知识产权纠纷具备独特优势，具体分析如下：

（一）仲裁的高效性是解决网游业知识产权纠纷的关键

游戏市场瞬息万变，快速迭代的产品周期要求争议解决机制必须迅速响应。仲裁程序通常比诉讼更为简洁，从立案到裁决的时间大大缩短，这有助于减少游戏公司因争议悬而未决所承受的时间成本和商业风险。特别是在涉及跨国纠纷时，仲裁能够避免不同国家和地区法律体系间的冲突和冗长的司法程序，使争议得到及时解决，维护企业的市场竞争力和品牌形象。

（二）仲裁的灵活性满足了网游业多样化的需求

网游业知识产权纠纷可能涉及版权、商标、专利以及商业秘密等多个方面，每种类型的争议都有其特殊性。仲裁允许当事人根据争议的具体情况选择适用的规则、仲裁地和仲裁语言，以适应网游业的独特性和复杂性。这种量身定制的解决方案，有助于更准确地识别和解决争议的核心问题，提高裁决的针对性和有效性。

（三）仲裁的保密性对于网游业尤为重要

游戏作品往往包含创意元素、商业秘密和客户数据等敏感信息，诸如改编

IP 的授权费用、费用支付方式、授权期限、具体权限等对于游戏企业均属于重要的核心商业机密，一旦被公开后由竞争对手获取，即可能对相关游戏的运营产生负面影响。相比之下，仲裁程序严格保密，所有文件、听证会记录和裁决书均不对外公开，有效保护了当事人的商业秘密和声誉，维护了行业内的公平竞争环境。

（四）仲裁的专业性确保了裁决的质量

网游业涉及复杂的技术和法律问题，需要具有相关专业知识的仲裁员来审理。相关仲裁机构通常拥有广泛行业背景的仲裁员，覆盖了游戏开发、法律、信息技术等多个领域，能够确保争议由具备行业洞察力和法律专长的专家来处理，从而提高裁决的专业性和权威性。仲裁庭成员的安排，无论是仲裁机构指定还是当事人选定，都可以选择具备相关行业背景的专业人士，保证在处理网游业纠纷案件时更具有针对性。

三、网游业知识产权仲裁典型案例

（一）典型仲裁案例一：A 娱乐公司和 B 网络科技公司独家授权发行合同争议仲裁案

1. 案情简介

2018 年 9 月 3 日，申请人 A 娱乐公司与被申请人 B 网络科技公司签署《某游戏指定平台独家授权发行合同》（以下简称本案合同）。本案合同约定：合同正式签署，收到被申请人的正确发票之日起 5 个工作日内，申请人支付第一笔版权金和预付分成总额的 30%。

2018 年 9 月 14 日，申请人收到被申请人邮件发送的发票；2018 年 9 月 20 日，申请人支付了第一笔版权金 1.5 万美元及第一笔预付分成款 1.5 万美元，并依据中国香港特区税法之规定扣缴了两笔税金，合计近 1500 美元（两笔税金均为 700 余美元）。被申请人实际收到第一笔版权金近 1.5 万美元、第一笔预付分成款近 1.5 万美元，合计近 3 万美元。本案合同约定：申请人收到被申请人提供授权游戏封测版本并通过申请人验收，收到被申请人出具的正确发票之日起 5 个工作日内支付第二笔版权金和预付分成总金额的 40%。2018 年 11 月 8

日，申请人收到被申请人邮件发送的发票；2018 年 11 月 19 日，申请人支付了第二笔版权金 2 万美元及第二笔预付分成款 2 万美元，并依据中国香港特区税法之规定扣缴了两笔税金，合计近 2000 美元（两笔税金均为近 1000 美元）。被申请人实际收到第二笔版权金近 2 万美元及第二笔预付分成款近 2 万美元，合计近 4 万美元。综上，被申请人实际收到版权金和预付分成款合计近 7 万美元。

本案合同约定，封测期间数据不达标，申请人有权解除合同，并要求被申请人退还全部版权金、预付分成。被申请人于 2018 年 10 月底提交了封测版本，申请人与被申请人商定 2018 年 11 月 1 日游戏进入封测期，封测期间为 2018 年 11 月 1 日至 2018 年 12 月 30 日，共计 60 天。因封测数据不达标已成既定事实，2018 年 12 月 29 日申请人向被申请人反馈了封测的结果：封测期间的测试数据显示，被申请人提供的游戏未能达到本案合同的要求。因本案合同约定的游戏在封测期内未能达到相关数据要求，本案游戏未能进入公测阶段。2019 年 12 月，申请人通过微信的方式，依据约定，向被申请人提出了解约，要求被申请人返还已经支付的版权金和预付分成。2019 年 1 月至 2019 年 3 月，申请人多次向被申请人提出返还已支付的版权金和预付分成，无果。2019 年 4 月，申请人根据本案合同所列示地址，通过顺丰速运向被申请人寄送了法律函。2019 年 4 月，快递送达无人接收，收件人要求快递员转寄。2019 年 4 月，快递送达收件人要求的转寄地址后，收件人拒收，被顺丰快递退回申请人处。2019 年 4 月，申请人又通过邮件方式，向合同约定的联系人邮箱发送法律函邮件。法律函经邮件发送后仍未能收到被申请人的任何反馈。2019 年 5 月 17 日，申请人依据本案合同的约定，向仲裁委员会提出仲裁申请，请求：1. 被申请人向申请人退还全部版权金 3. 3 万美元和预付分成款 3. 3 万美元，合计近 7 万美元；2. 被申请人配合申请人提供退税申请所需资料及协助；3. 被申请人承担本案全部仲裁费。

本案中仲裁庭对于电子数据证据的采信进行了论述，仲裁庭认为根据《最高人民法院关于互联网法院审理案件若干问题的规定》，其中关于电子证据问题，第十一条第二款规定如下："当事人提交的电子数据，通过电子签名、可信时间戳、哈希值校验、区块链等证据收集、固定和防篡改的技术手段或者通过电子取证存证平台认证，能够证明其真实性的，互联网法院应当确认。”另外，本案的争议焦点主要为两方面。一是合同解除及款项退还：依合同约定，游戏测试数据未达标使申请人获解除权。虽然其未在提起仲裁时提出主张解除合同仲裁请求，但以快递及网络邮件方式向被申请人发送律师函通知其解除合同，符合本案合同约定及原《合同法》第九十三条、第九十七条规定，仲裁庭认定合同解除，被申请人应退还版权金及预付分成款近 7 万美元，仲裁庭的认定体现了合同约定解除条件与法律规定在实践中的有效结合。二是退税资料协助义务：合同虽未明确退税资料协助细节，但鉴于退税因被申请人游戏不符约定所致，依公平原则及合同关联性，被申请人有义务提供中国香港特区税务机关要求的其他退税资料，如发票、银行水单、合同外的补充业务文件等，确保申请人能妥善办理退税，合理分担因合同履行问题产生的经济后果。

2. 纠纷观察与实务建议

本案例涉及网游业关于独家发行授权合同协议的签署、实际履行及合同解除后责任承担的相关法律问题。同时，通过本案例可以观察到网游业近年来的发展特点：

（1）游戏的 IP 及品质决定着市场表现。在竞争激烈的游戏市场，用户留存率是衡量游戏品质和吸引力的关键指标。在本案中，游戏测试阶段的次日留存率和 7 日留存率直接决定合同的存续。这体现了网游业产品迭代迅速、用户需求多变的特点，一款游戏若在上线初期无法抓住用户，后续运营将面临巨大挑战，因此游戏研发阶段的品质把控和测试环节至关重要。

（2）跨地区合作与法律适用的复杂性。中国香港特区与中国内地公司的合作在网游业较为常见，本案适用中国内地法律，但涉及中国香港特区的税务问题。随着网游业全球化进程加快，跨国、跨地区合作频繁，不同法域间的法律差异在合同签订、履行、争议解决等方面带来诸多变数，如知识产权保护、税收政策、合同监管等方面的法律适用需谨慎处理。

（3）电子证据在游戏类争议仲裁案件中的重要性日益增加。网游业线上业务居多，电子数据广泛存在。本案中时间戳验证文件等电子证据对证明合同履行过程及游戏测试数据起到关键作用，符合行业数字化运营产生大量电子证据的趋势，也反映出在法律程序中如何有效收集、固定和采信电子证据是游戏企业必须面对的问题。

本案例启示：网游业企业在授权发行合同中应精准设定测试标准与合同解除条款，规范款项支付与税费代扣代缴流程；特别是在合同签订阶段就应当明确关键条款，对游戏验收标准（如留存率的具体计算方式、测试周期、数据统计来源等）、款项支付进度及条件、合同解除权的行使情形等核心条款应详细且精确界定，避免模糊不清引发争议，相关约定可以参考行业通行标准和专业数据统计机构的方法来设定。在合同履行阶段应强化履约意识，确保交付产品质量，避免因违约引发纠纷及经济损失；另外，合同履行过程中注重电子证据的收集与保存，利用合法有效的技术手段（如时间戳、区块链存证等）对涉及合同履行的重要电子数据（如游戏测试报告、沟通邮件、支付凭证等）进行固定，同时保留相关纸质文件作为补充，形成完整的证据链，重视合同签订与履行细节管理，防范类似法律风险，保障商业合作稳定有序。仲裁庭最终支持了申请人的全部仲裁请求。

（二）典型仲裁案例二：A 科技公司与 B 科技公司授权代理协议及合同终止协议争议仲裁案

1. 案情简介

申请人 A 科技公司与被申请人 B 科技公司于 2020 年 3 月签订《B 科技公司与 A 科技公司关于〈C〉手机游戏之授权代理协议》（以下简称《授权代理协议》），指定申请人为授权区域内《C》手机游戏的独家代理商和运营商。

《授权代理协议》约定：（1）被申请人授权申请人在授权区域内具有排他性的唯一代理《C》手机游戏（以下简称授权游戏）的权利，指定申请人为授权区域的独家代理商和运营商。（2）为获得授权游戏地域化版本的独家代理权，申请人向被申请人支付授权金总计 25 万美元，预付分成金总计 25 万美元。其中，《授权代理协议》签署后且申请人收到被申请人发票之日起 15 个工作日内，申请人向被申请人支付预付分成金 10 万美元及授权金 5 万美元。（3）经双方协商一致可签署书面补充协议，补充协议为《授权代理协议》的组成部分，补充协议与《授权代理协议》不一致的，以补充协议为准，补充协议未尽事项，仍然按照《授权代理协议》的约定执行。

2020 年 3 月，申请人按照《授权代理协议》的约定，向被申请人支付预付分成金 10 万美元及授权金 5 万美元。

此后，因授权游戏实际未上线，申请人与被申请人签订《合同终止协议书》。《合同终止协议书》约定：（1）因授权游戏并未上线，双方协商一致，同意于 2022 年 7 月提前终止《授权代理协议》。（2）被申请人应当于 2023 年 6 月前一次性向申请人退还 2020 年 3 月申请人向被申请人支付的预付分成金 10 万美元及授权金 5 万美元，共计 15 万美元，被申请人退还申请人的前述款项应优先于被申请人的其他债权债务。（3）如果被申请人不能按时退还款项，每延迟一个工作日，须支付退款总额 0.5%的金额作为违约金，违约金最高不超过退款总金额的 10%。（4）任何一方违反协议约定依法承担相应赔偿责任，违约方应承担守约方因处理协议项下纠纷所产生的仲裁费、律师费、差旅费等一切损失。

申请人于 2023 年 4 月向被申请人出具并送达《沟通函》，函告被申请人于 5 个工作日内履行 15 万美元债务或提供与前述债务金额相等的担保。

被申请人于当日回复电子邮件，称其实际已无获取资金偿还债务的能力，没有继续经营能力和应收款，后续不具备偿还债务的能力。截至 2023 年 4 月，被申请人未向申请人偿还 15 万美元债务，亦未提供与前述债务金额相等的担保。据此，申请人向仲裁委提出仲裁请求：1. 被申请人向申请人退还预付分成金 10 万美元及授权金 5 万美元，合计 15 万美元；2. 被申请人以 15 万美元为基数，按 10%的标准，向申请人支付违约金 15000 美元；3. 被申请人向申请人支付为实现债权而产生的律师费，计人民币 3 万元；4. 被申请人承担本案仲裁费。仲裁庭经审理认为本案的争议焦点为：（1）本案合同预付分成金和授权金是否满足退还条件及数额（如有）；（2）被申请人是否应向申请人支付逾期退款违约金及数额（如有）。仲裁庭最终支持了申请人 A 科技公司的全部仲裁请求。

2. 纠纷观察与实务建议

通过本案可以显现出一款游戏的开发过程是非常复杂的，受技术、市场、政策等多种因素影响，上线时间常不确定。本案中授权游戏未上线直接导致合作终止，体现了网游业前期投入大但成果不确定的特性，使代理商面临较大风险。如在大型3A游戏制作过程中，开发周期可能长达数年，其间任何环节出问题都可能影响上线，像游戏引擎升级导致的兼容性问题、美术资源重制等，都可能使项目延期甚至流产，使代理合作产生变数。同时，游戏代理需支付高额授权金与预付分成金，而收益依赖游戏上线后的运营表现，资金回收缓慢。本案中，A科技公司前期投入资金在游戏未上线时被占用，且因B科技公司违约，回收面临困境，凸显行业资金运作特点。以手游为例，从获取代理权、进行本地化推广到实现盈利，可能需要长达1—2年甚至更久的时间，其间代理商需持续投入营销、运营成本，若游戏表现不佳或无法上线，资金链易断裂。

本案中，仲裁庭对于合同效力与法律适用以及对于预期违约的认定可以为网游业带来一定启示。

（1）合同效力与法律适用。本案中双方签订的合同系真实意思表示且不违反法律强制性规定，根据约定适用中国法律，为仲裁庭裁决提供了合法基础。在网游业跨境合作中，明确法律适用至关重要，因不同法域对游戏知识产权、代理权限、分成模式等规定差异大，如欧美对游戏隐私保护、内购规则有严格法律要求，事先约定可避免法律冲突。

（2）预期违约认定。B科技公司多起纠纷缠身、财产被查封且明确表示无履约能力，符合预期违约情形。依据《民法典》第五百七十八条的规定，当事人一方明确表示或者以自己的行为表明不履行合同义务的，对方可以在履行期限届满前请求其承担违约责任。A科技公司有权要求其提前承担违约责任，以保障自身权益。在网游业竞争激烈、企业经营状况多变的背景下，此规定对维护合同稳定性和交易安全意义重大，防止违约方恶意拖延或逃避责任。因此，建议相关游戏企业可以从以下方面做好风险合规把控：

第一，合同条款完善。在游戏代理合同中，应详细规定游戏上线时间节点及相应违约责任，如逾期上线的赔偿方式；明确资金退还条件与流程，细化退款时间、方式及利息计算等；增加履约担保条款，如要求授权方提供银行保函、保证金或第三方担保，降低代理方风险。例如，可约定若游戏超过预定上线日期一定期限，授权方应按比例退还已支付款项并支付违约金，且代理方有权解除合同。

第二，风险评估与尽职调查。代理方签约前要全面审查授权方财务、法务和经营状况，可聘请专业机构评估其信用、涉诉情况及游戏开发进度。如调查授权方过往游戏项目成功率、是否存在著作权纠纷、资金流动性等，确保合作安全。对于新成立或有不良记录的授权方更应谨慎，避免陷入类似本案的困境。

（三）典型仲裁案例三：游戏最终用户许可协议纠纷

1. 案情简介

B 公司作为 C 公司平台及旗下《D 游戏》《E 游戏》等多款热门游戏在中国（除港澳台地区）的运营方，长期为玩家提供游戏服务，与玩家 A 建立了服务合同关系。玩家 A 是 C 公司游戏的忠实玩家，累计充值金额高达 8000 余元，通过努力和大量投入，在游戏中培育出了高等级、高成就且具有较高声望的游戏角色，同时积累了包括金币、史诗及传奇级装备、稀有坐骑、宠物等在内的虚拟财产。

2022 年 11 月，B 公司发布了一则公告，宣称因与游戏版权方 C 公司的授权协议即将到期，将于 2023 年 1 月起停止 C 公司游戏产品的运营。B 公司公布的停服方案仅涉及退还未消耗的虚拟货币及未失效的游戏时间，这一方案引发了用户 A 的不满和质疑。A 认为其在游戏中多年的心血和巨额投入所积累的虚拟财产权益遭受了严重侵害，遂依据《民法典》第一百二十七条向贸仲提交了仲裁申请，请求 B 公司退还尚未使用的虚拟货币及游戏服务 75 元、补偿已购买的游戏虚拟财产 2910 元、按市场价补偿通过游戏获得的虚拟财产 5114 元，并要求 B 公司承担全部仲裁费用。

B 公司认为，其早在 2019 年 1 月，C 公司就已通过官方新浪微博发布公告，清晰地告知玩家其与 B 公司的合作将持续至 2023 年 1 月，并且在 2022 年 11 月 C 公司再次发布公告，进一步确认了授权到期以及游戏即将停服的事宜。B 公司强调，其终止运营的行为完全是遵循与 C 公司的协议约定，具有无可置疑的合同依据。另外，依据双方签订的《C 最终用户许可协议》，B 公司有权根据实际运营需要适时终止服务。在停服前，B 公司严格按照规定提前 67 天发布了公告，详细且明确地告知玩家停服时间、退款流程等关键信息，并于 2023 年 1 月和 2 月持续发布退款说明，清晰界定了可退款商品的范围及标准，B 公司认为自身的行为完全符合相关法律规定与行业惯例，不存在任何违规之处。对于未使用虚拟货币及游戏服务的退款金额，B 公司核对后认为实际应为 75 元，并且指出未退款的原因是 A 未按照规定流程申请退款，并非 B 公司的责任。在已购买游戏虚拟财产的退款请求方面，B 公司认为 A 已体验和享受了这些服务，其合同目的已经完全实现，且无论是从法律规定还是合同约定的角度来看，都不存在支持退款的依据。对于 A 提出的通过游戏获得的虚拟财产赔偿问题，B 公司认为游戏虚拟财产的价值仅局限于游戏内部环境，不能简单等同于法定货币。同时，依据相关法律法规和双方协议约定，B 公司不能为玩家提供虚拟道具兑换现金的服务，因此 A 的此项请求缺乏坚实的事实与法律依据。此外，B 公司还认为 A 的仲裁请求缺乏合理性，认为本案原本无须通过仲裁程序解决，所以仲裁费用理应由 A 自行承担。

仲裁庭在审理过程中，首先明确了双方之间存在的《C 最终用户许可协议》关系，并认定应适用 2020 年 3 月更新的版本。依据该协议约定，申请人 A 是使用 C 公司享有版权的 C 公司游戏的用户，被申请人 B 公司是 C 公司指定的中国独立且独家被许可方、运营方和游戏经销商。

在关于 B 公司是否构成侵权的问题上，仲裁庭认为，B 公司停止游戏运营的行为并非对 A 的侵权行为。虽然 A 主张 B 公司关停游戏导致其虚拟财产灭失应承担侵权责任，但许可协议的本质是 C 公司与 B 公司许可 A 使用游戏的合同关系，其存续以 B 公司与 C 公司的中国独家许可授权关系为前提。现因 B 公司与 C 公司的协议期限届满，导致许可协议无法继续履行，B 公司依据协议第 4 条有权终止服务，且该条款已提前以黑体加粗方式提醒 A，因此 B 公司的行为具有合同依据，不属于侵权。

在 A 主张的 B 公司过错问题上，仲裁庭认为，C 公司 2019 年 1 月的公告已提前告知游戏用户合作期限至 2023 年 1 月，A 作为当时的用户应当知晓。B 公司 2022 年 11 月发布停服公告与之前的合作期限基本一致，A 称对停服无预期缺乏可信度。此外，B 公司在授权期内的正常运营行为以及 A 在停服公告前的充值行为，均不能证明 B 公司存在过错。

在赔偿请求方面，仲裁庭认为，A 对游戏账户内的虚拟货币、游戏服务等享有许可使用权，具有财产属性。但对于 A 的各项赔偿请求，仲裁庭依据合同约定和证据进行了具体判定。对于尚未使用的点数及游戏时间，双方对退款范围和计算标准无异议，B 公司应退还 75 元；对于已购买的游戏虚拟财产，仲裁庭根据 B 公司公布的退款范围和标准，认定 B 公司应退还 A 购买的部分商品金额 1698 元，其余请求因与公告不一致且双方未达成合意，不予支持；对于通过使用游戏获得的虚拟财产，因 A 的主张违反许可协议约定且无法证明其价格，仲裁庭不予支持。最后，仲裁庭依据仲裁规则决定，本案仲裁费由双方各自承担 50%。

2. 纠纷观察与实务建议

本案的核心法律问题主要集中在游戏停服的情况下玩家虚拟财产权益的界定与保护，以及游戏运营商行为的合法性判定两个方面。在网游业蓬勃发展的大背景下，本仲裁案例为解决游戏停服引发的虚拟财产纠纷提供了参考和借鉴。

从虚拟财产权益属性的角度来看，尽管《民法典》第一百二十七条确立了对网络虚拟财产保护的原则性规定，但在具体的司法实践与复杂的行业场景中，虚拟财产的法律性质、权利范围以及保护程度仍然存在诸多争议和模糊地带。本案中，A 认为其游戏虚拟财产具有类似物权的财产利益属性。然而，仲裁庭依据双方签订的许可协议最终裁定 A 仅享有虚拟财产的许可使用权。这种许可使用权从根本上来源于游戏版权方的授权，并且在实际行使过程中受到许可协议条款的严格约束和限制。这一裁定结果深刻地体现了在当前现有法律框架体系下，虚拟财产权益的认定并非绝对和独立，而是需要紧密结合具体的合同关系以及相关法律规定的双重语境来进行综合考量和判断，其独立性和完整性相对而言较为有限。

在游戏运营商责任认定方面，关键的判断要点在于其停止运营的行为是否构成侵权以及是否妥善履行了相关的义务。本案中，B 公司确实是依据与 C 公司的授权到期这一客观事实而停止运营，并且在许可协议中也存在相应的终止服务条款作为依据，仲裁庭认为 B 公司在一定程度上已经履行了公告等必要的程序义务，并且其停止运营的行为具有明确的合同依据，因此最终未支持 A 的侵权主张。在本案例的处理过程中，仲裁充分展现出了诸如灵活性、专业性及保密性等多方面的作用和显著优势，为解决此类纠纷提供了有力的支持和保障。

为避免此类纠纷产生或更好应对此类纠纷，建议游戏用户及相关行业从业者重视和关注以下几方面问题：

1. 对于广大游戏玩家而言，在参与网络游戏的过程中，应当增强自身的法律意识和风险防范意识，积极采取一系列有效的措施来切实保护自身的合法权益。

在注册与游戏过程中，玩家应仔细阅读并理解游戏用户许可协议的各项条款内容。尤其需要重点关注游戏虚拟财产的所有权归属、使用规则、交易限制以及运营商服务终止条件等关键方面的内容。对于协议中存在的模糊不清或不合理的条款，玩家应及时向运营商咨询沟通，或者寻求专业法律人士的意见和建议，确保自身在签订协议时充分了解各项权利和义务，避免在不知情的情况下陷入不利的合同约定。当面临游戏运营商停服或其他可能损害自身权益的情况时，玩家应积极主动地与运营商进行沟通协商，尝试寻求合理的解决方案。若经过协商无法达成一致意见，玩家应及时依据协议约定的争议解决方式，如仲裁或诉讼，果断启动维权程序，切不可拖延时间，以免因证据灭失或超过时效等原因导致自身权利受损。

2. 对游戏运营商而言，作为游戏服务的提供者，游戏运营商在整个网游业生态中肩负着保障玩家权益和维护市场秩序的重要责任，应当从多个方面规范自身的运营行为，有效防范法律风险。

在运营过程中，运营商要确保与玩家签订的许可协议内容清晰、合理、公平，坚决避免设置不合理的格式条款。特别是在涉及虚拟财产权益与服务终止处理等关键条款时，应当充分保障玩家的知情权和选择权，明确界定双方的权利义务边界，为游戏运营构建稳固的法律基础。同时，运营商要加强信息披露工作，对于可能影响玩家权益的重大事项，如游戏授权期限、运营计划调整、停服风险等，应及时、准确、全面地向玩家进行公告，确保玩家能够提前做好应对准备，避免因信息不对称而引发纠纷。

在游戏停止运营环节，运营商应严格遵循相关法律法规和行业规范，制定完善、合理的停服方案和退款流程。退款方案应当充分考虑玩家的实际投入和合理预期，对于玩家已购买但未消耗的虚拟货币、未失效的游戏服务以及具有一定价值的虚拟财产，在合法合规的前提下给予合理补偿，积极妥善地处理玩家的权益诉求。

第三节　影视业知识产权仲裁案例分析

影视业的三大要素是人、财和物，由影视项目运作的生命线合同串联起来，[①] 而其围绕的核心便是影视作品的知识产权。因为归根结底，不管是以导演还是制片人为中心的创作体制，是自有资金还是引入外部投资，是复合进已有作品还是为他作品，[②] 影视项目运作的终极要义就是创作合格的影视作品，并凭借对该作品享有的知识产权及其他权利，让各类参与方都能通过宣传发行和衍生开发获益。

至于影视业的知识产权纠纷增加，追本溯源，与其产业化、市场化改革及相应的国家监管紧密相关。随着改革开放不断深入，影视业涌入大量国内外的人、财、物，各类影视作品数量因此呈现爆发式增长，技术手段和商业模式不断更新迭代，也有越来越多的影片走上出海之路。基数变大，其中的纠纷自然水涨船高。新的技术和商业模式得以应用，免不了带来新生纠纷。国产影片出海，排他性、地域性容易导致作品及其衍生品陷入知识产权纠纷。

在多元化纠纷解决机制中，第三方介入的纠纷解决方式主要为调解、仲裁和诉讼。与调解和诉讼相比，仲裁在我国影视业的定分止争上具有莫大的优势。但这些优势还未全面发挥出来，尤其是针对集重要性、复杂性、涉外性于一体的知识产权纠纷。若是影视业对仲裁的认可度普遍增加，侵权纠纷双方难以合意仲裁的难题能被破解，仲裁在解决知识产权纠纷上将作出更大贡献。

---

① 参见刘承韪：《娱乐法的规范意蕴与体系构建》，载《政法论坛》2019 年第 4 期。

② 参见张今：《著作权归属意义上“可单独使用的作品”之界定与权利行使研究》，载《法学杂志》2020 年第 6 期。

一、我国影视业知识产权纠纷显著特点

自2002年以来，影视业产出很多精品佳作。同时，影视作品也伴生着不少的知识产权纠纷。我国影视行业内的知识产权纠纷少见专利问题，而呈现“以著作权为主，商标权次之，不正当竞争、商业秘密补充，主演人格权例外”的显著特点。

（一）纠纷特点与行业内情相应

从创作方面来讲，聚焦于作品，首要和首当其冲的就是著作权。本行业具有核心竞争力的除了影视作品本身，就是具有市场影响力的主创人员。后者在知识产权方面通常仅保留署名权，从影视项目运作的生命线合同就能看出，影视作品及其有机组成部分的焦点乃著作权。影视业本身就是轻资产、重创意，项目运作以著作权、商标权为重点。

从商业运作来讲，我国影视业与发达国家仍存在差距。因为缺乏具有长期市场号召力的影视作品，我国目前仍是以作品本身的著作权变现为主。实际上，即使是头部影视企业，对于IP矩阵的打造、衍生品的开发也常是有心无力。

（二）不容忽视的其他知识产权纠纷

技术的进步催生了电影并不断推动其前进，从无声到有声，从黑白到彩色，又从2D到3D……即使一部每集几分钟的竖屏短剧，从剧本到成为影视作品也要跨越电影技术的鸿沟。专利争议虽然少见，但是通常涉及拍摄、制作和播映设备，具有牵一发而动全身的地位。扼住了电影技术的专利咽喉，也就可能左右整个电影产业的发展。例如，爱迪生及其电影专利公司就曾通过设置电影技术专利壁垒，与柯达公司通过协议控制电影胶片供应，从制作、出租和放映全方位垄断电影产业，产生了极其深远的社会影响。[①]

影视作品既有自身的著作权，还有演员授权在其中，与作品融合在一起的肖像、声音等人格权。知名演员不止在作品上具有号召力，其市场影响力是非常深远、广泛的。为不支付高额代言费、授权费，投机取巧者便未经同意变相

---

① 参见［俄］C. M. 沙特尼科娃、蔡小松：《市场创造电影》，载《世界电影》1995年第2期。

使用演员的肖像、声音等。例如，因某网站发布含有来自某电视剧的“葛优躺”图片的微博，葛优以侵犯肖像权为由将其诉至法院；[①] 因某游戏使用孙某某在某电视剧中的经典台词声音，孙某某以侵犯声音权益、一般人格权为由将游戏厂商诉至法院。[②] 如此盗用特定的信誉价值，实际上侵犯了权利人的“商品化权”。[③]

人工智能生成内容（AIGC）的基础，来自对不计其数已有数据的训练，而其输出的新内容亦是多如牛毛。随着该技术进一步融入影视行业，与此相关的知识产权纠纷也将越来越多。AIGC 所涉及的知识产权问题，除了争议较多的所生成内容可版权性，还有主体方面的权利人界定，以及内容生成平台责任的追究等。此外，还蕴含着更为复杂的、交叉其中的数据权利及其保护，比如如何看待数据获取阶段的数据投毒工具等新型技术措施。[④] AIGC 对著作权法的适用提出了新的挑战。从著作权的客体来讲，所保护内容的内涵和外延是什么？人在内容生成上是否起到主导作用？从著作权的主体来讲，到底谁才是所生成内容的权利人？从著作权纠纷来讲，数据训练、内容生成都可能构成大规模侵权，平台在其中承担什么样的法律责任？这些不只是棘手的法理问题，更涉及个体利益和公众利益之间的平衡。

二、我国影视业知识产权纠纷常见类型

我国影视业的知识产权纠纷以著作权、商标权和不正当竞争为主，主要纠纷又有其相应的常见类型。

（一）主要纠纷的常见类型

就著作权侵权而言，纠纷主要源自借用知名前作的名称和关键内容，主创

---

① 参见威科先行法律信息库，https：//law. wkinfo. com. cn/news/detail/NDAxMDAxMTQ2MDY%3D?q=葛优躺&module=&childModule=all&from=editorial&searchId=fe8c825865984566ae33458d95060974，2025年3月26日访问。

② 参见威科先行法律信息库，https：//law. wkinfo. com. cn/news/detail/NDAxMDAyMTg2NzE%3D?q=西瓜摊主大战买瓜人&module=&childModule=all&from=editorial&searchId=1f3eaa9d9afd491fad850b2e842d8825，2025年3月26日访问。

③ 参见张今：《论创作形象、名称保护的法律适用》，载《法学论坛》2001年第185期。

④ 参见肖如意、张今：《人工智能模型训练的版权困境及其破解：聚焦数据获取阶段》，载《电子知识产权》2024年第12期。

人员的署名之争，以及影视作品未经授权被在线播放、下载。就商标权侵权而言，纠纷主要源自影视作品名称与在先注册商标“撞车”，知名影视作品名称和核心元素被恶意抢注商标。至于不正当竞争和侵犯商业秘密，从法律上来讲通常不是单独存在，而与前两个类型的纠纷密不可分。

（二）借用前作型著作权侵权

借用前作，一类是前后出品方之间具有利益关联，以囧系列、战狼系列为代表；另一类是前后作品之间具有内在关联，以“琼瑶诉于正案”为代表。

前者，当事人为两部作品的（联合）出品单位，纠纷关键人物通常涉及前作的核心主创，牵扯不正当竞争和联合出品方共有权利的问题，案件关键在于前作名称是否属于知名商品特有名称或者具有一定知名度，后作及其宣传推广是否存在误导或混淆问题。

后者，当事人为经典作品的著作权人和新作品创作者，被侵权作品多为举世闻名的经典之作，纠纷涉及对经典作品整体及核心要素的拿来主义，案件关键在于对著作权权属的认定，对是否构成抄袭的认定。

例如，因涉嫌作品名称、构思、情节、故事、主题和台词等相似，搭《人在囧途》成功的便车，徐峥导演的《人在囧途之泰囧》被诉侵犯徐峥主演的《人在囧途》的著作权，并构成不正当竞争；① 因涉嫌未经共同授权擅自改编，《战狼 2》还未公映就被《战狼》联合出品方起诉侵犯著作权。② 此外，因涉嫌关键情节高度相似，于正编剧的《宫锁连城》被诉侵犯琼瑶所著《梅花烙》剧本和小说的改编权、摄制权。③

（三）多发的编剧署名权侵权纠纷

核心主创中涉及编剧的案件尤为多见，既包括影视作品中未给、未依约给或未依法给编剧署名，也包括影视相关物料中是否应该署名的争议。这类纠纷

---

① 参见《北京光线传媒股份有限公司重大诉讼公告》（公告编号：2013-014），载巨潮资讯网，http://static.cninfo.com.cn/finalpage/2013-03-08/62193289.PDF，2025 年 3 月 26 日访问。

② 参见《官司耗时 4 年，〈战狼 2〉著作权纠纷二审宣判，吴京赢了!》，载腾讯网，https://news.qq.com/rain/a/20211229A078ZB00?suid=&media_id=，2025 年 3 月 26 日访问。

③ 参见《法制日报刊发琼瑶诉于正著作权案强制执行公告》，载人民网，http://ent.people.com.cn/n1/2018/0426/c1012-29952546.html，2025 年 3 月 31 日访问。

当事人为影视作品出品方和参与创作者（包括编剧团队人员、投资方代表和其他主创），案件关键在于对实质性创作贡献的综合认定。编剧署名权纠纷多发，起因于在五大主创①中编剧的行业地位式微，以及剧本创作本身牵扯团队内部分工、剧本质量验收和其他工种贡献。

导演和制片人贯穿制片全程，监制可参与的阶段较多且常具有强宣传效果，演员的出镜率也是直观和必须的。唯独编剧，虽然剧本被公认为一剧之本，但是编剧属于幕后工作人员，且在筹备期交付完剧本后，后续工作基本不必要其参与。同时，繁重的编剧工作在影视行业常是一个团队完成的，因为前期编剧不符合主控方要求又涉及更换新编剧，作品质量不过关还会引入剧本医生，甚至其他核心主创还可能参与修改剧本。

（四）处于风暴中心的信息网络传播权争议

擅自在线播放、下载，当事人为被侵权作品权利人、用户和平台，关涉的核心权利是信息网络传播权。这种纠纷既有用户自发造成，也有平台故意引起，常发生在网盘、网站、流媒体平台、社交媒体和互联网电视上。例如，因涉嫌未经授权便能通过用户分享的链接下载并播放存储于百度网盘的《三生三世十里桃花》，优酷起诉百度侵犯其享有的信息网络传播权。②

案件关键在于分享的行为符不符合信息网络传播行为的特征，涉及深层链接技术的基本逻辑、将著作权内容部分或全部对外公开的方式。对平台来说，避风港原则的个案分析与适用属于重点内容。至于判赔额高低，则需要综合考虑案涉作品的知名度、市场价值、侵权行为具体情况和平台企业的原因力。

（五）影视作品名称与注册商标之争

影视作品名称与商标“撞车”，涉及侵权纠纷的根源在于服务内容有所相似。这种问题主要出现在知名影视作品与在先不知名商标之间，但是在先的知名影视作品名称及关键内容也常被抢注为商标。

例如，电视节目《非诚勿扰》、金某某的注册商标和电影《非诚勿扰》之间的纠纷，因名称与在先注册商标相同，电视综艺节目《非诚勿扰》被诉侵犯

① 在影视行业中，五大主创通常指导演、制片人、编剧、主演和监制。

② 参见北京市海淀区人民法院（2017）京0108民初15648号民事判决书。

金某某注册商标权。[①] 更具戏剧性的是，金某某却因该注册商标被诉侵犯电影海报上“非誠勿擾”美术作品的著作权并败诉。[②] 前述电视节目、电影和注册商标，要么内容，要么服务内容，都与婚恋交友有关。

三、仲裁解决影视业知识产权纠纷的优势

（一）诉讼程序定分止争的不足

截至2024年10月18日，以影视/电影/电视/网剧为关键词，通过对威科先行法律信息库进行检索，我们可以发现影视行业纠纷以民事案件为主，总体案件数量不足万，调解结案的比例不到1%，标的额50万元以上的仅为10%。其中，绝大多数是知识产权与竞争纠纷，案由占比高达94%。

首先，以民事案件为主，不是说刑事犯罪和行政违法就少，而是因为这个行业具有特殊性。一方面，影视行业是个讲究人际关系的熟人社会，当事人往往倾向于通过和解化解纠纷。另一方面，业内人士也倾向于回避与主管部门的冲突。

其次，总体数量不多，主要是当事人担心影响宣传发行和投入产出不成正比。对影视作品来说，如期播映、首轮发行和公众评价是至关重要的。但是其一旦被曝光卷入知识产权纠纷，这三者都会因此大打折扣，因为主管部门、播放平台或影院不免据此判定作品具有法律风险，公众也会怀疑该作品的知识产权清洁性。同时，司法实践中对影视知产纠纷的判赔额普遍偏低。就此，在“2025企业知识产权战略发展新年论坛暨知识产权经理人年会特别设置分论坛”上，中国电视剧制作产业协会法务工作委员会主任就指出：“当前我国司法机关在涉影视作品侵权案件中基于现有计算方式所确定的判赔额，普遍远远不足以弥补影视作品权利人的实际损失，也难以覆盖影视作品的制作成本。”[③]

---

① 参见《“非诚勿扰”商标权纠纷案再审宣判 广东高院：电视栏目不构成侵权可继续使用》，载中国法院网，https：//www. chinacourt. org/article/detail/2016/12/id/2501553. shtml，2025年3月31日访问。

② 参见北京市高级人民法院（2020）京民申5203号民事裁定书。

③ 参见《涉平台版权侵权问题再引热议 专家：提高判赔金额，保护影视行业发展》，载微信公众号“知产观察家”2025年1月22日，https：//mp. weixin. qq. com/s/G05rgC6q5Be0o-SOhT51og，2025年3月21日访问。

最后，既然讲究人情，怎么调解比例极低呢？这是因为诉讼缺少专家型法官，调解流于形式。在诉讼程序中，法院自身属性、内部分工等导致熟悉影视行业的专家法官极少。人民法院是受理各色海量纠纷的司法机关，影视业的产值和特殊性尚未高到能让法院单独成立审判庭。诉前调解也可能因为安排的调解人员不够专业而导致程序空转。

（二）仲裁比较优势的直击痛点

影视业的纠纷主要发生在影视圈内，涉及知识产权问题的较为疑难、复杂、关键，纠纷的解决十分看重时效性、止损度，仲裁的比较性优势正好与影视行业适配。仲裁程序不仅能做到当事人需要的财产保全，司法实践中也已有支持行为保全的案例，① 而且仲裁裁决和法院判决同样都是生效法律文书，可以被用来申请法院采取强制执行措施。此外，仲裁从始至终尊重当事人的自主性，提供具有解决纠纷相应知识储备、从业经验的专家型仲裁员，庭审程序非常灵活、适用规则也可自选，并且仲裁全程及相关材料均被严格保密。

与调解相比，仲裁的强制执行力优势明显。例如，北京市文化娱乐法学会（以下简称文娱法学会）、中国电视剧制作产业协会法务委员会都会聚了国内最顶尖的文娱法专家。其中，文娱法学会早于2021年就成立了文娱行业纠纷调解与专家论证中心，2024年年会时决议成立纠纷解决中心。行业协会虽然具有垂直领域的专家资源，自主性和灵活性自不待多言，纠纷解决的保密性也能尽最大努力保障，但是其调解产生的法律文书却不属于生效法律文书，不具有强制执行力度，无法最终定分止争。因此，该学会在纠纷调解流程中就设置了纠纷各方要事先做好调解未果进入仲裁或诉讼的约定。② 如此，当事人没办法在最后一道防线解决问题，调解不成还会徒增争议双方的成本。

在列举兜底解决方案时，上述法学会也是将仲裁排在诉讼之前，这样的排

① 参见毛惠刚：《商事仲裁中的行为保全制度浅析》，载东方律师网，https：//www. lawyers. org. cn/info/f94153d6ee1e4002b80532e552ea1e74/，2025年3月21日访问。

② 参见《隆重发布 | “文娱行业纠纷调解与专家论证中心”成立，探索文娱行业解纷新路径》，载微信公众号“北京市文化娱乐法学会”2021年9月7日，https：//mp. weixin. qq. com/s？src=11&timestamp=1742542459&ver=5881&signature=-vrr2yu7O6eQUd*KsGQcAe29vb8Uke-28AeURFPL6a7QF6qD-xxit5Y0M5J2G-t2Blc*63VFVi-hi56nUWm462RVx80GoGzU3N4GjvMny*SBalkn6EhonyvWKNTOWtBO&new=1，2025年3月21日访问。

序是客观、科学的。与诉讼相比，仲裁更为保密、更加专业、更显灵活以及更能自主，而这些主要区别正好完美契合影视行业自身特点，使其能够有效应对业内知识产权纠纷痛点。具体到影视行业知识产权各个类型的主要纠纷，仲裁这些比较性优势能够得到非常充分、直观的体现，比如能够照顾到纠纷当事人之间的较近关系，最大限度降低对双方的重大不利影响，仲裁员具有定分止争必备的丰富行业知识、经验，以及仲裁能够根据实际情况给予当事人更加公平、合理的违约金、赔偿金。

四、影视业知识产权纠纷的典型仲裁案例

在影视行业的定分止争上，贸仲作出了较大贡献。因为贸仲自身国际性的特质，有不少案件是具有涉外因素的。随着共建“一带一路”倡议的深入贯彻落实，跨国影视知识产权纠纷会不可避免地增多，仲裁也将在纠纷解决中发挥更大作用。

从数据上来看，以影视投资、发行和设备租赁或买卖等纠纷居多，热议的编剧署名权、短剧纠纷反倒少见。一方面，无论纠纷的具体类型如何，其与影视作品的知识产权都密不可分；另一方面，剧本委托创作和单个短剧制作的标的额通常不高，从投入产出比上考虑，相应纠纷也不会倾向于选择商事仲裁。

同时，仲裁案件审理过程中，申请人、被申请人对行业惯例都多有强调。这与上述行业特点相呼应，也进一步凸显了裁判者懂行的必要性。对于可能引发全面风波的案件，如明星艺人身陷违法失德风波等，具有高度保密性的仲裁是纠纷解决的不二之选。

比较遗憾，近年社会影响力较大的信息网络传播权纠纷并未选择仲裁方式。如何促使纠纷双方合意仲裁，依旧是个任重道远的研究课题。针对知识产权侵权纠纷，不妨由行政主管机关出面先行调解，并引导双方达成调解不成交仲裁裁决，或调解成功经仲裁确认的约定。南阳市就成功处理了河南省首例“行政调解+仲裁确认”的案例，即南阳市市场监督管理局（知识产权局）成功调解了一起知识产权侵权纠纷，并经过南阳仲裁委员会仲裁程序予以确认，做到了

知识产权纠纷的多元化解。①

（一）典型案例一：A 电影发行公司与 B 公司合同争议仲裁案

影视项目运作分为筹备、拍摄制作、宣传发行和衍生开发等环节。宣传发行至关重要，不只关乎前期投入能否得到回报，更是直接影响后续衍生开发价值。电影投资历来是高风险、高回报，票房要达到制作成本的三四倍才能回本，但是最终票房又具有极高的不确定性。

为了更好地推广电影作品，主控方会组织发行公司提前观影，以争取得到更多宣传发行方面的支持。通常情况下，此时发行公司才会参与投资，所投资金也主要用于影片的宣传发行。对于制作水平较高的作品，发行公司还会选择对其进行垫资和保底发行。除了发行代理费外，发行公司另外分取部分投资份额。

1. 案件情况

2017 年 8 月 22 日，B 公司与 A 电影发行公司签署了《投资合同》，将其出品及制作的涉案影片的部分收益权转让给 A 电影发行公司。2017 年 11 月，B 公司向 A 电影发行公司发出“授权书”载明：现 B 授权“D 电影发行公司”及“A 电影发行公司”共同负责及签订该片在中国（除港澳台地区）的首轮影剧院及其他公开放映之发行（即院线及发行放映单位）事宜，由签署本授权书日起生效至该片首轮放映期结束为止。同月，A 电影发行公司与 D 电影发行公司签订了《联合发行合同》，该合同对“影片基本情况”“影片发行的地域、期限、权利范围”“甲方（即 D 电影发行公司）的权限及责任”“乙方（即 A 电影发行公司）的权限及责任”“分成、统计、结算办法”“违约责任”“纠纷解决”等作了详细约定，双方对宣发费用作了详尽具体的约定并实际执行。

A 电影发行公司主张，其与 B 公司于 2018 年 12 月就截至 2018 年 9 月的收益收入及分账报告达成一致。A 电影发行公司垫付但未能收回的影片发行成本合计近 800 万元，可供发放之实际可收之发行收益金额 80 余万元。又根据本案合同约定，发行公司未能按约定将应得分账收入支付给 A 电影发行公司。A 电

---

① 参见《全省首例！南阳市“行政调解+仲裁确认”化解知识产权纠纷》，载微信公众号“南阳发布”2024 年 12 月 9 日，https：//mp. weixin. qq. com/s/Acnd8zPndlWF-vvaUHIg1Q，2025 年 3 月 21 日访问。

影发行公司要求 B 公司偿还垫付的发行成本，B 公司辩称 A 电影发行公司与 D 电影发行公司在发行协议中约定双方之间对未能收回的成本互不追讨，以及 A 电影发行公司对影片发行结算的事宜应与 D 电影发行公司按照发行协议约定进行处理。

本案争议焦点在于：A 电影发行公司与 B 公司之间形成的法律关系性质，究竟属于 A 电影发行公司主张的委托发行法律关系，还是 B 公司抗辩的电影投资收益权合同关系。

仲裁庭经审理认为：根据本案合同以及《联合发行合同》签订的主体，合同约定的内容，以及 A 电影发行公司和 B 公司提供的证据和陈述的事实，本案合同是 A 电影发行公司和 B 公司收益权转让并获取相应收益的合同。对此 A 电影发行公司在其仲裁申请书中也明确认为双方签订的是“投资合同”。A 电影发行公司在庭审后提交的代理意见中又提出本案合同“包含了涉案影片收益权转让法律关系和委托发行法律关系，合同性质为混合合同”的观点完全没有合同依据。同时，仲裁庭还注意到，A 电影发行公司引用了原《民法通则》《民法总则》以及《合同法》有关民事法律行为委托代理和委托合同的相关规定，但是并未提供其与 B 公司签订有“委托代理合同”的事实，也没有接受 B 公司的委托并为其垫付费用的约定和事实，A 电影发行公司关于其与 B 公司存在委托法律关系的主张缺乏法律依据和事实依据，因此仲裁庭不予采纳。

2. 纠纷观察与实务建议

以收益权和发行权为焦点，影视项目在一个椭圆轨道上运转。参与者为投资获益而来，以发行回款作结，绝大多数赔本收场。因资金紧张或被人看好，垫资发行是常见项目运作方式，因此引发的法律纠纷也不少。本案却是别具一格，发行公司既进行了项目投资，又参与了电影发行。为规避投资失败风险，发行公司企图混淆己方与主控方、其他发行方的法律关系。仲裁庭抽丝剥茧，梳理清楚案涉合同的时间线，落脚到每个合同条款的具体约定，并通过对双方书面文件及口头陈述的分析，最终认定发行公司委托发行法律关系的主张缺乏事实及合同依据。本案的裁决体现了仲裁机构在处理影视类纠纷时，对专业性较强的影视投资与发行关系的理解力。

本案也提示了广大影视行业从业者：合同是影视项目运作的生命线，此线上并无多余的任何节点。在签订合作合同时，首先要明确合同的性质，并且保持全文的一致性，避免留下模棱两可的表述。否则看似是留下了权利空间，实则大多是埋下了纠纷的隐患。退一步讲，假设双方确实私下有达成垫资发行的约定，那么本案更具有警示作用，支付款项之前就应与全部有关主体明文约定，资金使用过程中也应明确款项用途，而不能对有关主体在各种场合的表述进行想当然的推定。即使不是推定的想象内容，对方工作人员是否具有相应权限，也是不可避免的争议点。本案中，仲裁庭就不予认可“应推定微信记录中被申请人应退回申请人垫付的宣发费用是被申请人的真实意思表示”。类似地，周某某诉 H 公司败诉案殷鉴不远。对于邮件往来的《补充协议二》，主审法官未采信原告主张的 H 公司员工娄某有权限确认、签署补充协议，或者补充协议已成立并生效。①

（二）典型案例二：A 文化传播公司与 B 电影出品公司合同争议仲裁案

除了电影制作的所有风险，主控方还承担着巨大的沉没成本风险。因为影视项目制作需要付出巨大心力，甚至有的作品属于十年磨一剑。因此，项目主控方时有提取超额票房的一定比例作为制片团队奖励的诉求。即投资方优先收回投资成本，之后制片方就利润部分享有收益分配权。

一些投资方认为此举有利于激励创作，但是另一些投资方可能对此不予认可。他们从财务角度认为，制片方本身并未实际进行投资，还会从投资款中获得具体工种的服务报酬。为了破解技术股份分红难题，有的主控方就利用主管电影项目运作之便，与发行公司合意将制片团队奖励列入发行成本。由此，主控方、投资方和发行方之间可能产生纠纷。

1. 案件情况

A 文化传播公司与 B 电影出品公司于 2015 年 4 月签订《〈C〉电影投资合作协议》。协议第一条“关于投资和回收”第 5 款第（i）项约定电影《C》的中国（除港澳台地区）发行收入在“扣除电影基金、院线分账收入、宣发成

---

① 参见北京市第三中级人民法院（2014）三中民（知）初字第 13217 号民事判决书。

本、发行代理费约15%按行规收取及所有影片上映及发行的相关税金后，剩余部分按照投资比例回收投资成本，再剩余部分（利润）各方按照投资比例进行利润分配”。

电影上映后，案外人H影业和B电影出品公司于2017年1月向A文化传播公司提供了《电影〈C〉结算表》，A文化传播公司与B电影出品公司对于结算表所列支出、收益分配等项目存在分歧。B电影出品公司要求将部分可分配净收益“奖励”给自己，但A文化传播公司一直不予接受。

A文化传播公司向仲裁委员会提出仲裁，仲裁委员会受理后，于2018年11月作出裁决：1. B电影出品公司向A文化传播公司支付400万元投资成本（在该次仲裁中只提出了返还400万元投资成本的仲裁请求）；2. 向A文化传播公司支付延期付款违约金（因为诉请为400万元，因此裁决以400万元为计算基础，从2017年2月至实际给付日，按照日万分之五计算）。

但A文化传播公司认为，该上述款项仍然不足以覆盖应支付的投资收益与延期履行的债务，其后又提出以下仲裁请求：1. B电影出品公司立即向A文化传播公司支付拖欠的投资收益人民币600余万元；2. B电影出品公司立即向A文化传播公司支付延迟付款违约金400余万元（以1000余万元为基数，从2017年2月至2018年12月，按照日万分之五的标准）。

本案的争议焦点在于：其一，仲裁申请是否系重复提起仲裁请求；其二，向仲裁委员会再次提出仲裁请求是否已超过诉讼时效。

仲裁庭经审理认为：前案仲裁庭在原裁决中认为“A文化传播公司要求在本案中裁决否定一项双方未约定的权利，既缺乏法律依据，在逻辑上也无法成立”。就原案此诉请而言，是对本案无关事项的确认，是一个无效诉请（即使有效，也是确认之诉），而本案诉请一系属于给付之诉，即原案和本案诉请并非同一仲裁标的。另者，原案中A文化传播公司主张投资收益给付之诉的金额仅是400万元，本案A文化传播公司就其所认为的剩余利益提起仲裁，不论此剩余利益在实体上能否得到支持，由于其主张涉及的是分配收益之余额，故对于原案亦不构成重复仲裁。

仲裁庭注意到A文化传播公司关于时效的主要抗辩，包括B电影出品公司的给付行为构成时效中断。仲裁庭需要特别指出的是，B 电影出品公司对原案的给付仅涉及“投资成本”400 万元，不涉及收益。B 电影出品公司后续依据结算表主动地还款则是扣除了团队奖励后对无争议债权之进一步履行。鉴于此，B 电影出品公司先后两次还款均不涉及有争议的债权部分即团队奖励对应的 A 文化传播公司收益，故 A 文化传播公司关于因 B 电影出品公司履行还款义务诉讼时效中断不能成立。同理，关于请求一中 A 文化传播公司主张 500 万元发行收入，其应当享有 20%的利益即 100 万元，由于没有提供证据证明其自收到结算表后就此收益提起过支付主张，B 电影出品公司亦从未对此部分款项予以认可、还款，故 A 文化传播公司对请求一中关于和发行对应的收益时效抗辩亦不能成立。

2. 纠纷观察与实务建议

影视项目的运作复杂，开发周期较长，涉及主体众多。即使到最后阶段的发行回款，也因发行渠道不同存在多元收益、分期回款问题。时间线一旦拉长，渠道一旦多元化，诸如本案的当事人难以避免错过重要时间节点或者事项。仲裁庭条分缕析，针对程序上是否超过诉讼时效，立足于双方当事人是否作出过明确的意思表示。即先将所涉债权区分为无争议债权和涉及团队奖励、“非发行收入”的争议债权，再审视申请人是否对争议债权提出过主张，被申请人支付行为是否包含部分履行的意思表示。同时，虽然申请人提出的仲裁请求存在问题，但是仲裁庭巧妙地通过释法说理维护了公正。即回到仲裁请求本身的法律属性，并以无法裁决否定未约定权利的方式，既维护了申请人的收益权，也让争议回归到法理分析本身。

本案的裁决体现了仲裁机构在处理影视类纠纷时，对影视项目运作关键问题分析的技术性和细致性。本案也提示了广大影视行业从业者：面对纷繁复杂的影视项目事项，在执行合同和处理相关纠纷时，有关企业务必把握好合同约定时间节点和所适用法律规定的时限。同时，在争议解决策略的制定上，要从全局出发透彻分析案情，全面挖掘出最符合自身利益的仲裁请求。本案中，A 文化传播公司就因屡次错过诉讼时效，非但丧失了通过仲裁维护自身权益的程序权利，反而倒赔了对方因仲裁产生的高额律师费。具体而言，其在诉讼时效内已经提起仲裁，但是确定的仲裁请求却未包括争议债权，而是要求对方返还投资款并支付资金占用损失。同时，其发现涉案项目额外收入却未及时提起支付主张，包括电视台许可费、网络平台许可费和项目资助金等。

（三）典型案例三：A科技公司与B市广播电视台股东出资协议争议仲裁案

与别的领域不同，影视业的社会辐射面极广，又直接关涉公民的思想文化发展。因此，影视业受政策关注和影响都较大。典型的是，在内容审查方面，电影公映、电视剧和网剧播放都需要获得行政许可；在信号传输方面，即使是地方电视台也未必能获得所需频点和信号资源。

虽然影视行业始终处在聚光灯下，但是经济贡献与其重要地位并不匹配。解决这个问题的维度却不在经济领域，而在行业底层逻辑的规范化。为了招商引资，即使机不可失，可行性论证和合规性审查也是必要前提。在此基础之上，才是权利、义务和责任的妥善分配及有效落实。

1. 案件情况

2011年7月，经B市政府批准，A科技公司（C股份公司控股）与B市广播电视台共同投资设立了D公司，在B市开展数字电视地面传输系统的建设及运营工作。相应地，A科技公司与B市广播电视台签署了《出资协议》及《关于成立D公司股东出资协议补充协议》。

A科技公司主张，其依约提供资金并成立了D公司，但是B市广播电视台未能依约提供频点。同时，B市广播电视台在合资公司的经营中关停办公场所、营业场地，并在B电视台频道、B日报、B日报公众号等媒介或平台中播放合资公司停止业务通知、禁止用户续费。B市广播电视台辩称，D公司采取覆盖B全域、加密传输、收费经营的方式，从事地面数字广播电视信号传输业务，经营模式不具备合法性和可行性。D公司被关停是省政府及省、市广播电视局等行政主管部门依照国家相关政策和法律法规作出的决定，系政策性不可抗力；D公司被查处关停，根本原因系公司存在一系列违法违规经营行为，责任主体在D公司，并非自己单方面违约所导致。

2. 纠纷观察与实务建议

本案是少有的和解结案的案件之一，通过对本案的分析，可以发现能够和解结案的案件具有如下特征：第一，纠纷双方存在共同的主管部门，双方有被居间调解的链接。在本案中，A 科技公司属于国务院国资委直接管理单位，而 B 市广播电视台由国家广播电视总局主管。第二，纠纷双方具有共同的经济属性，双方都有需要维护的更高共同利益。在本案中，A 科技公司和 B 市广播电视台都承担着国有资产保值增值的责任。第三，纠纷过程中的违约或侵权情形较为明显，违约方才能甘心做出退赔，谈判的空间才能自如收缩。在本案中，B 市广播电视台在抗辩时甚至自己都承认了存在违约。本案能够和解结案，体现了仲裁机构在处理影视类纠纷时，其保密性、专业性、自主性和灵活性等对于促成纠纷双方和解具有独特优势。

本案也提示了广大从业者：影视项目能够盈利固然重要，提前做好合规性论证也必不可少。影视行业是个受到政府强监管的特殊领域，首先要审视自身或合作方是否具有或能够获得相应资质，其次要看合作内容本身是否涉及违规违法问题，最后还要在合作过程中不断关注并及时调整适应国家新的政策方向和法律法规的最新变化。在本案中，就虽然有市政府的批准和事先对双方权利、义务及责任的明确约定，但是因为各方缺乏对项目的合规性、可行性论证，最终还是被更高级别的政府部门叫停。各方资产均因此遭受了不必要的损失，也给当地的广播电视市场制造了一定混乱。

（四）典型案例四：自然人 A 与 B 资产管理公司资产管理合同争议仲裁案

除了主流方式外，影视项目也可通过金融手段融资。为了合法合规推进，发行私募基金、信托产品等便在考虑范围。例如，以股权投资方式利用私募基金力量。具体而言，与基金管理人合作发行私募投资基金，由银行对基金财产进行托管，在中国基金业协会完成基金备案手续后，通过用基金财产认购影视项目公司股权的方式进行投资运作。再如，以购买债权方式利用信托产品力量。具体而言，与信托公司、证券公司合作发行信托计划，并由保管银行开立信托财产专户。首先信托公司以自己名义受让出品单位持有的对发行公司的标的债权，并在中国人民银行征信中心办理标的债权的转让登记手续，然后由信托公司直销、证券公司代销。发行公司在约定期限内支付影视剧发行收益，或者出品单位按照《应收账款债权转让及回购合同》约定回购标的债权，从而实现信托利益。

1. 案件情况

自然人 A 主张，其通过第三方销售公司 D 投资管理公司购买了 B 资产管理公司发行的私募投资理财产品，名称为“E 专项资产管理计划”，购买金额为200 万元。当时 D 投资管理公司的业务人员推介此投资产品用于投资演唱会影视基金，投资期限 18 个月，投资项目具体为：一线当红大牌歌手演唱会、电影、综艺节目等。管理计划投资项目比例是：演唱会约占 50%，电影约占 30%，电视剧及其他约占 20%。并告知：演唱会投资期限短，资金可以滚动投资；综艺节目已收回 2.6 亿元赞助费+5000 万元硬广告预约，成本已覆盖，无亏损风险。并承诺“就投这些项目，不投别的”。且给自然人 A 发了产品路演录音以及产品投资说明书等相关推介资料，并展示了其演唱会过往的高额回报率。出于对投资项目均为一线明星的信心，D 投资管理公司描述的高额回报率，以及发行方 B 资产管理公司的国资背景，在 D 投资管理公司要求先打款的情况下，自然人 A 于 2016 年 9 月将 100 万元打入 B 资产管理公司指定的账户，随后签订本案合同并将其中一份寄回给 D 投资管理公司。

后经过 B 资产管理公司信息披露，发现投资项目大量更改，前期承诺的投资项目除了两个项目之外，项目全部更改，投资结构也发生巨大变化，演唱会原本承诺占 50%，实际只占 22.84%；原本承诺的一线大咖均未兑现；演唱会项目邀请的是宣传资料从未提及的明星，投资金额 1300 万元，投资回款为 270 余万元，亏损高达 80%。电影投资原本承诺投资占比 30%，实际占比 77.16%，由投资 1 部电影改成了 4 部电影；其中除 1 部电影投资 1200 余万元、回款 1300 余万元、盈利 90 万余元外，其余均巨额亏损。截至目前，B 资产管理公司仍以此项目在放映拖延时间迟迟不退出。关于前期投资说明书承诺投资的综艺节目，原本宣传说已收回 2.6 亿元赞助+5000 万元硬广告预约，实际却分文未投。

本案的争议焦点在于：B 资产管理公司在基金推介、风险提示、基金投向等方面是否履行了适当性义务。

仲裁庭经审理认为：根据原《合同法》第五条规定，资管计划招募说明书等推介材料属要约邀请，事后订立的合同与先期推介材料内容不一致的，应以合同约定的内容作准。对此，本案合同“前言”部分也约定：“资产管理合同是规定本合同当事人之间基本权利义务关系的基本法律文件，其他与资产管理计划相关的涉及资产管理合同当事人之间权利义务关系的任何文件或表述，如与本合同不一致或有冲突，均以本资产管理合同为准。”而且，自然人 A 提交的投资说明书在“产品亮点”介绍时，也提出了“管理计划投资项目标的和比例会根据实际情况进行项目增加和调整”等内容，说明 B 资产管理公司在募集过程中已就投资比例发生变动的可能性作出说明，而该等比例变动并未影响到投资范围的变动。据上，仲裁庭认为自然人 A 根据投资说明书指称被申请人违反投资范围，不符合本案实际情况。

自然人 A 在《自然人客户信息表》勾选的是“稳健”“风险适中”，但本案资管计划属于高风险产品的情况下，B 资产管理公司应当就涉案基金产品风险高于自然人 A 承受能力进行特别的书面风险警示，让申请人对涉案基金产品的高风险有充分的认识。B 资产管理公司仅在投资说明书、基金合同等中进行了风险提示，属于风险提示不足。自然人 A 主张 B 资产管理公司未足够提示投资风险，仲裁庭予以支持。

结合自然人 A 提交的本案资管计划后续跟踪情况说明等证据，本案资管计划财产投向了有限合伙企业的合伙份额，有限合伙企业再行投资时，虽然未完全按投资说明书投资于相应歌手演唱会，且演唱会投资比例和电影投资的比例与投资说明书不符，但就合同约定的投资标的和投资范围而言，仲裁庭认为尚不足以认定 B 资产管理公司单方变更了投资策略、投资范围和投资标的。首先，根据上述约定，本案合同未对投资影视或演唱会项目的比例作限制性约定，而且对该等演唱会及影视项目的投资属于资管计划的底层投资范畴，不属于 B 资产管理公司直接对自然人 A 负责的事项，且从自然人 A 的证据情况看，尚不能证明 B 资产管理公司在有限合伙的投资决策中存在故意或重大过失。其次，从实际情况看，诸如对演唱会、电影以及影视、综艺等项目的投资，除市场风险外往往还受制于政策风险、法律风险、歌手或演员的现时状态以及其他诸多不确定性因素的制约，实际操作中根据现时条件在投资范围内进行调整亦属常态，且投资说明书已经告知投资人实际操作时将据实予以调整。最后，有限合伙属于本案资管计划的投资标的，至于有限合伙的对外投资是否符合有限合伙协议的约定，不属于本案合同相对方之间，即申请人和被申请人之间的争议范畴。

2. 纠纷观察与实务建议

对于接触影视行业不深的人，大牌明星、高额回报率加国资背景的组合确实容易令其产生投资冲动。即使是专业的金融机构，若无对影视行业的深入、长期调研，也难以形成较为科学的认知。但是通过购买金融机构的产品，比起直接与影视项目方接触并投资，相对更能降低投资人的资金风险。仲裁庭实事求是，结合影视行业及相关领域实际情况，对资产管理公司风险提示程度作了认定，明确了推介材料属要约邀请，得以资产管理合同约定为准，并且确认底层投资范畴不属于资产管理公司直接对投资人负责事项。本案的裁决体现了仲裁机构在处理影视纠纷时，应对难度较高的“金融产品+影视行业”的复合型问题，具有经验优势。

本案也提示了广大从业者：保密对纠纷双方十分重要，不只是影视项目有关商业信息不能轻易泄露，发生纠纷时的有效保密能够达到防止事态和损失扩大的妙用。在本案中，涉案本案资管计划投资了 4 部电影。其中，除 1 部电影投资 1200 余万元、回款 1300 余万元、盈利 90 万余元外，其余均巨额亏损。实际上，涉案本案资管计划不仅售卖给了自然人 A，而是众多的投资人。若是双方约定了诉讼为争议解决方式，本案的审理及其结果可能引发连锁效应，促使更多投资人向 B 资产管理公司追责。本案也提示广大投资人和金融机构，影视项目不只面临市场风险，还有政策、法律和个人等诸多不确定性因素。对于影视项目的投资，要明晰其具有高风险属性，做好项目的投资及投后管理。

第四节　电商业知识产权仲裁案例分析

全球电商生态正在日趋多样化，电商的形式越发丰富，泛电商领域不断扩大，伴随而来的涉知识产权法律问题以及监管的风险也越来越严峻。按照国内电商业的行业特点，境内电商类型主要分为综合电商、内容电商和即时零售电商，其中综合电商主要是以淘宝、京东、拼多多为主的互动式综合零售平台，内容电商主要是抖音、快手、微信、小红书等具有直播、社交、种草等特点的零售平台，而即时零售电商是以美团、饿了么等专注本地生活圈的零售平台。除了国内电商业，我国的跨境电商的市场占比自2015年至今呈现持续上升的趋势。

在跨境电商知识产权争议的案件（主涉侵权）数量方面，2023年中国企业在美国作为被告在跨境电商中涉及知识产权被起诉的新案件为1173起，比2022年新增19%，专利诉讼新立案447起，增长56.1%；商标诉讼新立案757起，增长5.4%；商业秘密诉讼新立案23起，增长27.8%。专利新立案涉及被告中国企业2452家，较2022年增长167.4%。在跨境电商知识产权纠纷案件类型方面，中国企业在美专利诉讼主要涉及制造行业（36.6%）及批发和零售业（36.6%），商标诉讼主要涉及批发和零售行业（82.56%）；从诉讼的结果来看，65.7%的专利诉讼以和解撤案结案，66.1%的商标诉讼被告因缺席应诉而被判败诉；在案件赔付金额方面，专利诉讼平均判赔额为2371.72万美元，商标诉讼平均判赔额为117.98万美元。①

上述数据表明，跨境电商的涉知识产权争议纠纷因跨境维权的诉讼成本高，权利人对知识产权的保护意识低，在不同的司法环境下，企业前期知识产权合

---

① 参见《中国知识产权研究会发布〈2024中国企业海外知识产权纠纷调查〉报告》，载中国知识产权研究会官方网站，http://www.cnips.org.cn/a18979.html，2025年3月31日访问。

规以及法律服务繁杂，加上语言障碍以及涉外法律服务人员的稀缺，导致我国跨境电商企业在处理知识产权纠纷上耗费时间长、支付费用高、维权难度大。中国（深圳）知识产权保护中心发布2024年报告指出，企业涉及美国联邦地区法院的知识产权诉讼案件数持续增长，案件复杂性增加，单个案件同时涉及多种知识产权类型。[①] 实务中，跨境电商平台如亚马逊、ebay等在我国企业处理知识产权争议纠纷过程中拥有解决问题的主导权，即通过封账、下架、查封店铺等强制措施来限制我国企业的维权方式，一方面增加国内企业海外维权和应诉成本压力，另一方面阻碍国内企业的商业交易机遇，不利于我国跨境电商的良性发展。

除了积极应诉外，我国有关仲裁机构也在为出海企业探索新的跨境商业纠纷解决机制，为了高效、快速、低成本地解决跨境的知识产权争议纠纷，发展了一种由仲裁机构为跨境企业（Business to Business，B2B）的商业争议提供在线争议解决（ODR）程序，该程序是指使用电子通讯以及其他信息或通讯技术解决争议的机制。[②] 例如，广州仲裁委员会首创APEC“ODR”平台（2020年上线），提供“一站式”在线解纷服务，案件平均处理周期32天，比传统仲裁快3倍。[③] 贸仲设立的APEC“ODR”服务平台也同样为商业贸易提供快速、高效的争议解决程序。由于ODR程序具有与仲裁一样的保密性，不仅有利于保护企业商誉和商业秘密，还能促进双方在和谐的氛围下解决纠纷，维护日后合作基础，因此贸仲的ODR程序采取了更为严格的数据安全与保护标准，通过技术全面保障用户个人信息安全，确保当事人解决知识产权争议过程的保密性与高效性。

本节内容从司法实践与争议解决的角度出发解析，为电商平台、知识产权权利人、平台内经营者等各主体在涉知识产权争议法律问题上提供新的知识产权保护及治理思路。

---

① 参见《2023年深圳企业涉美知识产权纠纷分析报告》，载深圳知识产权保护中心官方网站，http://www.sziprs.org.cn/szipr/dnf126/content/post_1139383.html，2025年3月31日访问。

② 参见《亚太经合组织（APEC）网上争议解决服务·中国贸仲》，载中国国际经济贸易仲裁委员会官方网站，https://casettle.odrcloud.cn/CIETAC.html，2025年3月21日访问。

③ 《广州仲裁委致力推动仲裁国际化数字化智能化仲裁文书获越来越多境外法院认可执行》，载司法部官方网站，https://www.moj.gov.cn/pub/sfbgw/fzgz/fzgzggflfwx/fzgzggflfw/202307/t20230718_482862.html，2025年3月21日访问。

一、电商业知识产权争议的立法与司法实践

（一）电商业的立法概况

自2018年《中华人民共和国电子商务法》（以下简称《电子商务法》）正式发布后，我国电商行业形成了以《电子商务法》《著作权法》《专利法》《商标法》为核心，结合《反不正当竞争法》《网络安全法》等复合型的法律框架。2020年9月10日，最高人民法院首次专门针对电子商务领域知识产权保护问题发布指导意见，印发了《关于审理涉电子商务平台知识产权民事案件的指导意见》，旨在对规则进一步细化，统一裁判标准，为电商业的飞速发展提供司法。国家市场监督管理总局在2023年发布的《关于新时代加强知识产权执法的意见》进一步明确，到2025年将建成涵盖行政执法、行业自律、企业维权和社会监督的协同执法体系，尤其强调对互联网领域侵权行为的打击。

虽然我国电商业的立法已形成一个基本框架，但现有立法体系对直播电商、人工智能生成内容、数据知识产权等新业态的规制不足。例如，数据知识产权的权属界定、交易规则依赖地方试点（如浙江的“数知通”平台），缺乏全国性统一立法。[①] 据有关研究统计，我国的主流电商行业2024年处在稳健发展的阶段，其中兴趣电商增长速度快，而社交电商和即时零售成为国内经济增长的重要引擎。[②] 各地出现了不同类型的涉电商知识产权争议的案件，类电商平台例如直播平台也被北京海淀法院定性为电商平台，[③] 需要遵循电商平台的相关规则。电商平台的飞速发展凸显了平台责任与权益平衡的重要性，而我国的电商平台责任与权益欠缺规范化的制度。虽然《电子商务法》要求平台承担侵权责任，但实践中存在“通知—删除”机制被滥用（如职业举报人恶意投诉）、“仅退款”规则引发商家权益受损等问题。我国较大的电商平台（如天猫、淘

---

① 参见《淘宝出狠手治理羊毛党，2025年可以好好做生意了!》，载腾讯网，https：//news.qq.com/rain/a/20250121A0777900，2025年3月21日访问。

② 参见《2024年中国电商市场研究报告》，载艾瑞咨询官方网站，https：//www.iresearch.com.cn/Detail/report？id=4388&isfree=0，2025年3月26日访问。

③ 参见《2024年中国电商市场研究报告》，载艾瑞咨询官方网站，https：//www.iresearch.com.cn/Detail/report？id=4388&isfree=0，2025年3月26日访问。

宝）虽通过“退货宝”功能优化规则，但法律层面对消费者与商家的权益平衡仍缺乏细化规定，[①] 实务中有关平台经营者与平台内经营者的纠纷数量居高不下。

（二）电商业涉知识产权纠纷诉讼案件的现实困境

1. 管辖权争议困境

从涉电商知识产权侵权纠纷的角度分析，在《最高人民法院关于适用〈中华人民共和国民事诉讼法〉的解释》（以下简称《民诉法解释》）出台前，网络信息侵权的案件一直沿用“原告就被告”的管辖规则。随后，2006 年发布的《最高人民法院关于审理涉及计算机网络著作权纠纷案件适用法律若干问题的解释》（现已失效）以及 2012 年发布的《最高人民法院关于审理侵害信息网络传播权民事纠纷案件适用法律若干问题的规定》都先后对该管辖规则进行突破，直到《民诉法解释》进一步对管辖的规则进行细化，在侵权行为地与结果发生地难以确定的情况下，可由原告所在地法院管辖。[②] 在实务中，《民诉法解释》第二十五条确定管辖权在司法实践中存在较大的争议，司法实践中对该条的适用存在不同的观点，实务中一部分被告利用管辖权争议来提起管辖权异议拖延争议解决的时间和提高诉讼成本，权利人的合法权益得不到及时的保障。

电子商务领域的案件在适用《民诉法解释》第二十五条确定管辖权时也同样陷入了管辖权竞合困境，电子商务涉及“信息发布”“货物交付”两种行为，这一特殊性导致管辖权因诉讼策略导致存在多个法院管辖的情况。电子商务平台上的知识产权侵权案件，可以由被告住所地和侵权行为地法院管辖，侵权行为地包括侵权行为实施地和侵权结果发生地，司法实践中电商平台销售侵权的案件管辖权普遍以交付行为的管辖规则来决定案件的管辖。[③] 但如果被侵权人选择在电子商务平台所在地起诉，直接侵权人（如网店经营者）通常会提起管辖异议，法院在处理此类异议时，会结合诉请内容及各被告在侵权行为中的角

---

① 参见《淘宝出狠手治理羊毛党，2025 年可以好好做生意了!》，载腾讯网，https://news.qq.com/rain/a/20250121A0777900，2025 年 3 月 21 日访问。

② 参见周立勤：《论涉电商知识产权侵权案件地域管辖规则——以〈民事诉讼法司法解释〉第二十五条为中心》，载《福建金融管理干部学院学报》2021 年第 1 期。

③ 参见周立勤：《论涉电商知识产权侵权案件地域管辖规则——以〈民事诉讼法司法解释〉第二十五条为中心》，载《福建金融管理干部学院学报》2021 年第 1 期。

色进行认定。不管是电商平台还是参与者（店铺经营者或权利人），都会面临诉讼管辖权争议带来的不确定风险以及增加的维权成本，耗时长，且不利于各方未来的商业合作。

2. 平台经营者与平台内经营者间的权益平衡困境

除了平台服务合同纠纷外，电子商务领域常见的知识产权纠纷主要有商标侵权、专利侵权、著作权侵权、地理标志侵权等纠纷。电商平台在知识产权保护中扮演重要的角色，电子商务领域相关法律为保护权利人权益设计了“通知—删除”机制，但在实际运作中显现出制度异化现象。部分电商平台的参与者通过策略性滥用该规则，将其转化为实施不正当竞争的工具，致使合法经营者权益受损并扰乱市场秩序。该现象的根源在于现行制度存在结构性漏洞，投诉方可通过低成本实施侵权行为，而受指控方却需承担与其权益保护不相称的高昂维权成本。①

3. 网络购物纠纷频发，存在恶意投诉现象

实务中电商平台的恶意投诉侵权案件频繁，据中国电子商会旗下研究中心发布的《2024年度消费投诉数据分析报告》统计，消费者保护平台累计收到消费者投诉145.58万件，同比增长72.34%，涉诉金额超57亿元。其中，电商行业投诉量占比45.50%，达66.24万件。② 近3年电商平台恶意投诉案件随行业竞争加剧而增多，处理结果以协商和平台介入为主，实务中相关恶意投诉的诉讼案件面临诉的利益认定难、赔偿标准模糊、举证责任重等困境，导致消费者权益与平台内经营者的利益难以平衡。

4. 小结

电商平台与平台内经营者之间的利益博弈，以及经营者与消费者之间的权益分配失衡，共同构成了我国电子商务领域的多重利益冲突格局。此类冲突所引发的结构性矛盾与机制性障碍，已成为制约行业可持续发展的重要瓶颈。

---

① 参见毕文轩：《电商平台涉知识产权侵权治理的困境与纾解——基于司法裁判的实证分析》，载《南开学报（哲学社会科学版）》2024年第1期。

② 参见《2024消费者怒火狂飙！投诉激增，涉诉金额超57亿！》，载新浪网，https://k.sina.com.cn/article_2720442623_a226a8ff02701avak.html?from=tech&kdurlshow=1，2025年3月21日访问。

二、电商业知识产权纠纷仲裁的优势

电商业涉知识产权的争议纠纷常常呈现出高频次、跨国界、专业复杂度高、技术更新迭代快等特征，相较于传统诉讼途径，商事仲裁在解决此类纠纷中展现出显著优势，尤其在争议解决成本、专业性等方面具有不可替代的竞争力。

（一）减少因管辖权争议增加纠纷解决的整体成本

如前所述，我国的司法实践对于网络信息侵权案件的管辖权争议一直都存在，而不同法院对《民诉法解释》第二十五条的理解不同，导致管辖权的认定结果也不同。例如，上海市先后6次调整了知识产权案件管辖的法院，每次出台的管辖规定都有较大的变动，2022年由集中管辖变为普通管辖。[①] 对于知识产权权利人与电商平台而言，我国电商平台的涉知识产权争议纠纷数量的激增，法院的诉讼压力也随之增加，诉讼的成本随着法院处理的程序时间而增加，若选择仲裁解决，不仅可以避免因管辖权争议的问题导致的诉讼周期问题，还能减少诉讼的成本。

（二）商事仲裁保密性有助于电商良好的商业生态发展

仲裁程序的保密性保障了电商平台的数据安全，避免核心算法、用户画像等商业秘密在诉讼公开审理中泄露。更重要的是，仲裁强调当事人的意思自治，当事人在知识产权、商业秘密、数据技术等方面的纠纷能够避免被公众所知悉，对于具有融资、上市规划的电商平台或品牌经营者而言，低调地处理知识产权争议纠纷能够帮助企业维护自身的商业口碑，减少诉讼带来的商业负面影响。此外，争议双方也能在仲裁的保密程序中进行调解，更有利于维护双方合作的基础，进一步修复商业合作的信任关系，促进行业的良性发展。

（三）仲裁的专业性有助于建立复合型知识产权的精准裁判体系

1. 综合型仲裁庭

贸仲高度重视知识产权仲裁员及调解员队伍建设。目前，贸仲在册1881名

---

① 参见《齐宝鑫丨对知识产权案件管辖改革的思考》，载微信公众号“上海市法学会 东方法学”2022年10月8日，https：//mp. weixin. qq. com/s/v30obFksa3Zox4fTVno9EA，2025年3月31日访问。

中外仲裁员中，有近300名具有知识产权专长和实践经验，在册300名中外调解员中，有近1/4的具有知识产权专长，涵盖知识产权领域的各个方面。① 在处理涉及AI算法、区块链存证等新型纠纷时，仲裁庭可以为争议双方提供“法律+技术+电商运营”的复合型仲裁庭的仲裁员以及专业人员，保障当事人在解决争议过程中能够感受到专业、公平的裁判。此外，针对数字化技术、知识产权侵权认定等具有较高技术和专业要求的争议时，仲裁案件的专家证人制度更加有效地为当事人“服务”，例如在国际工程仲裁中，专家证人可以分析专业领域的数据、解释专业术语等，帮助当事人对复杂技术问题提出权威意见，协助当事人证明索赔合理性。对比诉讼程序中法院依法指定的“鉴定人”与“专家辅助人”，仲裁的专家证人制度更具灵活性，同时当事人具有选择专家的主导权，更有利于当事人聚焦争议，减少重复举证质证。值得注意的是，我国的大部分仲裁机构允许跨国专家参与，更加适合跨境知识产权的争议。

2. 裁判标准的适配性

仲裁裁决可充分考量电商行业特性，在平台责任认定方面，不仅结合现行法律的规定，参考《电子商务平台知识产权保护管理》（GB/T 39550-2020）等相关行业标准，也有权在双方当事人一致同意的情况下适用涉外的法律规定、行业标准或国际惯例，聚焦在更好地解决双方的矛盾，裁判标准的方式更为灵活，能够弥补相关知识产权争议因技术发展快速而导致的立法滞后的短板。

（四）多元化争议解决机制解决实质性问题

在多元化争议解决机制里面，APEC的ODR程序是APEC推动的跨境商事争议在线解决机制，旨在通过数字化平台高效处理国际商事纠纷。ODR不仅体现在程序效率与成本控制上，更通过专业化和智能化手段适应了数字时代知识产权保护的复杂需求，成为跨境争议解决的标杆性机制。首先，ODR实现全流程在线化，即案件提交、证据交换、调解协商、仲裁裁决等均通过线上平台完成，支持多语言实时互译（语言切换），符合跨境知识产权的服务需求。其次，

---

① 参见《多元争议解决方式协同发展保护知识产权 贸仲与西安中院签署知识产权多元争议解决机制合作协议》，载中国国际经济贸易仲裁委员会官方网站，https://www.cietac.org/articles/20421，2025年3月31日访问。

ODR 融合了谈判、调解、仲裁三种解纷方式，当事人可灵活选择或切换解决路径，若调解未果可直接转为仲裁程序，确保争议的终局性。最后，ODR 的解决结果可以在 APEC 成员经济体被认可和执行，具有权威性。[①]

在实务中，选择 ODR 程序的案件平均处理周期短，远低于传统诉讼或仲裁程序。例如，广州仲裁委员会曾通过 ODR 平台在 5 天内解决元宇宙著作权纠纷。[②] 此外，线上流程减少了权利人维权所支付差旅、文件传递等费用，尤其有利于我国中小微企业进行跨境知识产权维权。对于跨境电商和电商平台的参与者来说，ODR 将成为一个高效、保密且具国际执行力的知识产权争议解决方案。

三、电子商务类仲裁的典型案例分析

根据贸仲《中国国际商事仲裁年度报告（2022—2023）》的统计显示，全国仲裁机构 2022 年电子商务类案件受理 37856 件案件，占比 7.97%,[③] 仲裁机构近年来处理电子商务类案件越来越多，例如电商平台服务纠纷、商品交易以及知识产权侵权纠纷等。本部分挑选了两个较为典型的案例，重点分析仲裁庭在处理两类电商平台的纠纷时的法律适用问题以及争议解决思路。

（一）平台与平台店铺经营者间服务合同纠纷案件

1. 案件基本情况

申请人外国 A 公司分别于 2015 年 3 月、2018 年 3 月在中国 B 公司经营的 C 平台上开设了 D、E 两家店铺，共交纳了近 5 万美元的保证金（D 店 3 万美元、E 店 1.5 万美元）。2018 年 11 月，被申请人在无任何通知的情况下以其店铺销售的产品非“正品”为由，将申请人的两家店铺均予以关闭。申请人外国 A 公司依据《C 平台店铺服务协议》中仲裁条款的约定以及申请人向仲裁委员会提交的书面仲裁申请，被申请人中国 B 公司也提出了反请求申请。

---

① 参见《聚力“三化”解纠纷 仲裁服务提质效（知识产权报）》，载国家知识产权局官方网站，https://www.cnipa.gov.cn/art/2024/4/12/art_55_191526.html，2025 年 3 月 21 日访问。

② 参见《聚力“三化”解纠纷 仲裁服务提质效（知识产权报）》，载国家知识产权局官方网站，https://www.cnipa.gov.cn/art/2024/4/12/art_55_191526.html，2025 年 3 月 21 日访问。

③ 参见中国国际经济贸易仲裁委员会：《中国国际商事仲裁年度报告（2022—2023）》，法律出版社 2023 年版，第 5—6 页。

申请人于 2018 年 8 月在被申请人经营的 C 平台上开设 E 店，并签订了《C 平台店铺服务协议》，申请人按照协议约定交纳了保证金、技术服务费、平台费，该店和 D 店是两个独立的店铺，依据《C 平台店铺服务协议》的第 1.5 条中的约定，“……每一个 C 平台用户名对应一个店铺，商家应妥善保管店铺用户名及密码信息，不得擅自转让或者授权他人使用，并对其店铺用户名下的一切行为独立承担责任”，因此 E 店和 D 店作为两个独立的店铺应各自承担相应的责任。被申请人无权关闭 E 店，应对此闭店行为承担相应的赔偿责任。

2. 当事人主张

申请人称，被申请人所公示的规则既没有作为《C 平台店铺服务协议》的附件，又没有对申请人进行过任何的通知，以尚未生效的规则对申请人作出处罚，明显是利用自身作为电商平台的主导地位，扩大自身的权利，严重侵害申请人的合法权益。因此，申请人请求仲裁庭支持其仲裁请求，驳回被申请人的全部反请求。

被申请人答辩称，申请人违反了《网络交易管理办法》（现已失效）第二十五条、第二十六条以及《C 平台店铺服务协议》的约定销售非“正品”的商品，且在被申请人发出出售假违约通知单后，申请人申诉期内未提交充分证据说明其所售商品系正品（进货凭证数量远远小于销量）。被申请人依据双方前述的协议、平台规则等约定，行使了关闭申请人的店铺，并扣除店铺 100 积分的权利。此外，因申请人违反合同约定，被申请人提起反请求，认为申请人应按约定支付违约金 15 万美元，且被申请人有权在申请人货款和质保金中优先扣除。

被申请人认为，本案平台以及平台上进行的商业贸易的特殊性，认定本案的违约条款不同于一般的合同，而是具有较强的外部性，应当尊重“平台”“公司”这一组织体的自治权。电商平台的规则具有全体成员共同约定的管理规范性质，任何商家或消费者均可通过签订协议，接受规则，加入自律组织。遵守平台规则不单是商家对平台的义务，也是对其他商家的义务，更是对消费者的义务。据此，被申请人认为涉案的格式合同以及相关违约金条款合法合理，双方应当遵守。

3. 仲裁庭对争议焦点的分析

（1）关于涉案合同以及相关规则的效力问题

仲裁庭认为，根据《C 平台店铺服务协议》以及《电子商务法》相关规定，平台内经营者应当遵守实时更新的平台规则，平台公示即可，无须单独通知，平台内经营者有义务关注、遵守平台规则。

（2）关于申请人是否存在销售假货的行为

仲裁庭认为，本案争议并非关于涉案商品是否侵犯他人注册商标专用权的争议，因此，本案中关于涉案商品是否为非“正品”的事实认定，不应按照侵犯注册商标专用权的案件审理思路，而应按照合同纠纷的审理思路，通过合同约定的权利义务，判断双方在认定涉案商品是否为非“正品”的问题上是否正确适当地履行了合同义务。

仲裁庭认为，本案合同中约定的“正品保证”义务中的“正品”，不应指知识产权法意义上最终确定的具有合法注册商标使用权的“正品”，而应当是指合同法意义上合同当事人在正常适当地履行合同义务的情况下所能作出判断的是否侵犯他人注册商标专用权的商品。或者说，在类似本案这样在合同中约定了侵权事项的争议中，仲裁庭不应该也无必要去审理涉案商品是否为“正品”这样的“绝对事实”，而是要重点考察双方在对“正品”的判断和认定上是否尽到了各自合理的注意义务，是否恰当地履行了合同义务，其作出的判断是否有充足的依据这样的“相对事实”。本案中需要考察的重点是双方对于合同约定的“正品”的判断过程是否符合法律规定和合同约定的合理注意义务。亦即，核心法律问题是判断申请人、被申请人在履约过程中是否尽到合理注意义务，据此判断是否存在过错以及过错大小，并基于过错大小确定承担违约责任大小。

由于申请人在本案中所提出采购发票等证据仍不足以支撑其涉案商品为正品的主张。因此，被申请人所做出的将涉案商品认定为不符合双方约定的“正品”的判断，具有合理依据，仲裁庭予以支持。

（3）关于违约金条款效力和合理性的问题

仲裁庭分别分析了申请人与被申请人对违约金标准的主张以及证据，最后结合现行司法实践中此类侵权行为给权利人造成的损失及侵权行为人所应承担的赔偿责任，并综合考虑申请人违约性质、对消费者的影响、违约行为持续时间、涉案商品销量等因素，仲裁庭认为，被申请人主张的 15 万美元违约金确实属于过分高于所造成的损失的情形，仲裁庭将此部分违约金酌减为 8 万美元。

4. 纠纷观察与实务建议

本案涉及电商行业里常见的保障“正品”的平台销售规则的问题，以及知识产权侵权与合同违约的法律竞合问题。仲裁庭在审理平台与其平台内经营者的关系上，紧紧抓住法律关系的本质，同时创新裁判规则，厘清双方权利的边界，平衡双方的权利与义务，推进争议纠纷的实质性解决。

电商平台与平台内经营者签署的服务协议多以格式合同的方式签署，实践中电商平台使用格式合同的行为避免不了，一方面由于电子商务平台的特殊性，即传播范围广且平台经营者在网络交易活动中的权限和参与度很高，导致平台不得不采取更为严格的标准和规则来履行平台的注意和监管义务；另一方面由于《电子商务法》及相关司法解释对平台经营者所规定的义务未明确细化相关标准，故不同平台有权根据经营管理的需求，自主制定平台内的规则和违约条款，故缺乏程序的正当性与合理性。作为电商平台经营者，应当加强对平台内部规则的合规建设，同时需要考虑技术的更新所带来的规则的制定。值得注意的是，越来越多的电子商务平台已经逐渐开始借助算法来进行相应的产品推荐，而电商平台是否违反合理注意义务，是否对知识产权的侵权行为具有主观的故意或放任，在学术界也存在较大的争议。①

技术是中立的，但技术的使用者不是。因此，电商平台应及时关注算法技术带来的侵权风险，不要因为过分追求商业利益而与知识产权保护的立法初衷背道而驰。作为平台内的经营者，需要提高自身在知识产权方面的意识，充分了解平台的相关规则，重视产品生产、销售以及后期服务的合规性，尊重知识产权，诚信经营。

（二）调解推动电子商务争议的高效解决

1. 案件基本情况

2020 年 6 月，申请人按照案外人 E 供应链公司要求分别与被申请人签订《跨境平台商户入驻合同》，与案外人 E 供应链公司签订《委托服务协议》，申

---

① 参见毕文轩：《电商平台涉知识产权侵权治理的困境与纾解——基于司法裁判的实证分析》，载《南开学报（哲学社会科学版）》2024 年第 1 期。

请人入驻 D 平台，在该平台开设 F 店铺销售跨境购商品。由被申请人和案外人 E 供应链公司为申请人提供跨境仓储报关及跨境购销售平台等全产业链服务，共同开展跨境购业务。

申请人提起仲裁申请称：2020 年 7 月份双方开始合作后，被申请人就未按约定时间及金额向第一申请人足额返回货款，多次产生拖欠，且自 2021 年 4 月份开始便拒绝返款，请求裁决被申请人向申请人返还代收货款 480 余万元及退还保证金和税金，并依法支付对应的利息。

被申请人答辩称：2022 年 4 月和 5 月，因疫情影响，日常工作暂停，2022 年 6 月恢复日常工作后，申请人与被申请人曾合意重新进行对账，但尚未对账完毕，申请人即向仲裁委员会提起了仲裁申请。根据涉案合同的约定，被申请人向申请人返还代收货款需要经过清算及结算的流程，因双方原因导致对账无法按程序正常进行。被申请人在接到仲裁申请文件后，双方恢复对账工作，并于 2022 年 8 月完成对账。

本案的双方当事人在跨境电商平台的合作过程中，因客观和主观原因导致的代收货款未及时结算的问题。仲裁庭也是在受理后发现双方具有调解的可能性，并在前期充分了解双方的调解意愿以及争议的焦点，在得到双方当事人同意的情况下，及时组织调解程序，同时考虑到双方前期良好的合作关系，最终，经双方当事人申请，仲裁庭依据双方达成的调解协议出具了调解书，及时高效解决了双方关于 D 平台合作事宜的全部的争议。

2. 纠纷观察与实务建议

电子商务平台的参与者众多，而平台管理者与平台内的用户之间的矛盾不仅涉及服务合同问题，还涉及平台管理的纠纷，例如违规导致的违约纠纷，销售侵权投诉，以及第三方知识产权侵权纠纷。其中，电商行业的知识产权纠纷类型多样，涉及商标、著作权、专利等多个领域。而电商平台在纠纷解决中扮演重要角色，需履行法定的审查义务并配合权利人维权。这就意味着电商平台的责任以及处理纠纷的数量是巨大的，故平台所设置的处理流程以及经营管理方式都具有“公式化”的特性，相反，仲裁机构具备的灵活性，且尊重当事人的意愿，相较于诉讼以及平台的维权路径，仲裁更适合快速帮助电商平台解决争议，同时平衡电商平台经营者与参与者的良性商业合作关系。建议平台经营者在用户协议中嵌入仲裁条款，与仲裁机构携手建立“预防—调解—仲裁”的全链条知识产权及平台服务管理体系，以提升电商平台经营合规的竞争力，在源头上为平台内发生的各类争议纠纷提供高质量、有效的多元争议解决方案。

四、电商业知识产权纠纷的仲裁发展与建议

（一）未来发展

在全球化数字经济竞争中，商事仲裁以其成本可控性、专业适配性和商业友好性，正在重构电商知识产权纠纷解决范式。《仲裁法修订草案》于 2024 年 11 月 4 日提请第十四届全国人民代表大会常务委员会第十二次会议首次审议，该修订草案新增了“特别条款”，标志着我国在数字化经济的推动下积极发展具有中国特色的涉外特别仲裁制度，增强我国涉外仲裁制度的开放性、包容度及融通性。[①] 随着仲裁机制的持续进化，仲裁机构应积极响应“走出去”和“引进来”的方向，为境内外的电商平台提供兼具效率与质量的纠纷解决方案。

（二）完善建议

1. 深入对我国电商业涉知识产权仲裁的实务研究

电商行业涉及大量的在线交易、数字交易、跨境交易、数据权益等，这些都可能带来独特的法律问题，在审理过程中对仲裁员的专业以及审理的程序有着极高的要求。此外，电商平台上可能存在大量的商标侵权、著作权问题（如图片、描述文本的盗用）、专利侵权（尤其是设计专利）以及数据权益的争议。此外，电商的快速发展和技术的迭代，比如直播电商、算法推荐等，可能引发新型的知识产权问题，这就需要仲裁机构时刻更新相关的裁判要点。仲裁机构在处理电商业涉知识产权纠纷时，往往面临电子商务法、知识产权法、仲裁法等多个领域的交叉法律问题，相关涉案的证据往往庞大且繁杂，需要有技术专业的支持才能高效率解决争议。因此，面对仲裁程序是否能够满足快速解决纠

① 参见《仲裁法修订草案提请全国人大常委会会议审议——支持仲裁机构“走出去”“引进来”》，载中国人大网，http://www.npc.gov.cn/c2/c30834/202411/t20241105_440528.html，2025 年 3 月 21 日访问。

纷的需求，仲裁机构需在电商业知识产权仲裁实务方面进行研究。仲裁机构开展电商业知识产权的仲裁实务研究不仅能够推动行业标准形成，还可以完善仲裁程序在处理电商业案件的规则体系，提高仲裁庭的案件处理效率。相关的实务研究离不开对我国涉知识产权争议的司法实践研究，因此也能够加强司法与仲裁的衔接，提升我国仲裁机构在解决跨境争议的综合能力。

2. 加强技术赋能电商业知识产权的保护

仲裁机构应加强仲裁程序的技术赋能，通过数字化以及智能化的方式提升争议解决的能力。据商务部的报告，目前通过利用智能监测、区块链存证等数字治理技术来完善跨境知识产权的保护机制，例如阿里巴巴集团旗下跨境电商平台已经建立了侵权投诉快速响应机制，数据显示，平台假冒侵权投诉量近 3 年同比下降 25%，验证了治理措施的有效性。[①] 如今仲裁机构已经发展在线调解协议签署、电子证据存证，以及虚拟场景模拟等智能化工具，提高了案件处理的效率，减轻了仲裁员在审理中复杂的数据处理工作。此外，技术赋能仲裁程序能够为电商平台及经营者、消费者提供更为高效的纠纷解决机制；再者，仲裁机构可以加强与电商平台的维权平台的深度合作，积极与我国各大电商平台建立双向的协作机制，借助电商平台的数字化技术，开发知识产权仲裁案例数据库，通过大数据以及人工智能应用，协助仲裁员总结类案裁判要点，增加仲裁规则类案裁决的适用性。

3. 加强各行业协作，推广高效商事调解争议解决程序

广州、珠海、海南等通过地方立法形式专章规定商事调解，计划在特定区域拓宽和畅通商事调解强制执行渠道，深圳在 2021 年成立了全国首个商事调解协会，推动商事调解的深度发展。[②] 随着我国共建“一带一路”倡议的发展以及数字化进程的价款，商事仲裁与调解等将会成为企业走出去、引进来的重要“工具”。仲裁机构应加强与境内外商事仲裁机构的深度交流，同时借鉴各地区

---

① 参见《中国电子商务知识产权发展研究报告（2021）》，载国家知识产权局知识产权发展研究中心官方网站，https：//www.cnipa-ipdrc.org.cn/news_content.aspx?newsId=291，2025 年 3 月 31 日访问。

② 参见《中国贸促会调解中心举行〈中国商事调解年度报告（2022—2023）〉新闻发布会》，载中国国际贸易促进委员会官方网站，https：//www.ccpit.org/a/20240105/20240105bps9.html，2025 年 3 月 21 日访问。

的优质经验，设立和完善与国际贸易组织跨境维权的协作机制，建立知识产权维权联盟，进一步推广 ODR 争议解决程序。

4. 加强仲裁机构涉外法律服务人才的培训

习近平总书记强调："要加强专业人才培养和队伍建设。坚持立德树人、德法兼修，加强学科建设，办好法学教育，完善以实践为导向的培养机制，早日培养出一批政治立场坚定、专业素质过硬、通晓国际规则、精通涉外法律实务的涉外法治人才。"[①] 培养涉外法治人才是我国涉外法治发展的重要前提之一，随着我国全球贸易量的剧增，法治人才的数量与我国的经济地位严重不匹配。根据调研显示，全国 50 余万律师中，真正具备国际仲裁代理或仲裁员出庭丰富经验的（以 10 案件次为标准），全国不过 100 人；能够参与代理、与境外律师合作办理境外仲裁案件的律师不足 1000 人，占全国律师的 0.2%。[②] 结合我国商事仲裁服务市场，特别是知识产权仲裁案件的裁判特点，在培养涉外法治人才方面需要加强国际法学理论知识的培养以及实践知识的积累。在法律服务行业中，我国的涉外法律服务人才缺口大，仲裁机构应联合高校、研究机构和行业协会，共同打造"法律+商科+技术"课程，重点强化国际商事仲裁规则［联合国国际货物销售合同公约（the United Nations Convention on Contracts for the International Sale of Goods，CISG）、UNCITRAL］、网上争议解决（ODR）、知识产权跨境维权（IP Protection）三大知识模块，加大力度培养国际化、专业化、高素质的涉外法律人才队伍，为电商业的数字化、全球化以及高质量发展提供更为全面的法律服务人才的支持。

在培训方面，增加仲裁员、律师在法律英语方面的培训，增加小语种人才的培养（重点覆盖共建"一带一路"国家和地区）。在国际合作方面，仲裁机构可以与国际商会仲裁院（ICC）、香港国际仲裁中心（HKIAC）等知名机构共建"双导师制"的培训方式，安排优秀人才参与国际仲裁机构的知识产权仲裁

---

① 参见《习近平在中共中央政治局第十次集体学习时强调加强涉外法制建设 营造有利法治条件和外部环境》，载《人民日报》2023 年 11 月 29 日，第 01 版。

② 参见姜丽丽：《加快中国特色涉外仲裁人才培养步伐》，载法治网，http：//www.legaldaily.com.cn/Arbitration/content/2021-08/31/content_8592991.html，2025 年 3 月 31 日访问。

案件的处理，增加我国涉外法律人才的实操经验。

仲裁机构通过理论教育、实务训练、国际交流的有机融合，探索具有中国特色的涉外知识产权仲裁人才培养路径，助力我国跨境电商以及知识产权国际化的高质量发展。

后　记

在知识经济蓬勃发展的当下，知识产权已然成为企业、科研机构乃至国家创新发展的核心竞争力，其保护与争议解决至关重要。知识产权仲裁作为一种专业性强、保密性高且高效灵活的纠纷解决机制，契合了知识产权纠纷复杂、专业、注重时效的特性，在全球范围内日益受到青睐，正逐渐成为构建知识产权大保护格局、推动创新发展的关键支撑力量。随着中国与世界各国和地区在经贸、科技、文化等领域的交流合作日益紧密，知识产权纠纷日趋增多，发展中国国际知识产权仲裁不仅有助于国内企业在“走出去”过程中更好地应对知识产权挑战，维护知识产权权利人的合法权益，还能为中国在全球知识产权治理体系中提升话语权、塑造良好国际形象提供有力支撑，对于深化国际合作、促进国际经贸往来具有重大意义。

本报告聚焦2024年度中国国际知识产权仲裁领域的发展，覆盖多个关键领域，包括立法层面的制度更新、仲裁机构的实践探索、关键行业和产业的知识产权仲裁动态等；广泛梳理2024年境内外知识产权仲裁相关的法律法规、政策文件、学术著作、行业报告等资料，把握宏观政策导向与理论前沿动态，对比国内外不同国家和地区的知识产权仲裁立法、机构建设等，探寻差异与借鉴之处；优选具有代表性的知识产权仲裁案例，深度剖析案件细节、争议焦点、社会影响，洞察仲裁实践中的问题与经验。

2024年，中国国际知识产权仲裁在复杂多变的国际经贸环境与蓬勃兴起的创新浪潮中砥砺前行，取得诸多亮眼成绩。希望通过本报告对中国国际知识产权仲裁2024年度全景风貌的呈现，可以为中国国际知识产权仲裁的进一步发展提供指引，促进知识产权保护体系的优化完善，以知识产权仲裁之良治，护创新发展之源泉，保障我国企业在国际舞台上稳健前行，深度参与全球知识产权治理，持续谱写知识产权强国建设的壮丽篇章，共迎中国国际知识产权仲裁事业的璀璨前景。

《中国国际知识产权仲裁年度报告（2024）》课题组

2025 年 4 月

图书在版编目（CIP）数据

中国国际知识产权仲裁年度报告. 2024 / 中国国际经济贸易仲裁委员会主编. -- 北京 ：中国法治出版社，2025. 4. -- ISBN 978-7-5216-5172-0

Ⅰ. D997. 1

中国国家版本馆 CIP 数据核字第 202507BW13 号

策划编辑：程 思

责任编辑：于 昆

封面设计：杨泽江

中国国际知识产权仲裁年度报告 . 2024

ZHONGGUO GUOJI ZHISHI CHANQUAN ZHONGCAI NIANDU BAOGAO. 2024

主编/中国国际经济贸易仲裁委员会

经销/新华书店

印刷/北京虎彩文化传播有限公司

开本/710 毫米×1000 毫米 16 开

印张/ 19. 25 字数/ 271 千

版次/2025 年 4 月第 1 版

2025 年 4 月第 1 次印刷

中国法治出版社出版

书号 ISBN 978-7-5216-5172-0

定价：78. 00 元

北京市西城区西便门西里甲 16 号西便门办公区

邮政编码：100053

传真：010-63141600

网址：http：//www. zgfzs. com

编辑部电话：010-63141806

市场营销部电话：010-63141612

印务部电话：010-63141606

（如有印装质量问题，请与本社印务部联系。）